Babaji

Von Herz zu Herz

Reichel
Verlag

4. Auflage 2010

© copyright 1991, 1997, 2002, 2010

Reichel Verlag

Reifenberg 85

91365 Weilersbach

Germany

Tel: 09194 8900, Fax: 09194 4262

Internet: www.reichel-verlag.de

e-mail: info@reichel-verlag.de

ISBN 978-3-926388-20-9

Inhaltsverzeichnis

Liebe die ganze Menschheit.
Hilf allen Lebewesen.
Sei glücklich. Sei höflich.
Sei eine Quelle unerschöpflicher Freude.
Erkenne Gott und das Gute in jedem Gesicht.
Kein Heiliger ist ohne Vergangenheit,
kein Sünder ohne Zukunft.
Sprich Gutes über jeden.
Kannst du für jemanden kein Lob finden,
so lasse ihn aus deinem Leben gehen.

Sei originell. Sei erfinderisch.
Sei mutig. Schöpfe Mut - immer und immer wieder.
Ahme nicht nach. Sei stark. Sei aufrichtig.
Stütze dich nicht auf die Krücken anderer.
Denke mit deinem eigenen Kopf. Sei du Selbst.
Alle Vollkommenheit und Tugend Gottes
sind in dir verborgen - offenbare sie.
Auch Weisheit ist bereits in dir.
Schenke sie der Welt.

Lasse zu, dass die Gnade Gottes dich freimacht.
Lasse Dein Leben das einer Rose sein -
schweigend spricht sie die Sprache des Duftes.

Shri Babaji, Februar 84

Vorwort

Einem großen Meister zu begegnen ist oft der Wendepunkt im Leben eines Menschen. Alte Gedankenmuster lösen sich auf und machen neuen Platz, das Bewusstsein öffnet, weitet sich und betritt unbekannte Dimensionen auf allen Ebenen. Ein Umdenken findet statt, das, angewendet auf das praktische und geistige Leben, zur wahren Erfüllung des Menschseins führt.

Die hier aufgezeichneten Berichte aus Europa, Afrika und Amerika sind nur ein Teil der Erfahrung, die unzählige Menschen aus allen Ecken und Enden der Welt in dem kleinen Dorf Haidakhan, - Wohnsitz Babajis - am Fuße des Himalaya gelegen, machten. Jeder wurde individuell belehrt, je nach seinem augenblicklichen Bewusstseinszustand und seiner Aufnahmefähigkeit. Andere haben Babaji nie in der Physis kennen gelernt und erfahren dennoch seine Lehren und seine Gegenwart Tag für Tag im geistigen Bereich.

Babaji wird als Mahavatar bezeichnet. Das Wort kommt aus dem Sanskrit und bedeutet das "Herabsteigen des Göttlichen in die Materie" oder die Verdichtung von Geist oder Feinstofflichem. Ein Mahavatar ist demnach eine göttliche Erscheinung - ein Gottmensch - ohne menschliche Geburt. Avatare oder Mahavatare erscheinen auf der Erde immer dann, wenn große Umwälzungen bevorstehen, und wenn die Menschheit den rechten Weg verlassen hat.

Babaji ist seit Jahrhunderten in der Kumaon Region am Fuße des nördlichen Himalaya Gebirges unter dem Namen "Haidakhan Baba" bekannt. Schriftliche wie mündliche Überlieferungen berichten von seinem Erscheinen in zahlreichen Gestalten und von Wundern, die er mal in dieser oder jener Gegend vollbrachte. Vor der jetzigen Inkarnation war er zuletzt 1920 in einem physischen Körper gesehen worden. Noch heute lebende Schüler berichten, dass er sich damals inmitten eines Flusses in Licht auflöste. Seit diesem Zeitpunkt war er gelegentlich in seinem Lichtkörper erschienen, um Weisungen zu geben oder Heilungen durchzuführen.

Babajis baldige Wiederkehr wurde von dem zeitgenössischen Heiligen, Mahendra Baba, der kurz vor Babajis erneutem Erscheinen verstarb, verkündet. Um ihn wiederzuerkennen, beschrieb er ihn sogar mit seinen Narben an den Armen und Beinen. Schließlich gab sich Babaji 1970 - als er in einer Höhle sitzend gefunden wurde - zu erkennen.

Bald begann sich die Nachricht von Babajis Wiederkehr in ganz Indien zu verbreiten. 1972 kamen die ersten Europäer.

Von sich selber sagte er: "Ich bin niemand und nichts, dieser Körper hat keinerlei Bedeutung, ich bin nur der Spiegel in dem Du Dich siehst." Sein Bewusstsein durchdrang alles Sein, das Grobstoffliche wie das Feinstoffliche. Es war unmöglich, sein Wesen zu analysieren, geschweige denn es zu verstehen. Er war rätselhaft, unbeständig und seine Reaktionen unvorhersehbar. Da er alles wahrnahm, handelte er entsprechend der augenblicklichen Erfordernisse und Gegebenheiten. Dennoch kann man sein Wesen mit einem Satz zusammenfassen: Er ist die verkörperte Liebe. Sie war aus jeder seiner Handlungen, seiner Blicke und Gesten zu sehen und zu spüren. "Ich bin gekommen um zu geben. Gebt auch Ihr", waren seine Worte.

Als Mahavatar benötigte Babaji nichts von dieser Welt. Nahm er Nahrung zu sich, so sagte er manchmal: "Ihr esst und trinkt für Euch, ich aber esse und trinke für die Welt!" Seine Person stellte er ganz in den Hintergrund: "Dieser Körper hat keine Bedeutung. Er ist nur dazu da, seine Pflicht und Aufgabe zu erfüllen!" Seine Aufgabe war es, die Menschen zu ihrer wahren Natur zurückzuführen, nämlich zur Menschlichkeit. Er wirkte zwar im religiösen Formenkreis des Hinduismus, entnahm diesem auch manches, aber seine Lehre - die der Menschlichkeit - ist überkonfessionell und keiner bestimmten Glaubensrichtung zuzuordnen.

Durch seine Ausstrahlung und Impulse, die er gab, rief er die in jedem innewohnenden positiven Eigenschaften wach, die nur stimuliert und kultiviert werden müssen, um innerlich und schließlich auch äußerlich wirksam zu werden. "Wie oben so unten, wie innen so außen", lautet ein hermetisches Gesetz.

Seine Lehre umfasste die Begriffe:

- *Wahrhaftigkeit: Denken, Sprechen und Handeln in Übereinstimmung mit dem göttlichen Kern eines jeden Menschen.*

- *Nächstenliebe und Toleranz aller Kreatur gegenüber, einschließlich der Tiere und Pflanzen.*

- *Bescheidenheit und Genügsamkeit auf jedem Gebiet des Lebens, was auch die Zurückstellung eigener Wünsche zugunsten anderer Lebensformen bedeutet.*

Neben diesen drei Prinzipien der Wahrheit, Einfachheit und Liebe, die die Eckpfeiler einer jeden Weltanschauung sein sollten, lehrte er das ständige Herzensgebet, die immerwährende Anrufung eines der Namen Gottes. Er bevorzugte das uralte Sanskrit Mantra "Om namah Shivay", was übersetzt so viel bedeutet wie: Herr, Dein Wille geschehe. Das ständige Herzensgebet, auch ein Bestandteil der orthodoxen Kirche, beruhigt den Gedankenfluss und führt zur Stille, denn nur in der Stille kann wahres Wissen, kann Verbindung mit dem göttlichen Ursprung aufgenommen werden.

Babaji betonte auch immer wieder die Bedeutung selbstloser Arbeit, dem sogenannten Karma Yoga, der ein Weg zur Gotteserfahrung ist.

Warum inkarnierte Babaji? Er erschien aus zweierlei Gründen. Einmal um die Menschheit aufzurütteln und ihr Bewusstsein für ein Leben voller "Menschlichkeit" - bezogen auf alle Daseinsformen - zu erwecken, und zum anderen, um die Menschheit vor den großen Gefahren kommender Umwälzungen zu warnen.

Ein Umdenken und vermehrtes Handeln im Einklang mit der Natur ist von Nöten, denn: "Die Elemente sind vergewaltigt worden. Sie wollen sich nun von ihrer schweren Last befreien,... und die Entfesselung der Naturgewalten hat bereits begonnen."

Seine Voraussagen bezogen sich konkret auf die Neugestaltung der Erde:

"Die gegenwärtige Zeit ist voller Aufruhr. Es wird eine große Veränderung stattfinden, und zwar durch eine blutige Revolution... Am Ende der alles zerstörenden Revolution wird kein Land, sei es groß oder klein, verschont geblieben sein. Einige Länder werden vollkommen ausgelöscht, es bleibt kein Zeichen ihrer früheren Existenz. In anderen Ländern werden 3 - 5 Prozent, maximal 25 Prozent der Bevölkerung übrigbleiben und überleben.

Die Vernichtung wird durch Erdbeben, Überschwemmungen, Unfälle, Konflikte und Kriege herbeigeführt."

Auf die Frage, wie man sich vor der Zerstörung retten kann, antwortete er, dass alle diejenigen gerettet würden, die wahrhaftig Gott - in beliebiger Form - verehren und Seinen Namen preisen.

Am 14. Februar 1984 verließ Babaji in Haidakhan seinen Körper. Seine Präsenz ist nach wie vor im Ashram in Haidakhan zu spüren, der im Laufe der Jahre zu einem Pilgerzentrum für Menschen aller Rassen, Nationalitäten und Religionsrichtungen geworden ist. Es ist ein universeller Kraftort, an dem viele Menschen geistige und physische Kräftigung erfahren.

Gertraud Reichel

Begegnung mit Babaji

Dio Urmilla Neff, Amerika

"Babaji" flüsterte ich hingebungsvoll und sehnte seine Erscheinung herbei. Ich schaute mich in der Empfangshalle meiner Eltern um. Es war 1966. Ich saß gefesselt von Yoganandas klassischem Buch "Autobiographie eines Yogi[1] gemütlich in einem Sessel und war von dem Phänomen, das er so real beschrieb, fasziniert. Ich war gerade bei dem Ausspruch des bekannten Meisters Lahiri Mahasaya angelangt: "Wer auch immer mit Ehrfurcht den Namen Babajis ausspricht, erhält seinen sofortigen Segen."

"Babaji", wiederholte ich und versuchte dabei, ehrfürchtig zu sein. Nichts schien sich in der Vorhalle zu regen. Ich sah keine Lichter, hörte keine ätherischen Stimmen. "Wie dumm von dir," dachte ich, "Was erwartest du eigentlich?" Ich wäre jedoch höchst erstaunt gewesen, wenn ich geahnt hätte, dass Babaji mich wirklich gehört hatte und es mir zwölf Jahre später mitteilen würde.

Babaji war Yoganandas Gurus Gurus Guru, der den Überlieferungen zufolge in den Himalayas lebt und sich mit seinem kleinen Gefolge von Berggipfel zu Berggipfel teleportiert. Yogananda beschrieb ihn als den Begründer des Kriya Yogas, eines Systems von Meditationstechniken. Angeblich Hunderte von Jahren alt, wird Babaji nicht als Mensch angesehen, sondern als "Avatar", ein göttliches Wesen, das sich inkarniert, um der Menschheit zu Hilfe zu kommen. Die "Autobiographie eines Yogi" beschreibt Babaji als streng und bewundernswert zugleich: Er schlug ein glühendes Holzscheit auf die Schulter eines Schülers, heilte dann aber sofort die Wunde mit seiner Hand und erklärte seinen befremdeten Jüngern, dass dieser Mann aufgrund seines Karmas andernfalls in einem Feuer umgekommen wäre. Ein anderes Mal befahl Babaji einem angehenden Schüler, eine steile Felsklippe hinunterzuspringen, um seine Hingabe zu beweisen. Der Mann sprang. Babaji erweckte ihn sofort zum Leben und akzeptierte ihn als Schüler.

Babaji lebte bis 1984 in seinem kleinen Ashram in Haidakhan, einem kleinen Dorf am Ufer des Gautama Ganga Flusses im Kumaon Gebirge von Uttar Pradesh. Obwohl er seit 1970 dort ständig ansässig war, haben ihn relativ wenig Besucher aus dem Westen aufgesucht. Es scheint, dass nur wenige herausfinden konnten, wo er lebte, die anderen waren der Überzeugung, er sei noch immer unerreichbar, irgendwo in den unzugänglichen, luftigen Höhen des Himalayas.

---

[1] Autobiographie eines Yogi, O.W. Barth Verlag

Mein Mann und ich hörten zuerst durch eine junge Frau in San Francisco von Babaji. Sie hatte acht Monate in seiner Nähe verbracht. Die Überzeugung, dass er wirklich der Babaji ist, erfüllte uns mit dem Verlangen, ihn aufzusuchen. Zunächst wussten wir nicht, wie wir eine solche Reise finanzieren sollten, doch dann wurden Familiengelder frei, die vorher durch juristische Streitigkeiten festgelegen waren. Drei Monate später befanden wir uns in Indien.

Begegnung mit Babaji

In Babajis Haidakhan Ashram, auf einem Hügel gelegen, fanden wir ein entzückendes Anwesen vor mit weißen und pfirsichfarbenen Häusern und terrassenförmigen Bananenhainen und Blumengärten. Sie überblickten den klaren Gautama Ganga Strom. Der winzige oktagonale Tempel mit seiner schmalen, rot-weiß-grünen Kuppel ragte aus Bananenblättern hervor, ein verblichenes rotes Fähnchen flatterte an der Tempelspitze. Alles war sauber, gut gepflegt und friedvoll.

Zu jeder Seite des Ashrams liegen terrassierte Korn- und Reisfelder, trockene grün-braune Hügel, einige steinerne Bauernhäuser. Auf der rechten Seite befindet sich das Dorf Haidakhan mit seinem rauschenden Bergbach und der Miniaturbrücke. Gleich auf der anderen Seite des breiten Flussbettes liegt der alles überragende Berg Kailash, der seit Urzeiten als Sitz des Hindugottes Shiva bekannt ist. Zahlreiche Hügel flankieren in einiger Entfernung das weiße, steinige Flussbett. Einige Dorfbewohner arbeiten in glühender Hitze auf den Feldern, andere treiben schwarze Wasserbüffel auf engen Pfaden.

Als ich am Nachmittag meiner Ankunft die Ashramstufen hinuntereilte, um mein Gepäck wieder aufzufinden, stieß ich fast mit einer Gruppe Inder zusammen, die vor einer großen, rundlichen Person, gekleidet in ein Hemd aus violetter Seide und einem Dhoti, geleitet wurde. Der Vorangehende hatte ein jugendliches, rundes, goldfarbenes Gesicht und zurückgekämmte schwarze schulterlange Haare, die, wie in Indien üblich, geölt waren. Zuerst war ich sehr verwirrt. Ich konnte nicht feststellen, ob dieses Wesen ein Mann oder eine Frau war, er oder sie schien das Beste von beiden zu vereinen. Das Gesicht war so ansprechend, so leuchtend. "Ah", rief ich. Ich hatte ihn erkannt. Babaji fragte nach meinem Namen und eilte dann an mir vorüber in den Garten, wo seine Anhänger sich zum abendlichen Singen zusammengefunden hatten. Ich setzte mich in den hinteren Teil des Gartens und schaute voller Erstaunen dieses Wesen in Violett an. Er sah fast wie ein amerikanischer Indianer aus mit seiner hohen, gewölbten Stirn und den dunklen Augen. Seine Lippen waren fein geschwungen, seine Wangen voll und rosig, und er strotzte vor Gesundheit. Sein Gesicht war so ansprechend und wundervoll. Er war das schönste Wesen, das ich je gesehen hatte.

Babaji saß auf einer niedrigen Mauer am Ende des Gartens und empfing seine Schüler, die sich in Reih und Glied aufstellten, um ihn zu begrüßen. Frauen in farbenprächtigen Saris beugten sich nieder, berührten mit ihrer Stirn seine Füße, erhoben sich und sagten strahlenden Gesichts einige Wort zu ihm. Männer in Dhotis und Männer in westlichen Anzügen näherten sich, viele warfen sich in ganzer Länge vor ihm nieder zu dem respektvollen indischen Gruß vor dem Meister, Pranam genannt. Diejenigen, die am Nachmittag angekommen waren, überreichten ihm Geschenke und Babaji wickelte Hemden und Dhotis aus, Tuschkästen und Zeichenpapier, Früchte und indische Süßigkeiten. Einige Schüler brachten ihm duftende Öle, um damit seine Füße einzureiben, oder Weihrauch, um ihn in seiner Nähe zu verbrennen. Augenscheinlich verehrten sie ihn alle.

Am nächsten Tag begann die Ashram-Routine, die für die nächsten zehn Wochen unser tägliches Leben bestimmen sollte. Wir standen um vier Uhr morgens auf, nahmen ein schnelles Bad in dem kristallklaren Wasser des Gautama Ganga unterhalb des Ashrams und fanden uns in der winzigen Kirtanhalle aus Zement zu Gesängen und Gebeten zusammen. Babaji kam dann, um uns zu empfangen, und wir stellten uns an, um ihn zu begrüßen oder um an seinem erhöhten Sitz zu stehen und mit ihm zu sprechen. Anschließend gingen wir zu unseren Räumen oder saßen mit Babaji im Garten oder arbeiteten in der Küche oder trugen Eimer mit Wasser vom Fluss die Treppen hoch. Mittags fanden wir uns im Innenhofe zum Mittagessen ein, und anschließend legten wir uns in unseren Räumen zu einem Schläfchen nieder. Am späten Nachmittag badeten wir zum zweiten Male, um anschließend im Garten zu singen. Manchmal am Abend wurde einer unter uns von Babaji gebeten, eine Rede zu halten, manchmal alberte er herum und machte Späße mit einem Schüler oder zog ein Kind auf seinen Schoß, um es wie eine Mutter zu schaukeln oder zu herzen. Und oftmals saß er einfach da, und wir fuhren fort zu singen bis es Zeit war, ins Bett zu gehen.

Herakhan Baba[2]

Nach den Aussagen seiner indischen Schüler verweilt Babaji nur für eine gewisse Zeit in seinem physischen Körper, dann löst er sich auf und erscheint seinen Anhängern nur noch in Visionen. Wenn er sich physisch wieder manifestiert - berichten sie - hat er einen neuen Körper und eine andere Erscheinung. Sie sagen, er inkarniert sich nicht, sondern erscheint vollständig ausgewachsen. Yoganandas Beschreibung von Babaji bezieht sich auf eine Zeit bis Mitte des 20. Jahrhunderts. Ein anderes Buch, von Baba Hari[3] Dass be-

---

[2] alte Schreibweise für Haidakhan Baba
[3] Hairakhan Baba: Known, Unknown von Baba Hari Dass,
   Shri Rama Foundation 1975

schreibt Babajis Leben zwischen 1890-1920 in der Kurmanchala Region in Indien, die an Nepal grenzt. Babaji wurde damals vorwiegend Herakhan Baba genannt wegen seiner langjährigen Zugehörigkeit zu diesem Dorf. Fotografien zeigen den Herakhan Baba von großer Statur, mit ziemlich heller Hautfarbe, kurzem schwarzen Haar und vornehmer Gestalt. Es wurde erzählt, dass er niemals schlief, weder Hunger noch Durst kannte und dennoch ungewöhnlich stark war. Ferner strömte er einen lieblichen moschusähnlichen Duft aus.

Nachweislich vollbrachte Herakhan Baba Wunder vor großen Menschenmengen. Es wurde ihm nachgesagt, Kranke zu heilen, Tote zu erwecken, an zwei Orten gleichzeitig zu erscheinen, in heiligen Feuern zu sitzen, ohne ein Haar zu versengen. Schließlich hatte er Tausende von Anhängern in verschiedenen Teilen der Kurmanchala Region. Wohin er auch immer ging, versammelten sich Menschenmengen, um seine Segnungen zu empfangen. Nach einer anderen Quelle -1922 oder 1920 - stieg er vor einer Gruppe von Anhängern in die Wasser der zwei zusammenfließenden Ströme Gori und Kali und wurde daraufhin nicht mehr gesehen.

Eines Morgens, wenige Tage nach meiner Ankunft, kam ich vom Fluss, in dem ich meine Saris gewaschen hatte, zum Ashram zurück. Als ich mich den Ashramstufen näherte, rief mich Babaji zu sich. Er saß mit wenigen Personen unter schattenspendenden Bäumen im Garten nahe des Flussbettes und streckte seine goldfarbene Hand nach mir aus, um mich zu sich auf eine niedrige Felsmauer zu ziehen. Er erklärte uns seine einfache Botschaft, die er an alle seine Schüler weitergibt: "Lebt in Wahrheit, Einfachheit und Liebe und wiederholt im Geiste ständig das Mantra Om Namah Shivay.[4]

Bald danach sprach ich über das Mantra mit einem jungen Fotografen aus Gwalikor, einem langjährigen Schüler Babajis. Der Fotograf erzählte mir von der Zeit, als er Babaji in die Provinz Bihar begleitete, wo Shri Yukteswar, Yoganandas Guru, Tausenden von Leuten Kriya Yoga gelehrt hatte. Die meisten Schüler, die sie trafen, übten noch immer Kriya Yoga aus, und sie wussten auch, dass Babaji der Begründer dieser Technik war. "Lehre uns mehr Kriyas" riefen sie und scharten sich um Babaji. Nichts anderes als dieses wollten sie hören. So ließ Babaji die Leute in mehreren Reihen sitzen, und er gab dem Fotografen Anweisung, jedem einzelnen die richtige Kriya Technik für dieses Zeitalter beizubringen. Ich fragte, was er denn getan hätte. "Ganz einfach. Ich flüsterte jedem Om Namah Shivay zu!"

Die Geschichte, in der Babaji in seiner jetzigen Form erschien, begann eigentlich in den Zwanziger Jahren, als ein fünfjähriger Junge in Bihar eine Vision hatte. Ein prächtiger Jüngling erschien ihm und überreichte ihm etwas

---

[4] „Herr, Dein Wille geschehe" oder wörtlich „Ich verneige mich vor Dir, Shiva"

Prasad, gesegnete Speise. Der Junge wurde mit Ehrfurcht für den Jüngling erfüllt, und als er erwachsen war, durchquerte er zu Fuß ganz Indien, Nepal und Tibet auf der Suche nach seiner glänzenden Vision. Endlich entdeckte er eine Fotografie des legendären Herakhan Baba auf einem Kurmanchala Familienaltar und erkannte den Guru, den er so lange gesucht hatte. 1949 schloss sich dieser Schüler in einen Raum des Ashrams ein, der dem Herakhan Baba geweiht war, und schwor, weder zu essen noch sich aus seiner Yogaposition zu rühren, bis die geliebte Person seiner Vision wiederkehre. Und Babaji erschien tatsächlich[5]. Als Belohnung für seine tiefe Verehrung - so erzählt die Überlieferung- machte Babaji ihn zu seinem Botschafter. Er wurde Mahendra Baba genannt.

Mahendra Baba baute überall in Indien Ashrams für Babaji, zog alle übriggebliebenen Schüler des Haidakhan Baba in der Kurmanchala Region zusammen und verkündete ihnen, dass ihr geliebter Herakhan Baba und der historische Babaji ein und derselbe wären und dass er bald wieder erscheinen würde.

***

Als ich mich an das Ashramleben gewöhnt und gelernt hatte, um vier Uhr morgens im Dunkeln zu der "Flussbett-Toilette" zu gehen und die Kunst beherrschte, im langen Unterrock zu baden, begann ich mich meiner Hauptaufgabe im Ashram zu widmen, die scheinbar darin bestand, Babaji zu beobachten. Seine Aktivitäten schienen - soweit ich es beurteilen konnte - aus einer speziellen vor Sonnenaufgang abgehaltenen Feuerzeremonie, aus seiner Anwesenheit beim morgendlichen und abendlichen Singen, aus Empfängen von Anhängern in seinem Raum und aus zeitweiligem Überwachen von vedischen Ritualen zu bestehen. Manchmal saß er im Garten, irgend jemand massierte ihm dabei die Füße, malte mit Wasserfarben oder spielte Schach mit einer Gruppe aus dem Westen. Zu anderen Zeiten wies er seinen Anhängern kraftvoll Arbeiten zu: einen Baum zu pflanzen, einen überwucherten Pfad zu säubern oder aber Steine vom Fluss zu einer Baustelle zu tragen. Oftmals erschien er munter zur Mittagszeit zwischen den am Boden sitzenden und essenden Schülern, ging hin und her, stellte hier und dort eine Frage, wie sie den Reis fänden, ob sie es bequem hätten etc. Seine Energie schien unerschöpflich. Man mag über Babajis eher einfache tägliche Routine rätseln. Augenscheinlich vollbrachte er keine spektakulären Wunder wie der alte Herakhan Baba, noch schien er hart und streng wie in Yoganandas Beschreibung. Woher wissen wir, dass er wirklich Yoganandas Babaji ist? Hier kann ich keine große Hilfe sein, ich spürte einfach sofort, als ich von ihm hörte, dass er der echte Babaji ist. Als Babaji einmal von meinem Mann scherzhaft

---

[5] Siehe Radhe Shyam: „Babaji, Leben aus dem Sein", G. Reichel Verlag

gefragt wurde, ob er der Mann auf dem Foto des Herakhan Baba sei, antwortete er lächelnd: "Ja" und signierte das Foto.

Mahendra Baba hatte vorausgesagt, Babaji würde "Bhole Baba" oder "anspruchsloser Vater" genannt werden, weil er keine offensichtlichen Wunder vollführe. Er tut es auch nicht, wenigstens meistens nicht.

Ich hörte von einer Begebenheit, als im Ashram unerwartet eine Busladung von einhundert Schülern aus der nahen Kleinstadt Haldwani ankam. Es war Mittagzeit, und die Gäste füllten den Innenhof, die Stufen und gar die Wege im Garten. Dort warteten sie in der heißen Sonne auf das Mittagsmahl. Die indische Köchin war sehr beunruhigt, hatte sie doch nur Speisen für etwa zwanzig Leute vorbereitet, und sie wusste, dass unmöglich alle Anwesenden beköstigt werden konnten. "Teile das Essen aus!" befahl Babaji, ihren Protest nicht beachtend. Somit begannen die Helfer, sich mühsam durch das sitzende Gedränge von Dorfleuten hindurchzuarbeiten, um Reis und Gemüse auf die Bananenblätter-Teller zu häufen.

Kellenweise die Speise verteilend, machten sie ihren Weg durch den dicht gefüllten Hof, die Stufen und Wege hinunter in den Garten. Sie füllten den Teller des letzen Gastes und gingen zurück, um nochmals Nachschlag auszuteilen. Der Köchin wurde bewusst, dass Babaji irgendwie eingegriffen hatte, konnte es aber nicht beweisen. Babaji schützte wie üblich Unwissenheit vor.

Meine Bekannte aus San Francisco erwähnte eine andere "Fisch- und Brotausteilung" aus der Zeit, in der sie dem Ashram als Köchin diente. Ich hörte viele Geschichten wie diese: Babaji, obwohl im Ashram anwesend, erscheint in einem entfernten Dorf, um eine kranke Bauersfrau zu heilen; Babaji, der allein mit einem bestimmten Schüler plötzlich fließend Englisch oder Deutsch spricht; Babaji, der sich plötzlich leichter macht, wenn ein kühner Anhänger darauf besteht, ihn durch den Fluss zu tragen. Das Wunder, das ich persönlich erlebte, war sein offensichtliches Gedankenlesen, eine alltägliche Handlung im Ashram, wie ich später erfuhr. Mir wurde mitgeteilt, wenn ich ihn in Gedanken um etwas fragen würde, käme die Antwort früher oder später. Und wirklich. Zu meiner Überraschung brauchte ich nur um Verstehen oder um einen Einblick in ein Problem zu bitten, die Antwort wurde mir auf ganz subtile Art gegeben: als plötzlicher Lichtblick oder durch jemand anderen. Begleitet wurde dieses Phänomen oftmals durch eine kleine äußere Geste seinerseits. Ich wusste plötzlich eine Antwort oder hatte eine kleine Eingebung, woraufhin Babaji mir eine Mango reichte. Jedes Mal, wenn ich geistig den richtigen Weg einschlug - so schien es mir - bekam ich die sofortige Bestätigung von ihm: einen schnellen Blick, eine Hand zum Segen erhoben, ein wenig Prasad.

Je länger ich bei Babaji weilte, um so erstaunlicher erschien er mir. Wenn er den Küchenbereich betrat, wurde dieser Trakt lebendig. In Saris gekleidete Damen sprangen auf von ihrem Reis, den sie gerade säuberten, um ihn zu begrüßen. Der jugendliche Koch tauchte aus seiner Holzhütte auf, strahlend, das brodelnde Gemüse momentan vergessend. Die Küchengehilfen umringten Babaji, ihre glänzenden Gesichter leuchteten mit dem "Er-ist-Hier" Ausdruck, den ich so gut kennenlernte.

Im Juni 1970, so erzählt die Geschichte, träumte ein Bauer aus Haidakhan namens Chandramani[6], er solle den Gautma Ganga Fluss überqueren und eine Höhle am Fuße des Kailash Berges betreten. Und wirklich, als er in die Höhle kam, fand er einen wunderschönen Jüngling in Lotuspose sitzend vor. Er war groß, schlank, mit dunklem, schulterlangen Haar und heller Hautfarbe. Chandramani eilte nach Hause, um Milch zu holen und zog schließlich selbst in die Höhle, um dem Jüngling, den er verehrte, zu dienen. Kurz darauf erklommen die beiden den Kailash Berg. Fünfundvierzig Tage saß dann der Jüngling unbeweglich in perfekter Yoga-Positur auf dem Gipfel, aß und trank nicht, noch öffnete er seine Augen. Später überquerten er und Chandramani den Fluss und gelangten zu einem kleinen oktagonalen Tempel, der zuvor vom Herakhan Baba erbaut worden war. Sie lebten in einer Hütte nahebei und die Bauern kamen, einer nach dem anderen, um dem bemerkenswerten jungen Mann ihre Verehrung zu zeigen, in dem Glauben, dass endlich ihr Herakhan Baba zurückgekehrt sei.

Ein Jahr nach seinem Erscheinen besuchte der junge Guru verschiedene Dörfer und Städte Nordindiens. Dadurch wurden mehr und mehr Leute auf ihn aufmerksam, und bald strömte das Volk zu dem abgelegenen Tempel in den Kumaon Hügeln.

Eine indische Bekannte aus Bombay erzählte mir, wie sie Babaji in jenen Tagen zu erstenmal traf, und wie er sich ihr offenbarte. Meine Bekannte, ein ernster Mensch und ziemlich westlich eingestellt, las 1959 die "Autobiographie eines Yogis". Sie fühlte ein intensives Verlangen, Babaji zu finden und machte sich auf den Weg in die Himalaya Berge. Sie fand ihn dort nicht und unternahm daraufhin 1965 nochmals einen Versuch, der ebenfalls ohne Erfolg blieb. Eines Abends, 1971, sie saß gerade mit ihrem Vater am Familienaltar, der mit Bildern von Gottheiten und Heiligen geschmückt war, klopfte ein Verwandter an und bestand darauf, der Familie einen jungen Guru vorzustellen. Die Bekannte hatte die Hoffnung, Babaji jemals zu treffen, aufgegeben und hatte außerdem genug von Gurus, so dass sie keinen mehr sehen wollte. Aber ihr gastfreundlicher Vater beschloss, ihn zu empfangen.

---

[6] siehe M. G. Wosien, „Babadschi, Botschaft vom Himalaya" G. Reichel Verlag

Der Verwandte brachte einen auffallend schönen Jüngling herein, der sofort zum Altar ging und sich dort niederließ. Er schaute intensiv auf meine Bekannte und deutete wortlos auf ein Bild auf dem Altar, das vorher dort nicht gestanden hatte. Es war die Federzeichnung von Babaji aus der "Autobiographie eines Yogi". Dann deutete er auf sich und wiederholte diese Geste zweimal. Innerlich zutiefst getroffen, fiel ihm meine Bekannte zu Füßen. Endlich hatte sie Babaji gefunden.

Diese Frau und andere indische Schüler berichteten mir über die ersten Jahre Babajis in Haidakhan. 1971 und 1972, so sagten sie, saß er stundenlang mit geschlossenen Augen in Lotusposition, augenscheinlich in tiefen meditativem Zustand. Auch wenn er nicht meditierte, sprach er wenig und wenn, dann nur einsilbig. Seine Augen schienen Licht auszustrahlen und oftmals war sein Blick so hell und durchdringend, dass man ihn nicht anschauen konnte. Fotos aus dieser Zeit zeigen Babaji als einen schlanken, wundervoll geformten Jüngling, etwa zwanzig Jahre alt, mit dunklen, fesselnden Augen und einem wirren Haarschopf. Auf einigen Fotos sah er aus wie ein Sioux-Indianer, auf anderen wie eine Madonna.

Theaterspiel

Der erste Sturm der Vor-Monsunzeit brach aus, und der ruhige Fluss in seinem flachen Flussbett schwoll an zu einem reißenden, lehmigen Strom. Die Luft wurde kühl und die pfirsichfarbenen Gebäude, die Wege aus Zement, die verschwenderisch wachsenden Bananenblätter, - alles war nass und glänzte vor Feuchtigkeit.

"Wenn du Babaji nur beobachtest, wirst du nicht viel von ihm erfahren," dachte ich. Ich saß im hinteren Teil der tropfenden Kirtanhalle und versuchte das, was ich von dem legendären Babaji und von diesem rätselhaften Meister vor mir wusste, zu vereinbaren. Jedem zeigt er sich nämlich anders. Manchmal änderte sich sein Verhalten sogar von Minute zu Minute, mal ist er kindlich, mal ein liebevoller Spielkamerad, dann aber, ganz plötzlich, schaltet er ab, als ob er gerade abgerufen worden sei und nur seinen physischen Körper zurückgelassen hat. Er konnte ernst sein, streng, liebevoll oder sich sogar ein wenig lächerlich machen. Zu einer hübschen Frau aus Punjab und ihren Kindern war er fortwährend aufmerksam, aufgeschlossen und liebevoll. Mit einer älteren Dorffrau lachte er und verulkte sie oder aber schrie gellend "Buh" hinter ihr her. Anderen gegenüber benahm er sich gleichgültig oder tat verstimmt. Vielen zeigte er abwechselnd all diese Gebaren. Verstehen konnte ich diese bunt durcheinandergewürfelten Verhaltensweisen nicht. Schließlich bat ich einige langjährige Schüler Babajis um Aufklärung.

"Ich habe ihn sechs Jahre lang so handeln sehen," erzählte mir eines Tages eine in London ansässige Schriftstellerin in ihrem gemütlichen Raum, "und ganz egal, was sich auch immer oberflächlich abspielen mag, so gibt und beschenkt er uns doch immer in seiner unendlichen Liebe und seinem Mitgefühl für uns." Sie war eine große, graziöse, ausgeglichene junge Frau, scheinbar eine Favoritin von Babaji, denn er lobte sie oft und ließ sie ständig in seiner Nähe sein.

Am Anfang hatte sie viel zu erdulden, so erzählte sie. Nach ihrem ersten Besuch musste sie sechs Monate mit einer fiebrigen undefinierbaren Krankheit das Bett hüten. Sie wusste, dass sie diese Krankheit und ihre rätselhafte Heilung Babaji zuzuschreiben hatte. Bei einem späteren Besuch hatte Babaji sie samt Gepäck bei strömenden Regen aus dem Ashram geworfen. Während der folgenden Besuche wurde sie mal ignoriert, mal freundlich behandelt oder gar vergessen. Ich fragte, wie Babaji sie heute behandelt. "Ich fürchte, es ist gerade die Kehrseite der Medaille," berichtete sie lächelnd. "Ich muss mich fortwährend zwingen, wegen seiner fortgesetzten Aufmerksamkeit nicht überheblich zu werden." Sie glaubt, dass Babaji zuerst psychologisch an den Schülern arbeitet, um sie von ihren zahlreichen Problemen zu befreien, schließlich - in der traditionellen Rolle des Meisters - erhebt er sie geistig zu seinen Schülern. Diese Aufmerksamkeit, so glaubt sie, war wieder ein Test, den sie zu bestehen hatte.

Ich sprach mit einer entzückenden Dame während wir in der Kirtanhalle saßen. Sie war die Frau eines wohlhabenden Geschäftsmannes und kannte Babaji seit seinen frühesten Tagen. "Babaji ist hier, um uns zu dienen, und glauben Sie, er tut es wirklich, selbst wenn er vorgibt, uns zu ignorieren. Hinter all dem steht eine allumfassende Liebe." Sie erzählte, dass auch sie harte Zeiten durchmachen musste, gewann aber dadurch die nötigen Einsichten und ein tieferes Verständnis ihrer geistigen Notwendigkeit. Seelisch erstarkte sie und war Babaji dafür sehr dankbar. "Niemals werde ich vergessen, dass er mir einmal sagte: "Ich bin nur gekommen, um zu geben!" flüsterte sie.

"Wenn Du mit Zweifeln herkommst," sagte Babaji einmal zu meiner Bekannten aus San Francisco, die ihm gegenüber zuerst recht misstrauisch war, "werde ich Dir allen Grund zum Zweifeln geben. Wenn Du mit Misstrauen kommst, werde ich Dir Grund geben, misstrauisch zu sein; aber wenn Du kommst, um Liebe zu erhalten, werde ich Dir mehr Liebe schenken, als Du jemals erhofftest."

Bald erreichte der Monsun seinen Höhepunkt. Fast täglich regnete es stundenlang, und die kargen Hügel verwandelten sich in einen üppigen Dschungel, unsere Zimmer in feuchte Höhlen. Wir drängten uns ums Kerzenlicht, während unsere nassen Gewänder über unseren Köpfen auf kreuz und quer gespannten Wäscheleinen hingen. Der Geruch von feuchter Baumwolle durchdrang alles. "Lass dich nicht durch Äußeres täuschen," sagte meine Bekannte, die Londoner Schriftstellerin, als wir heißen Tee in ihrem Zimmer tranken. "Im Grunde genommen ist er unbeteiligt und unparteiisch. Was man auch tut, man kann ihn nicht beeinflussen, er ist - und sie suchte nach dem Wort - "unbestechlich... und vergiss nicht," fuhr sie fort, "Babajis Belehrungen sind immer sehr subtil. Er spricht in Symbolen, macht Andeutungen und gibt Anhaltspunkte." Ich erzählte ihr von dem Vorfall, als Babaji mir half, meine vor Feuchtigkeit klamme und aufgequollene Holztür aufzustoßen. "Ich bin Dein Helfer," hatte er auf Englisch gesagt. "Genau das ist es, er hilft Dir! Er öffnet Dir alle Türen," sagte sie.

Und so sammelte ich von Babajis indischen und ausländischen Anhängern Anekdoten und Theorien über sein Verhalten. Er pflichtet Egoisten bei, macht sie zu seinen Favoriten und lässt ihr Ego anschwellen. Sobald die vor Überheblichkeit platzen, holt er sie von ihrem hohen Ross herunter, indem er sie aus dem Ashram wirft oder aber sie eine besonders erniedrigende Erfahrung machen lässt. Die Unsicheren bringt Babaji noch mehr aus der Fassung, indem er sie ignoriert und die Unentschlossenen verwirrt er vollends durch widersprüchliche Antworten auf ihre Fragen.

Eine Erklärung dieses Phänomens war, dass seelische Knoten oder Probleme, die in Gegenwart eines spirituellen Meisters auftreten, durch seinen reinigenden Einfluss auch aufgelöst werden. Es schien, als ob Babaji diese ans Licht holte, um sie endgültig verschwinden zu lassen. Mir wurde erzählt, dass Egoisten schließlich ihre Arroganz verlieren, ihr Selbstbewusstsein behalten: die Unsicheren erkannten ihre innere Kraft und die Unentschlossenen lernten Entscheidungen zu fällen. Diese Analyse ist rein theoretisch, denn niemand weiß, was er wirklich macht.

Viele von uns nannten diese psychologischen Spielchen "Haidakhan Theater". Meine eigene Erfahrung mit Babaji war ähnlich. Einer der Hauptgründe, warum ich ihn überhaupt aufgesucht hatte, war, dass ich vor der schwierigen Entscheidung stand, mich von meinem Mann zu trennen oder nicht. In diesem Dilemma spielte Babaji mit mir wie mit einem Pingpongball, mal trieb er mich in diese, mal in jene Ecke. An einigen Tagen bedeutete er mir, ich solle verheiratet bleiben, an anderen, ich solle mich scheiden lassen, und er verstärkte somit immer meine eigene Unentschlossenheit und mein Selbstmitleid. Äußerlich schien er mich nicht zu beachten, innerlich aber beantwortete er jede meiner Fragen, gab mir zahlreiche Hinweise und die Gewissheit, dass er mir wirklich half: er ehrte mich mit der Aufforderung, einen Artikel über ihn zu schreiben, konnte sich aber dann scheinbar an meinen Namen nicht mehr erinnern.

Als ich nach Kalifornien zurückkehrte, wurde ich von einer rätselhaften Krankheit befallen und erholte mich auf eine ebenso rätselhafte Art und Weise. Während der nächsten sechs Monate änderte sich mein Leben dramatisch zum Guten. Ich wurde viel glücklicher und entscheidungsfreudiger. Habe ich es Babaji zu verdanken? Natürlich sind alles nur Spekulationen...

"Tausende von Leuten werden nach Haidakhan kommen," sagte Babaji einmal einem amerikanischen Bekannten, "aber nur eine Handvoll wird mich jemals erkennen."

Seine Botschaft

Obgleich Babaji sehr aktiv war, hielt er selten eine Rede oder bot ein geistiges Gespräch. Er wies uns nur an, ein Leben der Wahrheit, Einfachheit und Liebe zu führen und "Om Namah Shivay" zu wiederholen. Ich wusste von meinen Vedanta Philosophie Studien etwas über "nam jap", die Wiederholung eines Mantras. Es heißt, dass Sanskritausdrücke die gleiche Schwingung haben wie die Dinge, die sie benennen, allerdings auf einer anderen Frequenz. So ist z. B. das Sanskritwort für "Licht" schwingungsmäßig so aufgebaut wie tatsächliches, physisches Licht, nur auf einer anderen Oktave. Es heißt weiter, dass man Gottes Aufmerksamkeit bestimmt erlangt, wenn man seinen Namen in Sanskrit wiederholt, wodurch die Gottheit im eigenen Bewusstsein hervorgerufen oder erschaffen wird. Gottes Gegenwart so unmittelbar hervorzurufen, ist ein Weg zur Erleuchtung.

Ich hatte gehört, dass in Büchern "OM" als der Urlaut der Schöpfung beschrieben wird. "Namah" wurde mir übersetzt mit "Ich verneige mich vor dir" und "Shivay" als der Hindugott Shiva oder der Aspekt Gottes, der unsere seelischen Verstrickungen und unsere Unwissenheit zerstört. Ich hörte auch, dass "Shiva" in Sanskrit "Einer, der Glückseligkeit schenkt" bedeutet, und so kann es sich auf alle Götter oder Gott allgemein beziehen. Ferner wurde mir gesagt, dass dieses Mantra Gott anruft, gleich welcher Religion man angehört. Daher sah ich die Bedeutung für mich in: "Herr, ich ergebe mich Dir" oder "Herr, befreie mich von Unwissenheit".

∗∗∗

Frage an Babaji: "Hast du eine Botschaft für die Amerikaner?"
"Dieselbe wie für die ganze Menschheit: Folgt den Prinzipien Wahrheit, Einfachheit und Liebe."

„Bedeutet Wahrheit mehr, als die Wahrheit sagen?"
"Wahrheit hat viele Bedeutungen."

Babaji rief seinen obersten Priester, Shastriji, damit er die Frage beantworte. Shastriji hielt einen langen Vortrag in Hindi, den ich hier in etwa wiedergebe:

"Gott ist Satya - also Wahrheit - und steht über allem. Die Veden und andere alten Schriften beschreiben Gott als die Verkörperung der ewigen Wahrheit. Und Wahrheit bringt Erfolg, denn einer, der die Wahrheit spricht und nach wahrhaften Prinzipien lebt, ist erfolgreich in allem, was er tut. Wahrheit ruft Willenskraft hervor. So wird jemand, der Schwierigkeiten hat, aber die Wahrheit spricht und in ihr lebt, ganz von selbst die nötige Willenskraft entwickeln, den Lebenskampf zu gewinnen. Deshalb ist Wahrheit mit der sie begleitenden Willenskraft und dem Erfolg das erste Prinzip von Babajis Lehre."

"Bedeutet Einfachheit, mit wenig Besitz zufrieden zu sein?"
"Es bedeutet, ohne Selbstsucht und Egoismus zu sein."

"Heißt Liebe, andere Menschen und Gott zu lieben?
"Andere Menschen lieben ist Gott lieben."

"Was bedeutet Om Namah Shivay?"
"Om Namah Shivay ist ein Mahamantra, ein großes Mantra, eine gekürzte und machtvollere Version des Mantras, welches den Mittelpunkt aller vier Veden bildet. Es wird ein "Beej Mantra", ein Kernmantra genannt. Je kleiner und konzentrierter das Objekt, umso kraftvoller ist es. Ein Kern enthält in sich alle notwendige Kraft, einen mächtigen Baum zu erschaffen, und so ist er im Vergleich viel machtvoller als der Baum. Ebenso verhält es sich mit Om Namah Shivay, es ist der Kern der längeren Version und somit ist es ein sehr machtvolles Mantra."

"Es ist symbolisch", fuhr Shastriji fort, "sowohl in seinem Laut als auch in der Schreibweise. OM enthält den Laut und die Symbole der drei Aspekte Gottes: Brahma, Vishnu und Shiva und auch die göttliche Mutter und das absolute Prinzip, das aller Existenz zugrunde liegt. Namah Shivay symbolisiert die fünf Prinzipien, aus der die gesamte Schöpfung besteht Luft, Erde, Feuer, Wasser und Prana oder Lebenskraft. Om Namah Shivay war der allererste Laut, der von Gott ausging, und aus ihm entfaltete sich die ganze Schöpfung.

Shiva

Viele westliche Schüler Babajis betrachten Babaji als großen psychologischen Meister, viele Inder sehen ihn in einem ganz anderen Licht: als einen Avatar Shivas.

Shiva ist einer der drei Aspekte Gottes der hinduistischen Kosmologie. Brahma, sagen sie, ist der schöpferische, Vishnu der stimulierende oder erhaltende und Shiva der zerstörende Aspekt. Die Hindus glauben auch, dass diese Aspekte Gottes sich in menschlicher Form als Avatar inkarnieren oder materialisieren können. Es heißt, dass Inkarnationen Vishnus sterblich sind, Inkarnationen von Shiva hingegen unsterblich.

Die indischen Schüler, mit denen ich sprach, waren überzeugt, dass Babaji ein Avatar ist. Erstens habe Mahendra Baba seinen ehrfürchtigen Schülern wiederholt gesagt, dass beide, ihr geliebter Herakhan Baba und Yoganandas Babaji eine Shiva Inkarnation sei. Ferner sei schon lange vorausgesagt, dass, wenn Shiva das nächste Mal in menschlicher Form erscheinen würde, er eine Narbe an seinem rechten Unterschenkel, eine andere an seinem linken Oberarm und Shiva-Symbole und Zodiak Zeichen an seinen Fußsohlen haben werde. Und tatsächlich! Babaji hatte die erforderlichen Narben und erlaubte nach drei Jahren Sträubens, seine Füße einzufärben und fotografieren zu lassen. Und dort waren sie, verstreut über seine Ferse und seinen Fußballen: ein winziger Stier, eine Kobra, der Dreizack Shivas, ein OM in brahmanischer Schrift, das Löwe- und Widderzeichen.

Meine Bekannte aus Bombay erzählte mir, dass sie und andere Frauen oft ein Licht von Babajis Stirn ausstrahlen sahen, und manchmal formte das Licht verschiedene Shiva-Symbole: ein offenes, senkrechtes Auge, das OM in brahmanischer Schrift und Shivas Dreizack. Die Schlange ist ein besonders bezeichnendes Shiva Symbol. Ein pensionierter indischer Luftwaffenkommandant aus Allahabad erzählte mir von einer Begebenheit, da Babaji eine Gruppe Schüler zu den Quellwassern des Ganges führte. Als sie sich am Ufer versammelten, bemerkte der Kommandant, wie sich eine mystisch geformte Kobra mit drei glänzenden Köpfen langsam aus dem Wasser erhob. Sprachlos versuchte er Babajis Aufmerksamkeit zu erlangen.

"Habe ich das wirklich gesehen?" fragte er später Babaji.
"Ja, das hast du."

Eines Tages, als ich im Ashram die Bücherei putzte und über diese und jene Anekdote nachgrübelte, fand ich ein Buch über Satya Sai Baba, den südindischen Meister, der berühmt ist für seine aus der Luft materialisierten Gegenstände. In dem Buch heißt es, dass sich Sai Baba 1963 vor einem Publikum von Tausenden von Menschen von einer ernsten Erkrankung heilte, der ein achttägiges Koma folgte. Er enthüllte, dass er eine Inkarnation von Shiva und seiner Gefährtin Shakti sei und eine alte Prophezeiung erfüllt habe, welche voraussagte, dass sich dieses Paar inkarnieren würde und eben diese Acht-Tage-Krankheit durchmachen müsste. In jener Nacht bat ich Babaji in Gedanken, mir diese Sache zu erklären. Wer war denn nun Shiva?

Am nächsten Tag kam ein junger Engländer in die Ashrambücherei, wo ich die Bücher abstaubte. Er erzählte mir, wie er und eine Gruppe Schüler einst nach Delhi gingen, wo Babaji eine reinigende Feuerzeremonie abhalten sollte. Babaji war von den Tempelpropheten des "Buches Brighu" darum gebeten worden. Er fügte hinzu, dass dieses Buch eines der Wunder Indiens sei, eine Serie alter Buchblätter in einer kaum übersetzbaren Sprache, die die Namen und Nöte eines jeden nannten, der den Tempel aufsuchen würde - sogar bis zum heutigen Tag. Eines Tages - so schien es - habe das Buch eine spontane Botschaft preisgegeben. Sie besagte, dass ein ziemlich unbekannter Heiliger aus dem Dorf Haidakhan gerufen werden sollte, um ein vedisches Feuerritual zu vollziehen. Als Babaji dort ankam, so erzählte der Engländer, fanden die Propheten seinen Namen in einem Buch und lasen das folgende:

"Shiva ist zu uns zurückgekehrt. Er hat sich in drei Formen manifestiert: Shiva allein, in jenem Sadhu dort," und die Priester zeigten auf einen weiß-bärtigen heiligen Mann, der sie von einer Ecke aus beobachtete, "Shiva und Shakti zusammen in Satya Sai Baba und als Nataraj, den tanzenden Shiva der Zerstörung, in der Form dieses jungen Gurus, Haidakhan Baba."

Der tanzende Shiva der Zerstörung

Von all den Facetten, die Babaji uns präsentierte, ist die Idee des Gottes der Zerstörung am verwirrendsten. Er offenbarte jedoch seinen Schülern etwas davon, indem er beständig kommendes, sehr schweres weltweites Unheil - Naturkatastrophen und Kriege - erwähnte.

Er sagte, Om Namah Shivay[7], und das Verwirklichen von Wahrheit, Einfach-heit und Liebe seien genau das Gegenmittel gegen das Unheil. Diejenigen, die dieses ausübten, egal welchen geistigen Weg sie gehen oder welcher Religion sie angehören, würden beschützt sein.

Babajis indische Schüler gehen so gar so weit zu sagen, Babaji als Nataraj, dem schrecklichsten Aspekt Shivas, sei persönlich für diese Zerstörung ver-antwortlich, und es sei seine Aufgabe, die Unwissenheit in der Welt zu zer-stören, um ein neues geistiges Zeitalter herbeizuführen. Er sammelt nun seine Schüler aus früheren Leben, um ihnen, wie sie sagen, das neue Kriya, das Wiederholen von Om Namah Shivay zu lehren. Somit stattet er sie mit dem notwendigen geistigen Rüstzeug aus, den kommenden Ereignissen zu wider-stehen.

Bevor ich nach Haidakhan fuhr, wusste ich von dieser Vorhersage und die-sem Glauben hinsichtlich Babajis, ich war vertraut mit dem wilden und krie-gerischen Nataraj Shiva, wie er in der indischen Kunst und Mythologie dar-gestellt wird, aber nichts in Babajis rundem, goldenen Gesicht oder seinem veränderlichen Verhalten schien irgendwie dem Geist der Zerstörung zu ähneln. Je mehr ich von seiner Scherzhaftigkeit und dem verborgenen Mitge-fühl sah, umso mehr spekulierte ich über diese eigenartige Voraussage und

---

[7] oder die Wiederholung eines jeden Namen Gottes

die ganze Shiva-Darstellung. Gedanklich bat ich Babaji, dieses Rätsel zu lösen, und ein paar Nächte später hatte ich einen lebhaften Traum. Ich sah eine Kerzenflamme in einem Herzen brennen und wusste, sie bedeutet Liebe und Hingabe. Die Kerze wuchs zu einer heißeren und helleren Flamme, und ich konnte sehen, dass sie alles verbrannte und reinigte, was nicht Liebe war. Alle dunklen, niedrigen Dinge, die nicht der Liebesintensität dieser Flamme entsprachen, wurden von ihr verzehrt, aber nur, wie es schien, um Platz zu machen für das Gute, das diesen Raum einnehmen würde... Da verstand ich, dass der "zerstörerische" Shiva-Aspekt Gottes eigentlich eine außerordentlich intensive Schwingung von Liebe war, die nichts beschädigte, was aus einer ähnlichen Liebesschwingung war, aber sofort alles zerstörte, das aus einer niedrigen Schwingung bestand - Gier, Grausamkeit oder Selbstsucht zum Beispiel. - Und es schien nun, dass Babajis Bezeichnung des Om Namah Shivay als eines schützenden Mantras tiefen Sinn hatte. Wenn die vedische Vorstellung über Mantras richtig war und die Wiederholung dieses Mantras den Shiva-Aspekt Gottes in einem Menschen hervorbrachte, dann würde er natürlicherweise nicht verletzt werden, falls die Shiva-Energie durch ihn hindurchströmte, da die gleiche Energie schon in ihm vorhanden wäre.

Als ich erwachte, war ich erfüllt von den Bildern dieses seltsamen Traumes. War es eine andere "Botschaft" von Babaji, eine Antwort auf meine Frage? War es möglich, dass diese Ansicht der Zerstörung zugunsten eines geistigen Zeitalters richtig war? Arbeitete Babaji wirklich daran, alle, die er erreichen konnte, zu informieren und zu beschützen?

Fragen an Babaji

"In der Autobiographie eines Yogi" heißt es, wenn man mit Ehrfurcht Deinen Namen wiederholt, wird man Deinen Segen erhalten, Babaji. Hörst Du wirklich Deine Anrufung?"
"Selbstverständlich."

"Viele westliche Schüler, mit denen ich sprach, haben diesen Teil gelesen und Deinen Namen ausgesprochen und sind in Deinen Ashram gekommen. Ist dies teilweise der Grund, weshalb sie gekommen sind? Zieht das Aussprechen Deines Namens sie wirklich herbei?"
"Selbstverständlich. Es liegt an der innewohnenden Kraft."

"Hast Du eine spezielle Botschaft für Yoganandas Anhänger oder den Ausübenden des Kriya Yogas?"
"Keine Botschaft. Alle üben Kriya aus. Auch die Anwesenden."

"Was ist Kriya denn jetzt?"
"Es ist jetzt ‚nam jap'".

"Ich hörte, Du hättest gesagt, dass alles in der Autobiographie über Dich wahr sei, außer dem Teil Deiner Schwester. Du hättest keine. Ist es wahr, was ich hörte?"
"Es ist wertlos. Nur zehn Prozent ist wahr, und neunzig Prozent sind falsch."
"Soll ich dies berichten?" fragte ich den Übersetzer.
"Du musst es tun," sagte er und nickte.

"In dem Buch ‚Brighu' steht, dass sich Shiva jetzt dreimal materialisiert hat: Shiva und Shakti in Sai Baba, Shiva allein in einem Sadhu und der tanzende Shiva der Zerstörung in Dir. Ist es wahr?"
"Du hast gehört, was Du gehört hast. Glaube, was Du in deinem Herzen weißt."

"Es scheint ein Widerspruch zu sein, dass der Aspekt Gottes, der gekommen ist um zu zerstören, so viel Liebe und Güte ausstrahlt. Ist diese Zerstörung in Wirklichkeit ein Akt der Liebe für die Menschheit?"
"Viele Menschen auf dieser Welt sind hinterhältig. Es ist zum Wohl der Menschheit, wenn sie entfernt werden. Eine gewisse Zerstörung ist nötig. Es ist im Interesse der Menschheit und der ganzen Welt."

"Hast Du in Amerika Schüler aus früheren Leben, die Du finden möchtest?"
"Ja."

"Wenn jemand Sehnsucht verspürt, Dich zu finden oder bei Dir zu sein, bedeutet das möglicherweise, dass er oder sie ein alter Schüler von Dir ist?"
"Ja."

Möchtest Du sie segnen, beschützen und erreichen, bevor die Zerstörung beginnt?"
"Ja, sie werden beschützt sein!"

Ich erinnerte mich seiner Worte an meine Bekannte in Delhi in ihren frühesten Tagen im Ashram. "
Ich habe so viel zu tun, " sagte er leise, "und so wenig Zeit, in der ich es tun kann."

Neti Neti - Nicht dies, nicht jenes

Sita Rami, Amerika

Neti Neti - Nicht dies, nicht jenes. Sanskritworte, die das Unaussprechliche ausdrücken - das Absolute, das Transzendentale, das Göttliche, Gott. Wie oft habe ich erklärt, nicht über Babaji schreiben zu können. Er, der jenseits aller Worte und jenseits der kühnsten Vorstellungskraft steht. Die unerhörtesten Fantasien verblassen neben ihm. Offen gestanden, ich weiß nicht, wer er ist. Niemand kann ihn ergründen. Keine noch so treffenden Worte können ihn beschreiben. Worte sind beschränkt. Er aber ist grenzenlos. Dennoch möchte ich mit jenen, die dem Göttlichen gegenüber aufgeschlossen sind, die die Wahrheit in höchster Form, den Frieden, die Freiheit suchen, meine Erfahrungen mitteilen. Ich möchte ihnen seine Botschaft der Wahrheit, Einfachheit und Liebe, die ständige Wiederholung der Namen Gottes nahe bringen; diese seine Lehre, die, wie er sagte, Schutz vor Atombomben gewährt, die so einfach ist, die jedem Wesen innewohnt und die die Grundlage aller Religionen ist.

Mein erstes Wissen um Babaji erhielt ich durch Paramahansa Yoganandas "Autobiographie eines Yogi". Sie schildert Babaji als unsterblichen Meister, als Yogi-Christus Indiens, Shiva Mahavatar[8] und "Menschwerdung Gottes", imstande, seinen physischen Körper durch Jahrhunderte hinweg zu erhalten, manchmal sichtbar, manchmal unsichtbar, stets für die Errettung und Erhöhung der Menschheit wirkend. Wer vermag es, unberührt zu bleiben von seiner Schönheit, Kraft, niemals endenden Liebe und Protektion seinen Schüler gegenüber. Wer vermag es, innerlich nicht nach ihm zu rufen, zumal Yogananda angibt: Spricht jemand Babajis Namen mit Ehrfurcht aus, so wird ihm sofortiger Segen zuteil."

Ich erinnere mich dann des Sehnens, das ich nach dem unsterblichen Meister aller Meister verspürte, dessen jugendlicher Körper, stark und schön, keine Anzeichen des Alterns zeigt, sondern einen wahrnehmbaren Glanz ausstrahlt. Niemals kam mir der Gedanke in jenen Tagen, dass ich jemals diesen Unvergleichlichen treffen könnte, der immer nur von Zeit zu Zeit erscheint und sich beliebig in Licht auflöst, dessen "unzerstörbarer Körper keiner Nahrung bedarf", der nur, wenn er es wünscht, von anderen gesehen und erkannt werden kann. Babaji war das fesselndste, verlockendste Gedankenkonzept, das sich mein suchender Geist ausdenken konnte. Obwohl ich niemals die Echtheit der Beschreibung von Yogananda bezweifelte, schien es mir unmöglich,

---

[8] höchste Verkörperung Gottes

jemals diesem göttlichen Wesen zu begegnen. Dieses mir unmöglich Erscheinende besänftigte den Aufruhr meines Herzen und die Erinnerung an seine Existenz versank schließlich ins Unbewusste. Ich glaube, dass das Verlangen nach ihm und die Erinnerung an ihn in all seiner Pracht in meinem subtilen Bewusstsein lebendig blieb, und mich keinen Frieden oder Befriedigung finden ließ. Ja, das glaube ich! Ich kann nicht sagen, ich wüsste es. Man kann die Wahrheit nur im Herzen finden, der Verstand kann diese Dinge niemals erfassen: sie sind jenseits des rationalen Denkens.

Viele Jahre nach der Lektüre der "Autobiographie eines Yogi" hörte ich, dass Babaji in einem physischen Körper in der Kumaon Region des Himalaya in Indien lebt. Ich zögerte keinen Augenblick, ihn aufzusuchen. Ich kündigte meine Stelle an einer Schule, in der ich Rechtswissenschaft lehrte. Vier Monate später befand ich mich auf meinem Flug nach Indien. Mein Geist berauschte sich an Gedanken und Geschichten über dieses reine Licht, das zum Wohle der Menschheit Fleisch geworden war. Auf dem Wege öffnete ich ein kleines spirituelles Tagebuch von Yogananda, das ich soeben erstanden hatte. Wie vollkommen doch seine Worte für diesen Tag waren:

"Weil Gott dich liebt, bin ich hier bei dir, um Dich heimzuholen, dahin, wo meine Geliebte ist, wo Krishna, Christus und Babaji..... und andere Heilige wohnen. Komm, so sagt Gott ,alle erfreuen sich in mir. Keine weltlichen Freuden.... können sich mit den göttlichen Freuden meines Hauses messen.' Es gibt nur eine Wirklichkeit, und das ist ER. Vergiss alles andere."

Ich erinnere mich deutlich an den ersten Fußmarsch zu Babajis Ashram entlang des Flusstals. Der heilige Gautama Ganga Fluss musste zehn bis zwölf Mal überquert werden, die weißen Flusssteine glänzten, das Wasser funkelte im Sonnenschein. Das Gefühl, endlich nach Hause zu kommen, berührte mich stark. Nichts war mir jemals vertrauter. Es schien, als ob jeder Ort, den ich liebte, sich hier als Teil eines Ganzen widerspiegelte. Nach unermesslich langer Zeit - es stellte sich heraus, dass es nur 1 1/2 Stunden waren - erblickte ich den Ashram, - die Tempel auf der anderen Flussseite - farbenprächtig aus dem goldenen Kailashberg, dem legendären Wohnsitz Shivas - als Silhouette gegen den blauen Himmel ragen. Auf der gegenüberliegenden Seite wurden oberhalb einer langen weißen Treppe winzige, rosa und weiße Gebäude sichtbar. Ein Märchenland! Dann hörte ich jemanden sagen: "Babaji kommt!" Mein Kopf berührte seine Füße...... an mehr erinnere ich mich nicht. Von diesem kurzen Moment an gibt es für mich im Leben nur noch eine Zeitrechnung: die Zeit vor und nach Babaji. Nichts anderes hat Bedeutung.

Es sind nun etliche Jahre, dass meine Augen sich zum ersten Mal an seiner Schönheit erfreuten, meine Ohren seiner melodischen Stimme lauschten, sein

Lachen hörten, dass ich zuerst den unbeschreiblichen Wohlgeruch seiner physischen Präsenz wahrnahm. Unvergleichlich ist die Freude, ihn zu lieben, das Eintauchen der Gedanken in ihn. Sättigung erscheint unmöglich. Faszination ist in allem, was ihn betrifft.

Soll ich seine Schönheit beschreiben? Wie alles um ihn, fehlen dazu die Worte. Neti, Neti. Er ist wie ein Trugbild, wie Licht, wie eine Wolke. Solche Erscheinungen kann man nicht festhalten, sie vergehen. Außerdem verändert er sich... von Moment zu Moment... Was ist diese Schönheit? Obwohl man schaut und schaut, der Verstand kann seine Natur nicht ergründen. Wie einen Schal trägt er seine sterbliche Hülle, nur um sein Licht zu verbergen. Gebunden ist er an sie nicht. Nach seinem Willen verändert er sie. Dieses wird deutlich anhand der zahlreichen Fotografien seit seinem Erscheinen im Jahre 1970. Welch krasse Unterschiede!

Ein indischer Heiliger, Devara Dasimayya, beschreibt in einem Gedicht, das Famanatha[9] gewidmet ist, Babajis illusorisches, undefinierbares Wesen:

> Sind Brüste und langes Haar zu sehen,
> so nennt man diese Erscheinung "Frau"
> sind Barthaare und Stoppeln sichtbar,
> so nennt man sie Mann
> aber sieh, das Selbst, das zwischen beiden wohnt,
> ist weder Frau noch Mann, Oh Ramanatha[10].

Obgleich Babaji äußerlich den Körper eines Mannes trägt, lässt sich sein Aspekt der göttlichen Mutter nicht verleugnen. Beides ist in ihm, der Schöpfer vereint alles in sich: Gottvater, Gottmutter, das göttliche Wesen erhaben über alle menschlichen Eigenschaften. Oftmals wird ihm während der Andachten, die vor ihm zelebriert werden, ein Schal über den Kopf und die Schultern gelegt. Während er regungslos da sitzt, wird er mit Blumen bekränzt; und seine Erscheinung nimmt dann gänzlich die Form einer Göttin an. Der männliche Aspekt verwischt sich vollkommen und seine Schönheit - wie aus kostbarstem Marmor gemeißelt - ist außergewöhnlich.

Mahantiji, der zu seinen Lebzeiten Priester des Hanuman Tempels war, einer der Haupttempel in Dehli, wusste viele wundersame Geschichten zu erzählen, dass Babaji nicht an Zeit und Raum gebunden ist. Einmal reiste er mit Babaji von Vrindaban, dem Wirkungsort Krishnas, nach Madhuban. Im dortigen Ashram wurde Babaji Speise angeboten, die dieser segnete. Er gab die Anweisung, dass alle, die mit ihm gereist waren, zuerst essen sollten und die Dörfler nach ihnen. Diese Anweisung wurde in der herrschenden Aufregung

---

[9] anderer Name für Shiva
[10] Speaking of Shiva, Penguin, Middlessex, E ngl. 1973, S. 133

nicht befolgt. Die Einheimischen drängten sich vor und nahmen die vorgesehenen Plätze ein. Als alle saßen, wurde eine Wolke am wolkenlosen, blauen Himmel sichtbar. Innerhalb weniger Minuten war alles in unmittelbarer Nähe durchnässt. Babaji lief - trotz des Regens - unterdessen mal hier, mal dort hin. Mahantiji, der ihm folgte, bemerkte auf einmal höchst erstaunt, dass Babaji nicht nass wurde. Als Babaji sich dann wieder auf seinen Sitz setzte, hatte er nicht einen Spritzer an sich, Mahantiji hingegen war von oben bis unten beschmutzt. An seinen Füßen, Beinen und an seiner Kleidung klebte der Matsch.

Der Name Shiva wird oft mit BABAJI in Verbindung gebracht. Shiva steht gleichbedeutend mit der Silbe OM. Shiva bedeutet Schöpfer des Universums, heilig und unendlich glücklich. Shiva wird als Gott ohne Gleichen angesehen. Er durchwandert diese Welt seit Schöpfungsbeginn in ein und derselben Gestalt zum Wohle der Menschheit. Er wird beschrieben als unveränderlich, ewig rein, eigenschaftslos, alles durchdringend, unendlich, als unsterbliche Essenz des Universums, universelles Selbst, als selbstleuchtendes Licht aller Lichter, als Verkörperung der Weisheit. Die Menschen sagen, dass BABAJI Shiva ist, der große Gott, Mahadev. Sein einziger Wunsch, so wird berichtet, ist, die Unwissenheit zu zerstören und das Licht leuchten zu lassen. Was BABAJI wirklich ist, was Shiva darstellt - vergeblich versucht man diese Dinge zu beschreiben - sie sind unergründlich.

Wie:
Ein Schatz, verborgen im Erdreich
Geschmack in einer Frucht
Gold in einem Felsen
und im Samen.
Niemand kennt die Wege des Herrn.
Weiß wie Jasmin[11].

Ich selbst habe ihn mit meinen physischen Augen als Shiva gesehen. Er hatte eine bläuliche Haut, sein geflochtenes Haar türmte sich auf seinem edlen Kopf und aus seinen Mandelaugen strömte äußerste Glückseligkeit. Ein andermal sah ich ihn als Hanuman, den verehrten affengesichtigen Gott, der als Shivas Manifestation angesehen wird. Hanuman, der seinen Anhänger alle Wünsche erfüllt, der Rama und Sita, seiner Gemahlin, tief ergeben ist, dessen vollkommene Hingabe seit langem mein Ideal ist. Bei anderer Gelegenheit sah ich Babajis Antlitz zu dem meiner Mutter werden. Diese tiefgreifenden Erlebnisse sind unvergleichbar und verdeutlichen die Schwierigkeit, ihn zu beschreiben.

---

[11] Speaking of Shiva, Mahadeviyakka, S. 115

Unser begrenztes Bewusstsein bemerkt eine außergewöhnlich hohe und breite Stirn. Sein schwarzes Haar, gewellt und glänzend, erinnert an die Wellen des heiligen Ganges Flusses, der - so wird gesagt - um die Erde nicht durch seine Kraft zu zerstören, durch Shivas Haare hFederniederströmt. Seine dunklen Augen leuchten, lächeln aus einer Tiefe voller Glückseligkeit und scheinen das Universum widerzuspiegeln. Manchmal habe ich das Gefühl, als schaute ich den Himmel von einem hohen Berg in einer klaren, mondlosen Nacht. Ich habe Babaji aufbrausend in Stimme und Gebärde erlebt, dennoch war er nichts als Sanftmut, Mitgefühl und Liebe. In seinen wunderschönen Augen spiegelt sich der Ozean des Friedens wider. Seine Nase, zart dennoch kräftig, vibriert sanft und erinnerte mich oftmals an die ungestüme Energie und Freude eines jungen Fohlens. Sein Mund, wie auch alles andere in seinem Antlitz, ist von ausgesprochener Schönheit. Sein volles Gesicht ähnelt dem der Sonne.

Ich liebe den wunderschönen Einen,
denn er kennt keinen Tod,
Verfall oder Gestalt,
keine Himmelsrichtung und keinen Ort,
kein Ende oder Geburtsmerkmal.
Ich liebe ihn, Oh Mutter. Lausch!

Ich liebe den wunderschönen Einen,
denn er kennt weder Grenzen noch Furcht,
keine Sippschaft, kein Land,
Nichts besitzt er außer seiner Schönheit!

Sein Körper ist breit, manchmal sogar stämmig. Zu Zeiten scheint er die Erde in seinem Leib zu tragen. Einmal sagte er einem Schüler, er enthalte fünf Babys. Jemand erklärte die Bedeutung dieser Worte: die ganze Schöpfung besteht aus den fünf Elementen: Erde, Wasser, Feuer, Luft und Äther. Ein anderer machte die Erfahrung, in Babajis Leib einzudringen. Er sah darin das ganze Universum enthalten.

Trotz seiner Fülle sind seine Bewegungen graziös. Wenn er läuft - oftmals trägt er einen Stab - scheinen seine Füße den Erdboden nicht zu berühren. Zu Zeiten hinterlässt er keine Fußabdrücke. Als er einmal auf eine Waage stieg, zeigte sie fünfundsiebzig Kilo an. Dennoch trägt er sein Gewicht als sei es eine Feder, und seine Füße scheinen beflügelt zu sein. Schwebend läuft er die Hügel hinauf. Einige Schüler, die ihn getragen haben, erzählen, dass er fast nichts wiegt. Ein Buch in Hindi beschreibt die kosmische Bedeutung eines jeden seiner Körperteile. Es scheint, dass selbst die kleinste seiner Gebärden den ganzen Kosmos beeinflusst. Wenn er beim Lachen seinen Kopf zurückwirft oder in Zustimmung zu einer Frage bejahend nickt, füllt sich das Herz eines jeden mit tiefer Liebe zu ihm.

Seine Gegenwart strömt einen einzigartigen Duft aus. Einige sagen, er sei moschusartig. Ich selbst konnte diesen Duft noch nie definieren. Er durchdringt alles, was Babaji benutzt, seinen Schal, sein Kopfkissen. Ein Schüler, bei dem Babaji mehrere Tage in Delhi weilte, erzählte mir, dass dieser Duft noch nach sechs Monaten in dem Raum spürbar war, selbst für jene bemerkbar, die nichts von ihm oder seinem Besuch wussten. Eines Tages, als ich das Gelände vor Babajis Raum in Haidakhan säuberte, verspürte ich seinen typischen Duft. Verwundert hielt ich in der Arbeit inne: seit zwei Monaten war Babaji auf Reisen.

Dieses Juwel der Schöpfung, dieser reinste Ozean der Liebe, warum hat er sich verkörpert? Die wahre Natur Babajis wird den weltlich Orientierten wohl für immer verborgen bleiben. Dennoch offenbart sich Gott, wenn auch nur wenigen. Für diese ist er auf Erden erschienen. Und hier ist, was er ihnen zuruft:

"Ich bin überall, in jedem deiner Atemzüge. Ich bin gekommen, damit du die Einheit jenseits der Vielheit erkennst. Ich werde dir eine nie erahnte Freiheit zeigen. Erkenne, dass alles Eins ist und suche Harmonie in allem, was du tust. Ich bin Harmonie. Bist du in Frieden, so bin auch ich in Frieden, drücken dich Sorgen, so drücken sie auch mich. Bist du glücklich, so bin auch ich glücklich! Glaube! Alles hängt vom Glauben ab."

Babaji war gekommen, um den Menschen das Leid zu nehmen, ihr Herz und ihren Geist zu wandeln, um sie auf das kommende goldene Zeitalter der Wahrheit vorzubereiten. Seine Lehren dringen aus der Tiefe seiner unendlichen Barmherzigkeit und Liebe hervor. Seine Lehre, so einfach, so machtvoll, imstande alle Sünde der Welt aufzulösen, so natürlich dem Innersten eines jeden entsprechend, ist das Prinzip einer jeden edlen Weltanschauung.

Dreifach ist seine Lehre :

Lebe ein Leben in Wahrheit, Einfachheit und Liebe.
Denke stets an Gott, indem du ständig seinen Namen wiederholst.

Obgleich Babaji die Wiederholung eines jeden Namen Gottes lehrte, so lehrte er speziell das Mantra OM NAMAH SHIVAY. Dieses, so sagte er, sei das höchste Mantra. Es bedeutet in etwa: Dein Wille, oh Herr, geschehe. Rezitiere es ständig. Es reinigt den Geist und das Herz. Gott kann nur in einem gereinigten Herzen wohnen.

Verrichte Karma Yoga, Gott geweihte Arbeit. Arbeite zum Wohle der Menschheit, gib ihr alles, deine ganze Kraft und Energie. Müßiggang ist der Tod auf Erden, die Brutstätte allen Übels. Durch Gott geweihte Arbeit wird man Eins mit dem Schöpfer.

Möge sie jeder beherzigen.

Begegnungen in Haidakhan

Ilse Falk, Österreich

Im österreichischen Rundfunk schilderte Ilse Falk ihre Eindrücke anlässlich eines Besuches in Haidakhan, die unter dem Titel "Begegnungen in Haidakhan" zusammengefasst sind. Den Wortlaut der Sendung einschließlich des Orginal Interviews möchten wir hier abdrucken:

Wir erleben eine morgendliche Feierstunde in Haidakhan, einem Ashram im Norden Indiens, eine Tagesreise nordöstlich von Delhi im Vorgebirge des Himalaya. Haidakhan ist der Ashram jenes Meisters vom Himalaya, der von seinen Schülern und Anhängern einfach Babaji, verehrter Meister, genannt wird, und als Inkarnation des Gottes Shiva gilt, im Hinduismus der große Zerstörer des Alten und Wegbereiter des Neuen. Paramahansa Yogananda spricht in seiner "Autobiographie eines Yogi", einem in der westlichen Welt viel gelesenen Buch, von Babaji als dem großen Führer der Menschen im Verborgenen, der seit Menschengedenken im Himalaya lebt. Von Zeit zu Zeit erscheint er, wie Yogananda schreibt, in menschlicher Gestalt. Im Juni 1970 erschien Babaji in einer Höhle am Fuße des Berges Kailash im Himalaya um, wie seine Anhänger glauben, in einer Zeit des Umbruchs an der Schwelle zu einem neuen Zeitalter, den Menschen den Weg zu weisen.

Bis Babaji am 14. 2. 84 starb, oder, wie es in Indien heißt, seinen Körper verließ, lehrte er seine Anhänger die zeitlose Botschaft von Einfachheit, Liebe und Wahrheit, die Essenz aller Religionen. Eine Veränderung dieser Welt, die am Rande des Abgrunds stehe, so seine Lehre, sei nur durch eine Wandlung im Bewusstsein jedes Einzelnen möglich. Friede und Heilung im Herzen des Einzelnen brächten auch der Welt Frieden und Heilung. Uneigennützige Arbeit und Hingabe sei der einfachste und schnellste Weg, um zur Vereinigung mit dem göttlichen Prinzip, mit der Urkraft des Universums, zu gelangen. Jede Antwort ist in dir, lehrte er, und mit Arbeit, Disziplin und Hingabe ist jedes Ziel zu erreichen. Menschen, die Babaji in den Jahren seines Wirkens in Haidakhan besuchten, berichten davon, dass sich ihre Einstellungen zum Leben, und ihr Leben selbst durch die Begegnung mit ihm verändert hat.

Ich selbst hatte Yoganandas "Autobiographie eines Yogi" auch gelesen und Berichte von Menschen gehört und gelesen, die Haidakhan besucht hatten, als Babaji dort lebte. Dadurch entstand in mir der Wunsch, auch an diesen Ort zu gelangen, um eine Zeitlang inne zu halten, um ein paar Wochen wenigstens in Stille und Abgeschiedenheit zu leben.

Im letzten Winter war es denn soweit. Ich hatte Urlaub bekommen, einen Flug nach Delhi gebucht und einen Brief in der Tasche, der mir den Weg weisen sollte. Von der Bus-Endstation Dam Site geht es dann zu Fuß weiter, zwei bis drei Stunden durch das Flusstal des Gautama Ganga. Dies war die Stelle in meinem Brief, die mich am meisten beschäftigte. In Tag- und Nachtträumen sah ich mich schon durch ein sonniges stilles Tal gehen und Friede und Freude empfinden. Und so war es dann auch. Begleitet von einem Inder, zierlicher und kleiner als ich selbst, der sich mein ganzes Gepäck auf die Schultern geladen hatte und mit dem ich mich nicht verständigen konnte, weil ich kein Hindi, und er kein Englisch sprach, wanderte ich durch ein sonniges und stilles Tal. Die Luft war frisch, und die Sonne wärmte meine wintermüden Glieder. Nur das Rauschen des Flusses und Zwitschern der Vögel war zu hören. Acht oder zehn Mal mussten wir den Fluss durchwaten. Das eiskalte Wasser ging mir an manchen Stellen bis zum Oberschenkel, und ich musste aufpassen, in der starken Strömung nicht das Gleichgewicht zu verlieren. Mit jedem Schritt, den ich vorwärtskam, stieg meine Erwartung, und es überkam mich ein nie gekanntes Gefühl von Friede und Freude.

Anfang Februar ist eine ruhige Zeit in Haidakhan. Die meisten Gäste, die zum groß gefeierten Weihnachtsfest gekommen waren, sind wieder abgereist und jene Besucher, die zum Frühlingsfest erwartet werden, sind noch nicht da. Als ich in Haidakhan ankam, waren außer den immer hier lebenden Indern, vielleicht vierzig westliche Besucher im Ashram. Ashram wird in Indien die Wohnung, Lehrstätte eines Heiligen genannt, wo er mit seinen Schülern lebt und meditiert. Der Haidakhan Vishwa Mahadam, was etwa "Größter Kraftort des Universums" bedeutet, liegt auf einem Hügel über dem Gautama Ganga. 108 hohe Stufen führen vom heiligen Fluss hinauf zu dem 1840 erbautem Shivatempel. In den Siebziger Jahren, als Babaji hier wirkte, wurde die Anlage ausgebaut und rund um den Tempel mehrere Gebäudes als Unterkunft für Besucher und Schüler errichtet. Auch ein Hospital und eine Schule gehören heute zum Ashram. Für die Einheimischen sind diese Einrichtungen kostenlos. So ist der Ashram nicht nur ein spirituelles Zentrum, sondern hat auch eine wichtige soziale Funktion für die Bevölkerung.

Auf der anderen Seite des Flusstales befindet sich eine Höhle, die als die Geburtsstätte des Gottes Shiva gilt. In dieser Höhle wurde im Juni 1970 Babaji von einem indischen Brahmanen gefunden. Durch Traumvisionen war er zu diesem Platz am Fuß des Kurmanchal Kailash geleitet worden, wo er, wie berichtet wird, einen jungen Sadhu, einen indischen Heiligen, von vollkommener Schönheit vorfand, der wochenlang unbewegt in strenger Yogahaltung meditierte. Schließlich gab er sich als Inkarnation, als Wiederverkörperung des legendären Babaji zu erkennen, dessen Wiederkehr für diese Zeit in den Schriften für Anfang des 20. Jahrhunderts vorausgesagt worden war. Babaji hat fast 14 Jahre an dieser Stelle gewirkt. Heute wird der Ashram von

Schülern geführt, und nach wie vor von Menschen aus aller Welt besucht. Was mich an diesem Platz besonders stark beeindruckte, war die Begegnung mit Menschen, die Babaji persönlich begegnet sind und mir davon erzählten. Dazu gehört Kamalata, eine junge Frau aus Deutschland, die mit ihren beiden noch nicht schulpflichtigen Söhnen schon den ganzen Winter hier zugebracht hatte. Sie erzählt:

"Ich hatte überhaupt nichts mit spirituellen Dingen am Hut. Ich habe nicht an Gott geglaubt, ich habe keine Erleuchtung gesucht. Ich weiß gar nicht, wie ich es ausdrücken soll, ich war eigentlich irgend wie nur total frustriert am Leben, und ich konnte den Sinn nicht finden. Ich hatte studiert und das schien nicht meine richtige Wahl zu sein, denn ich wollte diesen Beruf nicht ergreifen. Ich wollte auch nicht heiraten, etc. und dann habe ich unbewusst die Frage ans Universum gestellt: "Wozu dieses ganze Leben überhaupt?" Dafür hat die christliche Kirche ja auch keine Antwort. Warum leben, wenn es nur dieses eine Leben gibt? Und dann bin ich in meiner Verzweiflung, die auch bis zum Selbstmordversuch ging, auf das Rebirthing gestoßen."

Der Amerikaner Leonard Orr hat diese Methode des bewussten Atmens entwickelt und "Rebirthing" genannt, was sinngemäß "neugeboren werden" heißt. Verbunden mit lebensbejahendem Denken ist es eine Möglichkeit, die Kraft seines innersten Wesens zu entdecken und sich mit ihr zu verbinden. So können alte Ängste und eingefahrene Verhaltensmuster erkannt und aufgelöst werden. Bei einem Seminar in Deutschland traf Kamalata mit Leonard Orr zusammen.

"Er hatte von Babaji erzählt und hat immer wieder gesagt: "Großer Yogi im Himalaya". Das war wie eine große Märchenfigur, die man nie finden kann als normaler Mensch, wo man nie hinkommt.... Irgendwie unerreichbar, wo man seinen Weg nicht hinlenken kann. Und dann habe ich aber die "Autobiographie eines Yogi" gelesen, die ich schon vorher einmal zu lesen versucht hatte, vor vier, fünf Jahren, und da war ich bis Seite zwanzig gekommen und hatte sie weggelegt, ja, und jetzt hatte ich sie gelesen, und sie in drei Tagen verschlungen, einfach ohne Pause. Und dann hab ich gedacht, so ein Leben möchte ich leben. So hautnah mit Gott möchte ich leben. Plötzlich war Gott für mich eine Realität. Wenn er so auftreten kann im Leben, dass man sich in jeder Frage an ihn wenden kann, dass man mit den Menschen über ihn reden kann usw. So ein Leben wollte ich dann plötzlich leben.

Auf diesem Training über Weihnachten war Leonard Orr mit zehn Leuten, mit denen er anschließend nach Indien fahren wollte. Mir klingelten natürlich die Ohren. Unbewusst war in mir der Wunsch hinzufahren, obwohl ich irgendwie gedacht habe ... nie! Wer bin ich denn? Nie komme ich je dahin! Ich hatte auch noch den Satz im Kopf aus der "Autobiographie eines Yogi", wo er sagt: Du findest deinen Guru nicht. Dein Guru holt dich. Du kannst nicht losgehen und ihn suchen, er holt dich, wenn es Zeit ist für dich."

Im Seminar mit Leonard Orr wurde paarweise in der Gruppe geatmet. Kamalata hatte mit einem älteren Mann zu arbeiten.

"Ich war mit jemandem in der Gruppe, den ich auf den Tod nicht ausstehen konnte, und der mir so widerlich war, dass ich es kaum schildern kann. Alle Haare standen mir zu Berge, und mit dem musste ich zusammenarbeiten. Da lag dieser Mensch nun, ein älterer Mann, und da habe ich gedacht: Was kannst du ihm geben? Wenn du ihm sagst, wie er atmen soll, das nimmt er ja sowie so nicht an. Und dann war mir auf einmal glasklar, dieser Mensch braucht einfach Liebe. Und wie ich den Gedanken hatte, kam plötzlich so eine Kraft durch mich durch, wie von oben, rein in mich und aus meinem Herzen wieder raus. Und dann hab ich ihn in den Arm genommen und zwei Minuten so gehalten und da habe ich also wirklich zum ersten Mal in meinem Leben mein Herz gespürt wie es sich öffnete und wie da wirklich etwas durch mich durchströmte und was eigentlich nicht von mir war. Na ja, dann war's gut. Ich habe ihn wieder losgelassen, bin aufgestanden, wortlos hinuntergegangen und habe unten meinen Kaffee getrunken. Und wie ich da so saß, kommt er nach einer halben Stunde auf einmal hinunter, zieht seinen Stuhl neben mich heran und sagt: "So. Du willst also auch nach Haidakhan fahren!" Da wusste ich, dass das eine Einladung war. Ich hatte puddingweiche Knie und sagte: "Oh, man muss doch schreiben und vorher fragen, ob man kommen darf." Und da sagt er, er hätte irgendwie eine innere Verbindung und Babaji wollte, dass ich komme... und er solle mir das Flugticket bezahlen. Ich sollte mit ihm zur Bank gehen, er würde mir einen Scheck geben und dann könnte ich gleich meinen Flug buchen. Sie würden übermorgen fahren und ich könnte ja dann sehen, dass ich schnell nachkommen würde."

Kamalata flog nach Delhi, und traf dort in ihrem Hotel auf einen Amerikaner, der auch nach Haidakhan wollte, den Weg schon kannte und mit ihr weiterreiste.

"Mittags kamen wir dann in Haidakhan an. Es war auf einmal wie wenn ich nach Hause komme, wie wenn ich schon immer hier gewesen war. Es war die Jahreszeit wie jetzt, Frühling, das war wie ein Magnet am Ende, der einen total zieht. Dieser Gang über den Fluss, das kam mir vor wie Ewigkeiten. Es war wie, wirklich, wie wenn du auf das himmlische Tor zugehst, was die innere Spannung anbetrifft."

Und dann die Begegnung mit Babaji im Ashram.

"Er guckte uns so ganz lieb an. Wir sollten uns dann neben ihn setzen. Er hatte dann erst eine große Konversation mit dem Amerikaner angefangen, mit dem ich gekommen war. Ich dachte: "Kein Wunder, du bist ja hier auch

'ne Null sozusagen, was soll er sich auch mit dir unterhalten." Also, mein eigenes Spiel, was ich immer spiele. Erst hat er sich mit meinem Begleiter groß und breit unterhalten, und dann hat er ihn fortgeschickt. Da saß ich nun ganz allein da und dachte: "Was kommt denn nun, was mach ich denn hier?" und hatte auch schon eine gewisse Angst. Dann sagt er plötzlich etwas in Hindi zu mir. Ich dachte: Was er wohl gesagt hat, und da wiederholt er es in Englisch und sagt: "You very beautiful", so ganz langsam. Das war, ich kann es gar nicht beschreiben, ein wunderbarer und heilsamer Schock, ich hab es gar nicht in Gedanken fassen können in dem Moment, aber, wenn ich es im Nachhinein betrachte, war es, wie wenn ich wirklich dem begegnet bin, wonach ich mich mein Leben lang gesehnt hatte. Einfach, dass mich jemand erkennt als das, was ich bin. Nicht die komische Marion die soundso aussieht, und das und das macht, und jene Fehler hat, oder solche Vorzüge, sondern wie, wenn einer mir direkt ins Herz guckt und direkt ins Herz spricht, und das anspricht, was ich wirklich bin und was ich irgendwie immer gewusst hab, dass ich es bin, ohne, dass mir bewusst gewesen wäre, was ich immer gefühlt hab und wonach ich mich immer gesehnt habe.

Die eigentliche Arbeit fing dann erst an. Er hatte seinen Angelhaken in mein Herz gehängt und damit war ich hier "gefangen". Die Güte und Liebe, die er ausgestrahlt hat, die kann man auch gar nicht beschreiben."

Babajis Ashram war schon zu seinen Lebzeiten keine Zufluchtstätte für zivilisationsmüde Aussteiger. Die Zeit, die man bleiben durfte, war begrenzt. "You leave tomorrow" [12] war eine gefürchtete Anweisung.

Und wie ging Kamalatas Leben weiter?

"Es hat einfach neu angefangen. Was ich bis dahin gelebt hatte, war abgeschnitten. Ich hatte Zahnmedizin studiert. Man musste ja dann zurück. Er bestimmte, wie lange man bleiben durfte. "You leave tomorrow", das war natürlich wie der Hammer und dann musstest du dich damit auseinandersetzen, was kommt nun wieder auf mich zu, was muss ich da wieder machen. Natürlich war es schwer, wieder in die Welt einzusteigen mit dem, was du hier geschenkt gekriegt hattest und auch mit den neuen Inhalten, die du hier gelernt hattest. Wie solltest du die wieder mit in die Welt nehmen und sie dort umsetzen? Ja, und als ich dann wieder zu hören kriegte: "You leave tomorrow", da war es auf einmal, wie als wenn jemand den Gedanken in mein Hirn getan hätte: So, jetzt gehe ich nach Hause und arbeite mit meinem Vater in der Praxis zusammen als Assistent. Das wäre für mich früher undenkbar gewesen. Meinen Vater hätte ich am liebsten früher an den Nordpol gewünscht. Ich wusste aber auch, dass dieses eine große Sehnsucht von ihm war. Für mich war es eigentlich die größte Überwindung, die ich mir vorstel-

---

[12] Morgen reist du ab!

len konnte. Ich bin also zu ihm, habe mit ihm gearbeitet. Es war unheimlich schwer, und als ich daraufhin das nächste Mal nach Haidakhan fuhr, starb mein Vater fünf Tage später. Die Todesnachricht erreichte mich gar nicht, weil ich gerade unterwegs war. Mit Babaji hat sich unsere Beziehung auch geklärt. Mein Vater hat mir gesagt, er würde auch auf seine Weise an Babaji glauben. Seine letzten Worten an mich waren: "Jetzt wünsche ich dir nur noch, dass du einmal einen guten Mann findest."

Drei Wochen, nachdem ich hier ankam, hat mich Babaji verheiratet! Da fragte mich Babaji eines Tages: "Can you marry Dr. Martin tomorrow? You marry Dr. Martin. Possible?"[13] waren seine genauen Worte. Ja, da saß ich nun. In mir war kein Gedanke, es war nur Freude, unbändige Freude. Ich hab nicht eigentlich gedacht: Oh, wie schön oder oh, wie schrecklich. Ich hab mich nur gefreut, dass er mich das gefragt hat."

Geheiratet hat Kamalata einen Schweizer, der sein Leben als Psychiater in Zürich abgebrochen hatte, als Schüler zu Babaji gekommen war, und von ihm den Namen Hari Govind erhielt. Während der heißen Monsunzeit im Sommer lebt Kamalata nun mit ihren zwei Söhnen in Deutschland. Sie hat eine Wohnung in Rieferath, einem kleinen Dorf in der Nähe von Bonn, in dem es auch heute einen Babaji Ashram gibt. Für ihren Unterhalt sorgen die Schwiegereltern. Hari Govind lebt jetzt schon seit acht Jahren in Haidakhan und ist einer der wenigen, die ständig im Ashram leben.

"1970 habe ich das Buch gelesen von Yogananda ‚Die Autobiographie eines Yogi‘" erzählt Hari Govind, „und da habe ich ja sehr viel über Babaji gehört und in dem Moment hat meine Seele gewusst, dass Baba mein Guru ist. Ich wusste nur, ich muss gehen. Es war absolut, hundertprozentig klar in einer Sekunde. Da gab es gar nichts dran zu rütteln."

Hari Govind hat daraufhin mit seinem bisherigen Leben gebrochen. Es hat ein Jahr gedauert, bis er alle seine Verpflichtungen gelöst hatte und zu Babaji nach Haidakhan kam.

"Ich habe alles abgebrochen. Ich habe nur gewusst, so kann ich nicht weiterleben, wie ich bisher gelebt hab. Und dann... dann hat er übernommen. Ich habe einfach realisiert, dass er der ist, den ich mein ganzes Leben lang gesucht hatte. 34 Jahre war ich damals. Und dann, als ich ihn dann sah, da wusste ich, es war richtig. Da hatte ich die Gewissheit. Ja, und dann gingen die Prüfungen los. Ich hab am Anfang viele Tränen geweint, es war hart, sein Training, die ersten Monate war er eher abweisend... äußerlich abweisend. Innerlich hatte ich sehr viel erfahren. Ich muss sagen, mein Leben hat erst angefangen dort. Das ist wirklich wahr. Es war die Dimension, die zu erle-

---

[13] Kannst du morgen Dr. Martin heiraten?.. Du heiratest Dr. Martin... möglich?

ben ich eigentlich 34 Jahre vergeblich gesucht hatte. Die ging dann eben langsam auf, das kann man natürlich nicht an einem Tag machen. Man bekommt Krankheiten. Ich bin noch nie in meinem Leben so viel krank gewesen. Ich hab Malaria, Hepatitis, Amöben gehabt, zwanzig Monate war ich am Rande der Erschöpfung. Nach den zwanzig Monaten hat er mich dann weggeschickt."

Zurückgekehrt in den Westen war noch einiges zu erledigen. Ein Haus zu verkaufen, eine Wohnung aufzulösen, Klarheit zu schaffen.

Heute ist Hari Govind Feuer-Yogi am Dhuni, der heiligen Feuerstelle in Haidakhan. Babaji hat das vedische Feuerzeremoniell als Ausdruck der Gottesverehrung wieder eingeführt. Bei dieser Zeremonie werden am Feuer Mantren rezitiert und Reis, Butterschmalz, Früchte, Blumen und Weihrauch geopfert. Nach der Andacht werden Früchte oder Süßigkeiten, die an der Feuerstelle gesegnet wurden, an alle Versammelten verteilt. Zweimal am Tag, bei Sonnenaufgang und bei Sonnenuntergang zelebriert Hari Govind dieses Feueropfer. Mir wurde bei meinem Aufenthalt in Haidakhan immer wieder erzählt, dass sich der Segen, der davon ausgeht, auf die ganze Region erstrecke. Es habe seit der Wiedereinführung der Feueropfer keine Dürrekatastrophe mehr gegeben und die Ernten seien besser geworden.

Nach hinduistischer Auffassung leben wir derzeit im Kali Yuga, dem dunklen Zeitalter, was jetzt zu Ende gehen soll. In einem 2000 Jahre alten Schriftstück wird diese Zeit so charakterisiert: Eine Zeit, in der Besitz allein Vorrang hat, Reichtum als einzige Tugend gilt, nur Leidenschaft Mann und Frau verbindet, und nur Unwahrheit zum Erfolg führt, der Genuss der Sinne als höchste Glückseligkeit gilt und äußere Form mit wahrer Geistigkeit verwechselt wird.

Im Gegensatz dazu steht Babajis Lehre vom Leben in Einfachheit, Liebe und Wahrheit.

"Er hat durch Erfahrung gelehrt. Er hat keine Vorträge gehalten, sondern hat im praktischen Leben deine Erfahrung vermittelt, und zwar direkt durch das Herz oder durch den Geist. Er hat dich ständig wissen lassen, dass er genau weiß, was du denkst, in jedem Moment, dass er immer dabei ist. Auch, wenn er physisch nicht anwesend war, hat er dich wissen lassen, dass er genau wusste, was in deinem Geist los war und in deinem Herzen. Er hat keine philosophischen Vorträge gehalten, sondern durch das praktische Leben gelehrt, durch Karma Yoga, durch Gottesdienst und durch seine individuelle Schulung. Es ging ihm um Wahrheit, Einfachheit und Liebe."

Außer dieser Inspiration, von der auch die Gruppe "Super Tramp" in ihrem Lied "Babaji" singt, beschränkte sich die Lehrmethode Babajis auf das strikte Befolgen der Ashramregel. Frühes Aufstehen, morgens und abends ein Bad im Fluss, danach gemeinsames Singen und Arbeit für die Allgemeinheit wurden verlangt. Dasselbe wird auch heute von Besuchern praktiziert. Der Tag beginnt früh in Haidakhan, sehr früh. Beim ersten Lesen des Tagesplanes hielt ich noch alle verrückt, die aus freien Stücken um vier Uhr morgens im eisigen Fluss baden wollten. Es war noch ziemlich kalt nachts im Februar. Ich verweigerte am ersten Morgen so frühes Aufstehen, und zauderte auch, als ich dann um sechs Uhr aus meinem Schlafsack kroch, die 108 Stufen zum Fluss hinunterzusteigen, um im Fluss zu baden. Ich benutzte die Dusche im Tempelbereich, die eigentlich nur Alten und Kranken vorbehalten war. Durch das verspätete Aufstehen hatte ich allerdings auch die morgendliche Feuerzeremonie, das Havan, verpasst. Erst am Abend bei Sonnenuntergang konnte ich dabei sein, und da stand es dann für mich fest: keine einzige Feuerzeremonie wollte ich mehr versäumen. So sehr war ich von der Kraft und der Energie, die davon ausgingen, berührt. Das Aufstehen am nächsten Morgen war einfacher, als ich es mir vorgestellt hatte. Auf dem Weg zum Fluss schützte mich eine Decke vor dem nächtlich kalten Wind und belohnt wurde ich durch die unübertroffene Pracht des Himalaya-Sternenhimmels und die unwirkliche Stille der Nacht in diesem weltfernen Tal. Dieser erste nächtliche Gang zum Fluss war ein Erlebnis und ebenso das angenehm prickelnde Gefühl auf der Haut nach dem Bad im kalten Wasser, dann die allmählich aufsteigende Wärme und das Sitzen am Feuer. Es war ein tiefes stilles Glück, das mich da zum ersten Mal erfasst hat. Und so erging es mir mit allem, wogegen ich mich vorerst innerlich gewehrt hatte. Jedes Mal, wenn ich meinen Widerstand aufgab, spürte ich den Segen, der daraus kam.

Allen, die zu ihm kamen, sagte Babaji immer wieder: Karma Yoga, also selbstlose Arbeit zum Wohle der Allgemeinheit, ist der beste, leichteste und schnellste Weg zu Gott. In Haidakhan ist Karma-Yoga ein paar Stunden am Morgen und ein paar am Nachmittag ein wichtiger Teil des Tagesplanes. Jeder tut, was er kann und wofür er sich am besten eignet... in der Küche, im Garten, im Hospital oder im Büro, beim Bauen oder Renovieren eines Gebäudes. Während Babaji hier wirkte, sind schier unglaubliche Arbeiten geleistet worden mit den primitivsten Hilfsmitteln. Ein halber Berg wurde abgetragen, ein Tempelbezirk gebaut, der Fluss reguliert, die Wohngebäude errichtet. Und all das ohne technische Hilfsmittel. Mit seiner Energie hat er ungeahnte Kräfte in jedem einzelnen mobilisiert. Babaji hatte nie eine sehr große persönliche Anhängerschaft gesucht. Sein kleiner Ashram, nur über das gewundene Flusstal des Gautama Ganges beschwerlich zu Fuß zu erreichen, und kilometerweit von der nächsten Landstraße entfernt, hätte nie die vielen Tausende anlocken können, die andere Gurus und Heilige anziehen. Verehrt wurde er von den Anhängern aller Religionen. Von Hindus, Christen, Buddhisten, Juden, Sikhs, Moslems, auch Atheisten fanden den Weg zu ihm und zu seiner Botschaft. "Folge der Religion, die in deinem Herzen ist. Geh deinen Weg in Liebe, Einfachheit und Wahrheit, das ist die Essenz aller Religionen." Jeder Weg, jede Religion führt letztlich zum Ziel, wenn WAHRHEIT, EINFACHHEIT und LIEBE drin leben.

Schulung

Gaura Devi, Indien/Italien

Die Begegnung

einer Kleinstadt zu Füßen des Himalaya. Damals wusste ich noch gar nichts über ihn. Mir war nur gesagt worden, dass ein großer Yogi, - die Inkarnation des Haidakhan Baba -, ein großer Heiliger aus früheren Zeiten, in die Stadt gekommen sei. Es ist schwierig mit Worten zu beschreiben, was ich bei seinem Anblick fühlte. Babaji begegnete mir das erste Mal im April 1972 in Almora. Er sah so unirdisch, fast unwirklich aus wie er so da saß, ganz in weiß gekleidet wie eine Statue, die Frieden und Schönheit ausstrahlte. Welch eine Stille, welch eine Vollkommenheit! Seine Augen waren dunkel und tiefgründig, kraftvoll und beängstigend zugleich. Er glich einem weisen, wissenden Engel mit seiner zarten, lieblichen Gestalt.

Jedes Mal, wenn sich jemand vor ihm verneigte, hob er seine Hand zum Segen und ein unendlich zartes Lächeln des Mitgefühls huschte über seine edlen Züge. Es war als träume ich, als hätte ich eine zauberhafte Vision inmitten eines kleinen Raumes angefüllt mit Menschen und Musik.

Kein Wort wurde gesprochen. Dennoch entspannte sich ein Gespräch zwischen ihm und mir und er beantwortete alle Fragen meines Herzens. Innerlich bewegt und berührt von dieser mysteriösen, wortlosen Begegnung ging ich nach Hause. In derselben Nacht träumte ich von Babaji. Ich befand mich in einem dichten, dunklen Wald. Plötzlich erschien Babaji; er durchbrach die Dunkelheit als helles Licht. Wie ein Hirte hielt er einen Stab in der Hand und umringt von einigen Schülern sagte er zu mir: "Ich bin der Meister deines Lebens".

"Was wirst du mich lehren?", fragte ich.

"Ich werde dich lehren, auch die einfachsten und niedrigsten Dinge sorgfältig auszuführen", antwortete er und verschwand.

Mit dem Wunsch im Herzen, ihm recht bald wieder zu begegnen, erwachte ich am Morgen. Einige Tage später machte ich mich auf den Weg zu seinem Wohnort nach Haidakhan, einem winzigen Dorf, welches das Tal des Gautama Ganga Flusses überschaut.

Die Reise nach Haidakhan

Mit einer Gruppe von Menschen, die alle aus dem Westen kamen, suchte ich Haidakhan auf. Es war ein heißer Sommertag. Überall um uns herum wuchsen Bananenstauden und Mangobäume, tropische Vögel sangen und das Wasser, das wir überquerten, schimmerte und gurgelte, als es über die weißen, polierten Steine des Flussbettes sprang. Alles war rein und unbeschreiblich schön und grün überall. Die Frauen aus dem Dorf stiegen den Hügel herab, um Wasser aus dem Fluss zu schöpfen, sie waren einfach und stark mit ihren sonnengebräunten Gesichtern. Mir war, als käme ich nach unendlicher Zeit zurück nach Hause in ein uraltes Land, das Land einer Märchenerzählung.

Babaji

Babaji führte mich hinauf und gemeinsam umrundeten wir den Tempel. Wir läuteten die Glocken wie in einem alten, seit langem vergessenen Ritual. Dann setzte er sich mit mir in einer Ecke nieder und schrieb mit einem Stein das Wort "Gott" in den Sand. Furcht durchzog mein Herz bei diesem einfachen Wort, und als ich ängstlich zu ihm aufschaute sagte er sanft: "Gott ist Liebe!"

Ich fühlte mich scheu und schüchtern vor ihm. Seine Energie war stark und ganz anders als von den Menschen, denen ich jemals in meinem Leben begegnet war. Seine Schönheit und seine Harmonie waren jenseits aller Worte.

Ein wenig später ließen wir uns in Babajis Dhuni-Raum nieder - einem Raum mit einer Feuergrube - in dem er lebte. Frauen aus den Bergen waren gerade eingetroffen und saßen in einem großen Kreis. Sie waren bunt angezogen wie einfache Zigeuner und lachten mich an.

Am Abend begann eine Zeremonie im Tempel, die mich sehr stark bewegte. Babaji saß reglos wie eine Statue in Yoga-Position mit geschlossenen Augen in Meditation. Die Schüler schwenkten eine Butterlampe vor ihm und unter dem Licht der Lampe nahm Babajis Antlitz einen göttlichen Schimmer an. Es entströmte ihm reine Energie, die den Schein des Lichtes auf uns zurückwarf. Ein Mann zitterte und bebte vor Erregung, Tränen flossen ihm über die Wangen. Er wusste, er stand vor dem Herrn. Ich konnte meine Augen nicht abwenden von Babajis ätherischer Schönheit und plötzlich fühlte ich mich in eine andere Welt versetzt, ich wurde durch ein Wunder in ein weit entferntes magisches Land versetzt.

Am folgenden Tag rief mich Babaji und fragte, ob ich ihm folgen und mit ihm reisen wolle. Spontan sagte ich zu. Trotz meines Unwissens um seine Person wusste ich in meinem Herzen, dass ich ihm folgen musste.

Vrindaban

Wir machten uns auf den Weg nach Vrindaban, der Stadt von Lord Krishna und als wir dort ankamen, meinte ich, an einem himmlischen Ort zu sein. Die Häuser waren uralt und verziert mit den verschiedensten Skulpturen und Verzierungen. Überall standen Tempel, die von Gesängen und Gebeten widerhallten und auf den Straßen wandelten viele Mönche und Nonnen (Sadhus). Niemals war ich an einem solchen Ort gewesen, die Zeit schien hier nicht existent zu sein, und ich fühlte mich um 2000 Jahre zurück versetzt.

In Vrindaban saß Babaji die meiste Zeit auf seinem Sitz in einem Tempel. Er war von singenden Menschen umgeben, die alle wie verzaubert schienen. Er gab "Darshan"[14] und in Indien wird gesagt, wenn man nur einen Blick auf die verkörperte Form Gottes wirft, dass dann alle Wünsche in Erfüllung gehen. Sein Darshan war wirklich mysteriös, etwas Fremdes, denn er arbeitete durch die Kraft der Stille. Bewegungslos saß er da, schaute in jedermanns Augen und wandelte die Herzen aller, die zu ihm kamen. Es war die Magie der göttlichen Präsenz und die kraftvolle Ausstrahlung seines Geistes, die telepathisch mit allen Anwesenden kommunizierte. Seine Gegenwart schien zu bezaubern und ist schwierig zu beschreiben.

Seine Gestalt schien mir die vollkommenste zu sein in all ihrer Schönheit und Vollendung. Sie strahlte Harmonie, Wahrheit und Liebe für alles Existierende aus - danach hatte ich mich mein ganzes Leben lang gesehnt. Die von ihm ausgehende, mir unbekannte Energie war so stark, dass ich mich oftmals vor ihr fürchtete. Babajis Liebe ließ mich dieses Hindernis überwinden und füllte die schmerzvolle Entfernung, die ich bei seinem Anblick und dem ihn umgebenden Geheimnis verspürte.

Wenn immer ich mich fürchtete und ich mich in mich zurückzog, lächelte er mich an, sagte ein nettes Wort, überreichte mir eine Süßigkeit oder eine Frucht als "Prasad", eine Gabe von Gott. Nur durch seine Gnade war es mir vergönnt, seine Gegenwart zu ertragen.

Wenn immer ich vor ihm stand oder in seine Augen schaute, fühlte ich, dass er mein ganzes Wesen, meine Gedanken und Gefühle durchleuchtete und mir sofort darauf antwortete. Es war ein so klares, deutliches Zeichen, dass keine Zweifel aufkamen. Babaji saß da wie das allmächtige, allumfassende Bewusstsein, er kannte jeden und wusste um alles. Seine Liebe war immer gegenwärtig, eine ständig gebende Energie, ein reines klares Licht.

Ich war fasziniert von der Atmosphäre im Tempel. Alles sah so vollkommen und heilig aus, der Duft der Blumen und des Weihrauches, die Melodien der

---

[14] von Angesicht zu Angesicht mit einem Heiligen sitzen

alten Gesänge und diese wunderschönen, einfachen indischen Menschen, die sich ehrfurchtsvoll aus tiefstem Glauben vor ihm verneigten und so seinem Wesen huldigten. Die Hingabe dieser Menschen an ihn kam aus ihren Herzen, sie war spontan und stark, denn er vermittelte ihnen die Vision des verkörperten Herrn.

Die Lehre

Dann begann das Spiel. Es war eine lange und schwierige Lehrzeit für die Seele, aber versüßt durch seine Gegenwart. Jeder Tag mit ihm war ein göttliches Fest, jeder Tag der langen Jahre war eine Feier der Verkörperung des Göttlichen auf der Erde unter uns. Ich kann nicht mit Sicherheit sagen was da war an seiner Gestalt, das mich ihn stundenlang, monatelang, jahrelang anschauen ließ. Seine Gestalt war wie ein Symbol, ein Ausdruck von allem, was wir jemals in dieser Welt lieben können: Friede, Kraft, Lieblichkeit, Schönheit, Energie, Wissen, Unendlichkeit...

Die ihn umgebende Energie war so mächtig, dass sie uns jede Sekunde in Konzentration verharren ließ, sie verscheuchte Müdigkeit, Schlaf oder Hunger. Jeder war bereit, ihm und anderen im höchsten Maße zu dienen und diese Bereitschaft mündete in einer fühlbar erhebenden Atmosphäre.

Babaji stand mitten unter uns wie der Regisseur eines göttlichen Theaters und übertrug jedem eine perfekte Rolle in dem Spiel, zu dem er uns vollkommene Werkzeuge gab, um die Rollen zu lernen. Seine Lehrmethode war streng aber spielerisch, großzügig und weich zur gleichen Zeit. Er versuchte, uns das Spiel der menschlichen Existenz bewusst zu machen, es gut zu spielen und jenseits aller Grenzen zu gehen, wunschlos, zurück zur ewigen Wahrheit.

Er lehrte mit unendlicher Liebe und Geduld und wiederholte die Lektion wenn nötig unzählige Male. Seine Gestalt hatte eine magnetische Anziehungskraft und man liebte und hing an ihm so wie eine Motte, die, hilflos angezogen vom Licht, in die Helligkeit hineinfliegt und verbrennt. Genauso erging es vielen. Sie fühlten die Furcht, sich an seiner ungeheueren Kraft zu verbrennen. Auf der anderen Seite war eine friedvolle Stille um ihn, die so schwer in Worte zu fassen ist, ein Gefühl von Verbundenheit, absoluter Sicherheit und Schutz. Seine Liebe war oft wie die eines Vaters und einer Mutter zugleich, es war eine heilende Liebe, zart und warm und in seiner Gegenwart wurde man wieder zum Kind. Immer wusste er um alle Nöte und manchmal erfüllte er selbst die kleinsten versteckten Wünsche, so als müssten sie erst auf der materiellen, menschlichen Ebene erfüllt werden, bevor das Göttliche seinen Einzug halten konnte.

Babaji würde mit uns den ganzen Umwandlungsprozess durchlaufen, wenn nötig. Ich war oft innerlich bewegt von seinem Mitgefühl und durch sein

Opfer für uns. Es kam mir vor, als würden wir ihn ständig aussaugen, so als ob der Meister sich völlig seinen Schülern hingeben muss, um seine Arbeit vollenden zu können - wie das Kreuz es symbolisiert.

In den ersten Monaten meiner Anwesenheit reisten wir mit vielen Schülern durch Indien. Es war eine Lehre von Herz zu Herz ohne Worte, schwer und kraftvoll zugleich. Für mich war diese Reise eine Anbetung der tausend Gesichter Gottes und die Verehrung der lebenden Verkörperung Gottes. Es war die Manifestation von Gnade. Die Zeit, die wir in Vrindaban verbrachten, war erfüllt mit Hingabe und Verehrung. Wir erhoben uns früh am Morgen beim Klang der Tempelglocken und bei den süßen, melodischen Gesängen der Priester. Die ganze Stadt, in jeder Ecke, in jeder Straße erhoben sich die Seelen der Menschen im Gebet zu Gott. Ich schlief auf dem Ashramdach, inmitten von Affen und wurde durch die Gebete geweckt. Mir war, als badete ich in einem starken Fluss von Hingabe, der ein neues Gottesbewusstsein zum Entfalten brachte.

Babaji versorgte uns die ganze Zeit wie eine großzügige Mutter mit Süßigkeiten, jedem gab er reichlich und lehrte uns die Begriffe Freude, Überfluss und welche Wonne das Geben ist.

Die Erfahrung wahrer spiritueller Liebe ist nicht einfach. Immer war eine Distanz zu überwinden und die scheinbare Trennung schmerzte tief. Unsere Liebe zu ihm konnte nicht besitzergreifend sein oder nach mehr verlangen, Vereinigung mit ihm musste in der Vereinigung mit Gott liegen. Oft verlor ich mich in meinen eigenen Verstrickungen und war in einem geistigen Verließ gefangen, aus dem ich nur schwer entrinnen konnte.

Bald verstand ich sein Geheimnis und die daraus entstehenden Hürden: es war die Stille, die im eigenen Geist hervorgebracht werden musste, um empfangsbereit für seine sanfte Energie zu werden. Er selber war diese große Stille, die so schwer zu ertragen war, er war der vollkommene, leere und oft verlegen machende Spiegel meines Selbst.

Unterricht in Haidakhan

Nach einem Jahr des Herumreisens kehrten wir nach Haidakhan zurück und hier begann sein wahrer Unterricht. Ich musste dem Meister nun von Angesicht zu Angesicht gegenüberstehen. Dieser Zustand erinnert mich an einen Satz, den ich irgendwo gelesen hatte: "Bevor die Seele vor einem Meister stehen kann, müssen seine Füße im Blut des Herzens gebadet sein." Die Phase der Hingebung war beendet, ich musste jetzt hart an mir arbeiten und ging durch eine Zeit der physischen und mentalen Reinigung. Ich musste mein Haar scheren, weiße Kleidung tragen und körperlich viel arbeiten, besonders in der Küche, Wasser schleppen, saubermachen und riesige Töpfe schrubben. Diese Disziplin stählte den Körper. Ich stand um vier Uhr in der Früh auf, badete im kalten Wasser des Flusses, meditierte, betete, arbeitete den ganzen Tag und betete am Abend wieder. Der Zeitplan war sehr eng, es blieb keine Zeit für mich, keine Zeit zum Nachdenken, ich war immer beschäftigt und wiederholte ohne Unterlass das Mantra. Der Geist wand sich unter Gedanken und Wünschen, der Körper sehnte sich nach den üblichen Annehmlichkeiten und Babaji schien oft sehr weit weg zu sein, so unnahbar, so wortkarg. Er war ein strenger Meister.

Ich erinnere mich noch and den ersten heißen Sommer in Haidakhan, die Hitze, die Arbeit, die meinen Körper und meinen Geist erschöpften und leerten. Nachts schlief ich im Freien auf einer Mauer, die den Bergen zugewandt war. Über mir wölbte sich der nachtblaue Himmel mit der tropischen Sternenformation während leichte nach Jasmin duftende Windstöße mir Kühlung brachten. Jeden Morgen würde ich das Heraufziehen der Dämmerung beobachten, die ersten hellen, rosafarbenen Stahlen. Jeder Tag war der Anfang eines neuen Abenteuers. Babaji lehrte mich wie ein Kind indisches Fladenbrot zu backen und die ersten Hindiworte. Ich fing ein neues Leben an.

Eines Nachts nahm mich Babaji mit hinunter zum Fluss. Ich fürchtete mich sehr davor, mit ihm allein zu sein. Er setzte sich vor mir auf einen Felsen, nahm meine Hand in seine Hand und fragte, ob ich glücklich sei. Ja, das war ich, sagte ich, denn er war mir begegnet. Eine Weile saßen wir noch schweigend da, dann führte er mich an seiner Hand zurück zum Tempel. Von diesem Tage an fühlte ich mich ihm sehr nahe und es war mir, als könne ich von nun an dem Meister und der göttlichen Präsenz zum ersten Male ohne Furcht begegnen. Er hat mir eine solch reine, sanfte Liebe entgegengebracht, die mir das Gefühl gab, ein Stück von ihm zu sein.

Das erste Mal, dass ich bat, mich Entsagung (Sadhana) zu lehren, antwortete er: "Nur eine Mahlzeit täglich, keinen Tee, dafür aber Om namah Shivay vierundzwanzig Stunden am Tag." So einfach und doch so schwer!

Wir alle im Ashram mussten blindlings seinen Anweisungen folgen. Dies war eine große Herausforderung für unsere Hingabe, besonders für eine Person aus dem Westen wie mich, die sich immer gegen jede Autorität aufgelehnt hat. Aber Babajis Wesen war so göttlich, und Gehorsam und blindes Vertrauen waren die Basis des Weges. Manchmal wollte ich fortlaufen und oft lehnte ich mich innerlich auf, aber es waren immer seine Liebe und seine Energie, die mich trotz der Schwierigkeiten weitermachen ließen.

Babaji stieß uns oft jenseits unserer Grenzen. Ich erinnere mich an einen stundenlangen Spaziergang mit ihm in des Sommers Hitze. Ich lief barfuss über heiße Steine ohne einen Tropfen Wasser zum Trinken, wir erklommen den ganzen Tag die Berge, ohne einen Bissen zu uns zu nehmen, oder eine

Rast zu machen. Er lehrte uns jenseits der Grenzen des physischen Körpers zu gehen und unsere eigene wahre Quelle zu finden: inneres Glück.

Der Winter kam nach Haidakhan. Nirgendwo konnten wir uns schützen. Wir schliefen in den kalten Bergen, sprangen in das eiskalte Wasser am Morgen und sangen dabei lauthals das Mantra, um darüber die Kälte zu vergessen. Ich gewöhnte mich daran, in der aufkommenden Dämmerung zum Fluss zu gehen und die Sterne zu betrachten. Dabei sang ich laut seinen Namen und bald wuchs eine neue Kraft in mir. Eine neue Energie umgab mich überall wie ein elektrischer Strom, aus der überall neues Leben erwuchs.

Nach dem Bad saß ich bei Babaji in seinem Dhuni, nahm seine Stille in mir auf, den Geruch des Feuers und des Weihrauch und manchmal sang ich mit ihm die süßesten Weisen der Welt.

Eines Nachts gab mir Babaji die Erlaubnis, mit ihm in seinem Zimmer zu meditieren. Ich saß auf dem Boden mit geschlossenen Augen und bat ihn innerlich, mir etwas von ihm zu enthüllen. Nach einer Weile öffnete ich meine Augen und erblickte anstatt seiner einen riesigen Regenbogen, der wie ein Kreis in allen Farben schimmerte. Die Vision war so stark, dass mir Tränen über die Wangen rollten und ich wurde an das reine Licht erinnert, das der Körper des Herrn war. Plötzlich nahm Babaji wieder Gestalt an und stimmte mit einem Lächeln einen wunderschönen göttlichen Gesang an.

Nach vier oder fünf Jahren kamen unzählige Schüler aus ganz Indien und aus den westlichen Ländern nach Haidakhan und erfüllten eine alte Prophezeiung, dass eines Tages die ganze Welt in das kleine Dorf von Haidakhan kommen würde. Jeden rief er auf seine mysteriöse Art und Weise zu sich, durch den inneren Ruf.

Babaji lehrte jedermann zu arbeiten und zu dienen und die Disziplin des spirituellen Lebens. Er vermittelte spirituelle Stärke und Mut. Sein Hauptanliegen war das Erlernen von Demut, das Loslassen von Stolz und wie ein leeres Gefäß vor Gott zu stehen. Er lehrte Einfachheit und Glücklichsein mit wenig Essen, einfacher Kleidung und ohne materiellen Komfort. Als Ausgleich wurde man von göttlicher Energie erfüllt. Er lehrte Wahrheit auf jedem Schritt: Wahrheit des Herzens, des Geistes und der Gefühle und die Kontrolle unnötiger Gedanken und Phantastereien. Er lehrte Aufopferung und spirituelles Wachsen, die Heiterkeit der Seele und zeigte uns den Weg zum inneren Frieden.

Erfahrungen

Als nach den ersten Jahren viele Menschen nach Haidakhan kamen, organisierte Babaji große Pujas und Feuerzeremonien, die die alte Tradition des

Dharma[15] in ganz Indien belebten. Wohin er ging versorgte er Tausende von Menschen. Tag und Nacht war er umgeben von religiösen Gesängen, Mantren und unzähligen Blumen. Es war eine ununterbrochene göttliche Feier bei der wir alle den Herabstieg der göttlichen Mutter auf Erden und ihre Gnade fühlten. Er schüttete seine Energie, seine Glückseligkeit und seine Liebe über jeden aus. Wir wohnten dem Wunder des göttlichen Spieles auf Erden bei. Dann kam die Zeit, in der ich viel zu meditieren begann. Mich verlangte nach mehr und mehr innerer Erfahrung und langsam fiel die äußere Welt von mir ab und seine Gegenwart allein wurde zum Zentrum meiner Existenz.

Eines Tages bestiegen wir mit Babaji den Berg Kailash und verbrachten die Nacht nahe beim Gipfel in einer Hütte. Am Abend saßen wir in dem kleinen Raum dicht gedrängt mit ihm um ein Feuer herum. Plötzlich nahm er meine Hand mit unendlicher Zartheit und Liebe und im selben Augenblick zog ein wunderschönes Gefühl des Glücks in mein Herz und es war, ob etwas in mir zum Schmelzen gebracht wurde. Babaji verließ den Raum und ich blieb reglos die Nacht am Feuer sitzen und lauschte dem Om-Ton, der sich in mir breit machte. Als ich in der Dämmerung nach draußen ging um mein Bad zu nehmen, ertönte das ganze Tal im Klang des Om. Es war, als sei dieser Ton der Urklang der ganzen Schöpfung. Er war in mir, außerhalb von mir, er war überall.

Langsam lernte ich, ganz still zu seinen Füßen zu sitzen und dem großen Ton der Stille zu lauschen. Ich bemerkte das ihn und die Schöpfung umgebende Licht und verschmolz mit ihm, indem ich mich darin auflöste. Dies war die Einheit. Und als ich einmal neben ihm sitzend so viel Frieden in mir verspürte, sagte er: "Du bist ich".

Die Veränderung

In den letzten verbleibenden Jahren kamen unzählige Menschen aus allen Ecken und Enden der Welt und damit begann die Veränderung in Babajis Aussehen. Ganz zu Anfang, als ich ihm begegnete, sah er aus wie ein ätherisches Wesen, wie ein jenseitiges Wesen, wie eine Statue. Nach und nach wie die Menschen zu ihm strömten, begab er sich mehr und mehr auf ihre menschliche Ebene. Wie anders hätte er sie lehren können. Wir waren außerstande ihn auf seiner Ebene zu verstehen. Er nahm unsere menschlichen Vibrationen auf und etwas von unserem Schmerz. Sein Benehmen veränderte sich. Der strenge wortkarge Meister verwandelte sich in "Bhole Baba", den einfachen Meister. Nur so konnte er jedermann auf seiner Ebene helfen, er tat alles was benötigt wurde, gab ununterbrochen unbegrenzte Liebe und heilte uns durch seine umfassende Liebe. Er spielte die Mutter, den Vater, den Freund,

---

[15] unvergängliches, ewiges Gesetz

den Liebhaber und tat alles, um die Menschen zu erhöhen und sie näher an Gott heranzuführen. Er spielte den König mit den Reichen, den Hippie-Freund mit den Menschen aus dem Westen, er spielte Krishna mit den Gopis, die Mutter mit den Kindern, den Psychologen mit problembehafteten Menschen, den strengen Lehrer mit denen, die Disziplin nötig hatten, den einfachen Berg-Baba mit den Dorfleuten der Umgebung, das Kind mit älteren Damen und den strengen Meister mit seinen Schülern. Der große Herr spielte mit uns auf unzähligen Arten, tanzte mit unseren Illusionen und Dramen und führte alle mindestens eine Stufe auf der Leiter der Erkenntnis/Wahrheit hinauf. Er manifestierte sich als Gottes Liebesstrahlung und als Retter in der schwierigen Zeit, in der sich die Welt befindet.

Ich fühlte mich ihm am Ende näher und durfte ihm dienen, in dem ich mich um seine physische Gestalt kümmerte und ihn als göttliche, lebende Statue ansah. Dabei lernte ich langsam in seine schweigende Energie einzutauchen, in eine wunderschöne Vereinigung und ein Verschmelzen seines Lichtes. Er lehrte mich, mich als Teil seines Selbst zu sehen, als Instrument seines Willen: Ich verehrte in ihm seine Schönheit und Reinheit, die ungeheuere Schönheit seines Geistes. Er zeigte mir den Weg zu meiner eigenen Göttlichkeit und wie sie zu entfalten ist.

Ich danke dir, Baba, für deine Gnade, für deine unendliche Geduld, für dein Mitgefühl und deine Hilfe. Dank auch dafür, dass du dich auf Erden manifestiert und das Göttliche vermittelt hast. Dank, dass du unvergänglich bist und immer unter uns, dass du uns führst, schützt und uns zu dir führst, zu unserem eigenen Selbst. "Komm nach Hause zurück", sagte er mir eines Tages "seit langem warte ich auf dich, du gehörst seit Ewigkeiten zu mir."

Dankbarkeit

Es ist nicht einfach, von Babaji zu reden, der die Wahrheit, die göttliche Liebe und die Einfachheit auf Erden verkörperte. Diese drei Prinzipien sind Ausdruck des Wesentlichen und werden von jeder Seele wie das Wasser zum Wachstum benötigt.

Babaji hat mein Leben vollkommen verändert, als er mich 1976 zu sich rief. Er hat sich mir offenbart als ein fleckenloser Spiegel, in dem ich mein Selbst wahrer und tiefer erkennen konnte. Und er hat mir einen Auftrag gegeben, der jedem Augenblick meines Lebens Bedeutung gibt - den Aufbau und die Leitung seines Ashrams in Cisternino.

Schon bevor ich Babaji traf, reiste ich viel in Asien umher, nach Indien und Afghanistan, aber ich besuchte keine Ashrams, ich suchte keinen Meister, ich suchte die Wahrheit und die Liebe im Leben, in den Menschen, in der Natur, aber ich konnte nichts anfangen mit diesen "spirituellen Bewegungen", bei denen sich viele Leute um einen Meister oder Glauben scharten. Gott war meine innere Führung. Ich glaubte an die kosmische Gerechtigkeit, die alle Menschen im universellen Selbst vereint. Und wohl gerade deshalb war meine Begegnung mit Babaji in Jaipur vollkommen und absolut: Ich habe ihn erkannt, ich habe in ihm das gefunden, was ich schon immer gesucht hatte. Und ich verstand, dass der Meister mich gerufen hatte, weil ich bereit war, und weil mein Leben sich wandeln und zu einem "Leben des Dienstes" werden musste. Mein ganzes bisheriges Leben war nur Vorbereitung gewesen für diese Begegnung mit dem Göttlichen, das sich nun auf Erden inkarniert hatte, für die Begegnung mit dem "Guru der Gurus", der mir das große Geschenk gemacht hatte, mich zu sich zu rufen.

Ich sah Babaji zum ersten Mal am 12. März 1976 im Haus von Herrn Jain Saib in Jaipur. Babaji hatte mich über eine Vision rufen lassen, die er einer anderen Italienerin gab. Ich kam gegen Mittag dort an. Alle waren mit der Herstellung von Blumengirlanden beschäftigt. Ich fühlte mich in die Zeit Jesu zurückversetzt, als die Jünger voll Freude den Meister erwarteten. Es war ein großer Friede spürbar, verbunden mit einer großen Liebe und Ruhe. Babaji kam im Auto.

Ich sah wie er ausstieg und sich näherte, seine Füße schienen den Boden nicht zu berühren, es war als würde er schweben. Er setzte sich auf das mit Blumen geschmückte Bett am Ende des Raumes, und sofort kamen unzählige Schüler herbei, die ihn erwartet hatten, um sich vor seinen Füßen zu verneigen. Sie brachten ihm Geschenke und Süßigkeiten dar, sie machten Pranam und baten um seinen Segen. Ich näherte mich ihm auch und sagte: "Babaji, ich bin Lisetta." "Dein Name ist Janki Rani", antwortete er. "Setz Dich zu mir." Er ließ mir einen Stuhl bringen und so konnte ich neben ihm sitzen. Ich war in Ekstase. Ich sah Babaji an und ich "sah" ihn, ich erkannte ihn. Ich blickte auf all die Schüler, bemerkte ihre Freude in Babajis Nähe zu sein und fühlte ihre schlichte und tiefe Hingabe, die mein Herz berührten. Dann sagte Babaji zu allen als sei es besonders wichtig: "Diese Dame ist aus Italien gekommen" und forderte die Leute auf, meine Füße zu berühren. Für mich war diese Begegnung mit Babaji unglaublich ... alle berührten meine Füße und ich dachte bei mir: "Wie ist es nur möglich, dass er mich so behandelt, schon nach fünf Minuten...?"

Nachdem ich ungefähr zehn Minuten neben ihm gesessen hatte, schickte er mir einen Inder mit weißen Haaren: "Babaji hat gesagt, du sollst mir etwas sagen, das mir hilft, mich Gott zu nähern." Spontan sagte ich ihm das erste, was mir in den Sinn kam: "Gott ist Liebe!". Der alte Inder kehrte zu Babaji zurück und teilte ihm meine Antwort mit. Babaji überreichte mir daraufhin eine Frucht, und einige Zeit später schickte er mir Malti, eine junge Deutsche: "Babaji möchte, dass du eine Rede hältst." Ich war überwältigt, ich war in Ekstase und betrachtete all diese Menschen, die zu Babaji kamen. Es waren fast nur Inder. Sie hatten den Vorteil, in Indien zu leben. Sie konnten ihn jederzeit sprechen, sie brauchten dafür nicht aus Italien anzureisen so wie ich. Ich erkannte in Babaji wirklich die Inkarnation des Göttlichen. Es umgab ihn eine Atmosphäre vollkommener Reinheit. Ich war bereit für die Ansprache und sagte laut, was ich in der Tiefe meines Herzen empfand: die Freude, da zu sein, das gefunden zu haben, was ich schon immer ersehnt hatte. Und am Schluss sagte Babaji: "Ich danke dir!"

Dieses erste Mal blieb ich 25 Tage bei Babaji, zuerst in Jaipur, dann in Vapi. Es war eine wundervolle Zeit, in der mich Babaji viele Dinge lehrte und mir sehr viel Liebe schenkte. Jede einzelne seiner Bewegungen hatte eine bestimmte Bedeutung. Sein Lächeln, sein Blick trafen direkt ins Herz.

Am 15. März machte er die erste berühmt gewordene Prophezeiung über das Mahakranti, der allumfassenden Zerstörung. Ich erinnere mich, dass Babaji lächelte, nachdem er über Katastrophen[16] gesprochen hatte, die die gesamte Welt verändern und ganze Landstriche und Städte von der Oberfläche der Erde ausradieren würden, als wolle er sagen: "Ich habe euch jetzt gesagt, was euch erwartet. Jetzt ist es an euch, euch vorzubereiten und euch zu reinigen, um in der Lage zu sein, jedweder Schwierigkeit reinen Herzens und mit Mut zu begegnen. Ich werde bei euch sein und euch helfen." Ich verstand immer

---

[16] „Prophezeiungen und Lehren", G. Reichel Verlag

"Befreiung", wenn Babaji das Wort "Katastrophe" aussprach, so als wolle Gott uns die Möglichkeit geben, uns von allem Negativen zu befreien, damit Liebe, Bruderschaft und Harmonie triumphieren in einer neuen Welt, im Zeitalter des Wassermann. Und heute mehr denn je fühle ich, dass alles, was Babaji uns gesagt hat, wahr ist. Wir müssen bereit sein für eine totale Transformation der ganzen Erde. Und unsere Hauptaufgabe besteht darin, uns zu reinigen, mit dem Göttlichen Eins zu werden, "menschlich" zu sein, wie Babaji lehrte. Babaji - ein göttliches Wesen - kam für vierzehn Jahre auf diese Erde herab, um uns den Weg zur Transformation unseres Herzens und unseres Verstandes zu zeigen. Er sagte, er wolle eine Welt, in der Löwe und Ziege gemeinsam aus der gleichen Quelle trinken können. Und genau so wird die Welt sein, die aus der kosmischen Umwälzung aufsteigen wird, das ist der göttliche Traum, den jeder von uns tief in seinem Herzen nährt. Wir wissen alle, dass uns große Schwierigkeiten erwarten, aber jede große Schwierigkeit kann durch den Glauben überwunden werden.

Nach fünfundzwanzig Tagen lud mich Babaji zu einer weiteren Pilgerreise mit ihm ein, aber ich sagte ihm, dass ich nach Italien zurückkehren müsse. "Warum?" fragte er. "Weil ich eine sehr alte Mutter habe, die auf mich wartet, und weil ich arbeiten muss." "Geh in Frieden, ich werde immer mit Dir sein. Ich gehe mit Dir nach Italien." Und seitdem hat mich Babaji nie mehr verlassen.

Im August 1977 besuchte ich das erste Mal Haidakhan. Es ist der heilige Ort, an dem Babaji seinen Ashram hat, und wo er 1970 in der Höhle des Kailash über dem Gautama Ganga Fluss erschienen ist. Diese zweite Begegnung war noch tiefer als die erste: denn mit Babaji in Haidakhan zu leben ist ein solch wunderbares und einmaliges Erlebnis, für das es keine Worte gibt. Es umgibt einem Wahrheit, Einfachheit und alles ist Liebe. Ich lieferte mich ihm vollkommen aus und in meinem Herzen sagte ich zu ihm: "Babaji, du siehst alles, was in mir ist, ich habe dir nichts zu verbergen. Ich bitte dich nur, hilf mir, mich zu bessern."

Ich war viele Stunden täglich mit ihm zusammen: Nachmittags, wenn er sein Bad nahm, ging ich mit ihm zum Fluss, begleitet von Mahkania und Ibrahim, einem jungen Mann, der nur ein Auge hatte, da waren gemeinsame Spaziergänge unter hohen Bäumen, unter denen ich ein mir von Babaji gegebenes Mantra singen musste, das Bad am Fluss, bei dem immer Fröhlichkeit herrschte und eine große Liebe und Verehrung für die heiligen Wasser des Ganga-Flusses. Einmal ließ Babaji sich von mir waschen. Sein Körper war hart wie Stahl und zugleich sanft und weich wie der Körper eines Kindes. Ich fühlte, dass es tatsächlich ein ganz besonderer Körper war mit einer übernatürlichen Vibration. Er war aus Materie, aber er kam aus einer anderen Dimension.

Eines Tages hakte sich Babaji bei mir unter und sagte: "Janki, du hast eine einfache Natur. Ich mag dein Wesen." Er fragte mich, ob ich verstanden hätte und wiederholte seine Worte, als wollte er, dass ich die tiefere Bedeutung seiner Aussage aufnehme. Ja, ich hatte verstanden: ich sollte mir die Einfachheit meines Herzens bewahren, es ist der größte Reichtum, den Gott mir geschenkt hat. Diese seine Worte haben mir immer bei der Erfüllung meiner Aufgaben, die er mir auftrug, geholfen und auch die Dinge zu sehen, wie sie wirklich sind, nicht so, wie der Verstand sie sieht und beurteilt. Sie halfen mir, meiner wahren Natur bewusst zu werden und machten mich glücklich, ein einfacher Mensch zu sein.

In dieser Zeit, 1977, stieß Mauro zu mir nach Haidakhan, ein Mann, mit dem ich eine sehr tiefe Beziehung hatte, ein ganz spezieller, sehr spiritueller Mensch. Wir hatten ein Stück unseres Lebensweges gemeinsam zurückgelegt mit großer Freude und mit großen Schwierigkeiten. Wir suchten beide die Wahrheit, aber nur ich erkannte in Babaji meinen Meister. Eines Tages saßen wir mit Babaji im Ashramgarten als er mich fragte: "Was bedeutet dieser Mann für dich?" "Ich bin seit zehn Jahren mit ihm zusammen", antwortete ich. "Willst du meinem Befehl gehorchen?" "Ja, natürlich." "Du musst ihn heiraten." Und so verheiratete uns Babaji nach indischem Ritus, ich ganz in Blau in einem Sari und Mauro in Rot mit goldenem Turban. Es war sicher eine karmische Hochzeit, in der wir vereint wurden, nachdem wir schon über viele Leben unser gemeinsames Schicksal in großer Liebe geteilt hatten. Als wir Haidakhan verließen, kehrte ich nach Italien zurück und Mauro blieb für weitere vier Jahre in Indien, eine lange Zeit, in der ich ihn nicht sah. Und jedes Jahr, wenn ich wieder nach Haidakhan kam, mich vor Babaji verneigt hatte und in seine Augen schaute, fragte er mich: "Und dein Mann?" "Ich habe ihn nicht mehr gesehen." Dann lachte er und wusste genau, dass Mauro seine eigenen Wege ging, indem er Indien zu Fuß durchstreifte, während ich meinem Meister folgte und dem Weg, den er für mich bereitet hatte. Mauro verstarb am 23. Januar 1985 in Indien, aber das Band, das uns verbindet, ist stark und unauflöslich, es ist eine Liebe jenseits von Raum und Zeit.

Im Januar 1979 kehrte ich abermals nach Haidakhan zurück. Es war das Jahr, in dem Babaji mir alles gab, in dem ich wunderbare und höchste Erfahrungen mit ihm hatte. Ich verneigte mich zu seinen Füßen und bat ihn in meinem Herzen: "Babaji, ich bin dieses Jahr zu dir gekommen, damit du mein Herz reinigst, nur deshalb." Und er gab mir alles, was ich benötigte mit dieser göttlichen Liebe, die nur er geben konnte. In diesem Jahr machte mir Babaji mit seinen eigenen Händen Mundan[17]. Eines Tages sagte er zu mir: "Janki, Montag Mundan." Und ich verstand, dass es ein besonderer Mundan war, denn er sollte am Ehrentage Shivas stattfinden. Und anschließend sollte ich

---

[17] Voll-Tonsur

für den ganzen Ashram ein festliches Essen spendieren. Er sagte mir, dass es ein großes Fest wäre. Am Montagmorgen rief er mich, bat um eine Schere und begann mir die Haare abzuschneiden. Dabei sagte er: "Was für einen weichen Kopf du hast!" Während er mir das Haar scherte, spürte ich, dass er mir etwas sehr hohes, etwas ganz besonderes gab. Als die Haare ganz kurz geschnitten waren, schickte er mich mit Gaura Devi zum Fluss zur letzten Rasur, um dem Ganga-Fluss alle Haare zu opfern. Bei meiner Rückkehr bat er um einen Pinsel und um Goldfarbe und malte mir eine große goldene Swastika auf den Kopf, die den ganzen Schädel bedeckte und von der Stirn bis zum Nacken und einem Ohr zum anderen reichte. Dann sagte er: "Von heute an wirst du die Energie direkt vom Himmel erhalten." Diese Segnung begleitet und stützt mich in jedem Augenblick meines Lebens, sie gibt mir Kraft und Energie, sie leitet und inspiriert mich.

Eines Tages saßen wir auf der Terrasse und ich schrieb an meine Mutter. Babaji nahm mir den Brief aus der Hand, malte ein Blumensträußchen darauf und schrieb Om namah Shivay darüber. Dann gab er ihn mir mit den Worten zurück: "Deine Mutter hätte schon letztes Jahr aufgrund ihres Karmas sterben müssen, aber ich habe sie gesegnet und ihr Leben um einige Jahre verlängert, weil sie eine große Mutter ist." Und von diesem Tag an wurde meine Mutter immer kräftiger und liebevoller und sie entwickelte einen großen Glauben in Babaji, der sie immer spiritueller werden ließ. 1980 wies er mich an, meine Mutter nach Cisternino zu bringen, damit sie in der Nähe des Ashrams leben könne. Und so zog meine Mutter von Genua, wo sie gelebt hatte, nach Cisternino. Ihre Gegenwart war eine große Bereicherung sowohl für den Ashram als auch für mich, sie war ein Beispiel an spiritueller Kraft, Glauben und Güte. Oft sagte sie: "In meinem früheren Leben war ich bestimmt eine Inderin." Und sicher war sie eine große Schülerin von Babaji. Mit knapp einhundert Jahren starb sie 1986 in vollkommenem Frieden mit Gott, so wie es ihr Babaji versprochen hatte.

Im Jahre 1979 begann Babaji mit großer Liebe von Jesus Christus zu sprechen. Er sagte, dass Jesus sein größter Schüler gewesen sei, dass er mit ihm neun Jahre in Indien und Tibet verbracht hatte. Und von diesem Zeitpunkt an ließ Babaji Weihnachten mit großem Aufwand feiern. Wenn ihn jemand fragte, warum er gerade in Indien, im Himalaya, Weihnachten so groß zelebrieren ließ, unterstrich er die Wichtigkeit des Christentums für die gesamte Menschheit.

Im selben Jahr lehrte Babaji mich den Umgang mit Geld, dass man es nicht verschwenden, sondern sehr bewusst verwenden soll, denn auch im Geld ist göttliche Energie gebunden. Auch diese Energie soll man großzügig und ohne Anhaftung handhaben, sie gehört nicht uns, sondern ist uns anvertraut worden zum Wohle aller. Babaji sagte zu mir: "Janki, hier sind einhundert

Rupien, lasse sie von Swami Fakiranand in Paisa[18] umwechseln." So wurde aus dem 100-Rupien-Schein ein schwerer Sack voller Münzen. Jeden Morgen musste ich Babaji - mit dem Sack auf den Schultern - auf seinem Rundgang begleiten, auf dem er die Schüler aus dem Westen und die indischen Arbeiter segnete, die Karma Yoga in allen möglichen Formen ausübten: im Garten, beim Tempelbau, im Flusstal bei den Steinen. Von Zeit zu Zeit sagte Babaji: "Janki, money!" und ich öffnete den Geldsack. Er nahm ihn an sich, begann das Kleingeld zu zählen und jedem das zu geben, was er verdiente oder was er benötigte. Dem einen gab er dreißig Paisa, dem anderen fünfzig und dabei machte er keinen Unterschied zwischen arm und reich. Als der Sack nach einer Woche leer war, ließ er mich wiederum einen 100-Rupien-Schein wechseln. Das gleiche Spiel wiederholte sich. Es war für mich eine kostbare Lehre, die mir später sehr half, das Ashramgeld in der richtigen Weise zu verwalten, auf jede Lira zu achten, nichts zu verschwenden. Und ich verstand später, warum Babaji dieses wunderbare Spiel gerade mit mir gespielt hatte: um mir den richtigen Maßstab zu geben für den Wert und die Verwendung von Geld.

In jenem Jahr gab mir Babaji beim Abschied zwei Stöcke: einen glatten, honigfarbenen, den ich in den Tempel stellen sollte und einen anderen, grob voller Knoten und Dornen: "Der wird dir helfen, die Leute zu behandeln", sagte er. Glatzköpfig und glücklich reiste ich zurück nach Cisternino, die beiden Stöcke im Gepäck. Ich war mir bewusst, dass mein gesamtes Wesen eine tiefgreifende Wandlung erfahren hatte und ich fühlte, dass durch seinen Segen mein Herz von allem Dunklen genesen war. Babaji gab mir noch eine Sandelholzmala (Mala, Holzperlenkette) mit für meine Mutter, ein kostbares Geschenk, das sie stets benutzte, um das Mantra Om namah Shivay zu wiederholen, ein Geschenk, dass ihr Kraft und Mut gab bis zu ihrem Lebensende.

Zwei Tage, nachdem ich nach Genua zurückgekehrt war, sprach mich ein mir unbekannter Priester auf der Straße an, als ich gerade Milch holen wollte: "Shalom", sagte er, "darf ich Sie so grüßen?" Ich antwortete freudig: "Ja" und er fuhr fort zu sagen: "Wissen Sie, dass Sie Trägerin des Lichtes sind?" "Ja, antwortete ich, "ich trage Gott in mir." "Man sieht es" erwiderte er. Im Laufe des Gesprächs erzählte ich ihm von Babaji, von seinem Ashram im Himalaya, von dem, was Babaji über Jesus gesagt hatte. Und der Priester entgegnete: "Sie sprechen mir von einem neuen Evangelium!" Wir verabschiedeten uns voneinander voll Dankbarkeit und ich begriff, dass das göttliche Licht, das Babaji mir übertragen hatte, sichtbar war für alle, die sehen können. Aus tiefstem Herzen danke ich Dir, Babaji, für all das, was Du mir gegeben hast, für dieses unglaublich große Geschenk, das Du uns allen gemacht hast, für die Liebe, die Du auf die Erde gebracht hast, für das große Opfer, das wir

---

[18] Eine Rupie hat 100 Paisa

noch lange nicht voll verstanden haben. Aber der Samen, den Du in unsere Herzen gelegt hast, wird keimen und Deine Botschaft zum Blühen bringen, Deine Botschaft von Wahrheit, Einfachheit und Liebe.

Auch in den Jahren 1980 und 81 war ich jeweils für drei Monate bei Babaji und jedes Mal war es eine Zeit größter Freude. Er wollte immer, dass ich in seiner Nähe weile. Ich sollte nicht mit den Händen arbeiten, sondern lernen, mit den Menschen umzugehen. In Babajis Nähe zu sein bedeutete, ständig mit dem Herzen zu lernen und sich auf ihn einzustellen: auf sein Lächeln, seine Strenge, sein Sich-Verströmen, alles war Ausdruck seiner göttlichen Liebe, unbestechlich und unerschöpflich.

Als meine Mutter nach Cisternino zog, konnte ich nicht mehr so einfach von zu Hause fortgehen, um nach Indien zu fahren. Meine Aufgabe war jetzt, mich um sie und um den Ashram zu kümmern. Ich fühlte, dass Babaji immer bei mir war, so wie er es mir versprochen hatte. Aber dann kam der Zeitpunkt, an dem er mich im Oktober 1983 zu sich rief. Er gewährte mir diese letzte große Gnade, mich noch einmal zu sich zu holen, bevor er seinen Körper im Februar 1984 verließ. Ich verbrachte einen weiteren wunderschönen Monat mit ihm, in dem er mich anfüllte mit Liebe und mich mit Segnungen jeder Art überschüttete. Er erteilte mir die letzten Lehren, um mich zu stärken und mutiger zu machen für dieses Erdenleben. Ich fragte ihn, was er von seinem Ashram in Cisternino erwartete und er antwortete: "Cisternino ist der Platz, der der Transformation der Menschen dient, er dient der Reinigung ihres Geistes, es ist ein Platz der Meditation und des Karma-Yogas. Sonst nichts."

An einem Tag, kurz vor meiner Abreise, schien er sehr müde zu sein. Er lag ausgestreckt auf dem Boden in der Nähe seines kleinen Raumes und bat mich, ihm die weißen Haare auszuzupfen. Es war, als schliefe er. Ich berührte seinen Kopf voller Ehrfurcht, schamhaft und voller Scheu: Ich sollte Babaji die weißen Haare auszupfen? Es schien eher ein göttlicher Traum als Wirklichkeit zu sein. Nach einiger Zeit bat er mich, aufzuhören, und für eine halbe Stunde blieben wir schweigend beieinander sitzen. In diesen kostbaren Minuten fühlte ich eine unendliche Einheit in Liebe. Dann erhob er sich plötzlich, legte mir den weißen Schal um, mit dem er sich zugedeckt hatte und ging fort. Erst im Februar nach seinem Samadhi, verstand ich, das dies der Abschied gewesen war.

Bei meiner Abreise wollte ich Haidakhan zu Pferd verlassen, um so besser den Fluss mit den noch sehr hohen Wassermassen überqueren zu können. Beim Abschied legte mir Babaji die Hand auf den Kopf und in strahlendes

Licht getaucht, schaute er mir mit unendlicher Liebe in die Augen und sagte: "Be happy in the name of Lord Hanuman" [19]und dann abrupt: "Go!"

Ich stieg aufs Pferd, schaute ihn ein letztes Mal voll unsagbarer Dankbarkeit an und machte mich auf den Rückweg. Seine Worte sind auf Ewigkeit in mein Herz graviert, sein leuchtender Blick ist mir unvergesslich und seine Kraft und Liebe werden mich nie mehr verlassen.

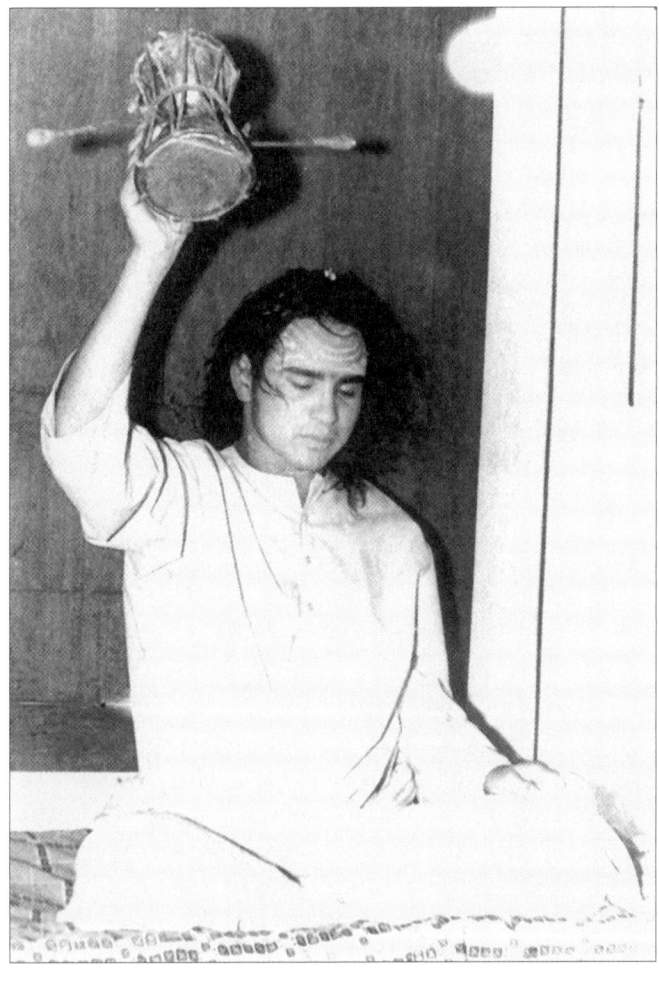

---

[19] Sei glücklich im Namen Hanumans. Hanuman, Affengottheit, bekannt für seine Kraft, Hingabe an Rama und Sita, göttl. Gestalten des Ramayana Epos

ERINNERUNGEN

Surja Theresa Dawson, Schweiz

Was ich immer als erstes in mir bemerke, wenn ich die Erinnerungen voll und ganz zulasse ist, dass ich eine kaum aushaltbare Sehnsucht verspüre: ich möchte meine bürgerlich-alltägliche Lebensform sofort aufgeben und wie früher in Haidakhan, dem Wohnsitz Babajis, leben. Oft schon haderte ich dann mit meinem Schicksal, ich beneidete all jene, die dort ihr Leben nur Babaji widmen können. Als Antwort auf dieses Gefühl der Verlorenheit im "normalen Leben" kommt mir eine kurze Abschiedsszene in den Sinn. Ich glaube, es war am Ende meines viermonatigen Aufenthaltes bei Babaji im Jahre 1978 als sich die ständige Frage unablässig in meinem Kopf drehte: "Warum kann ich nicht für immer hier bleiben? Warum ich nicht?" Äußerlich ließ ich mir nichts anmerken, der Verstand regierte mein Verhalten. Da kam Babaji unversehens lächelnd auf mich zu und sagte: "Your country Switzerland? You don't like? Switzerland is beautiful."[20]

Ein wenig später setzte ich mich zum inneren Zwiegespräch mit Babaji hin, wie ich es immer tat und noch tue, wenn ich mehr verstehen will. Ein fließendes Gespräch mit seinem Telegrammstil -Englisch war leider unmöglich. Also stellte ich ihm innerlich die Fragen nach dem "Warum ich nicht" und so erklärte er mir liebevoll und tröstend, dass ich zu lernen hätte, im Westen zu leben. Indien sei meine Vergangenheit, die ich diesmal loszulassen hätte. Was er mit "im Westen" alles meinte, beleuchtet - noch nach über zehn Jahren - immer wieder neue Aspekte: materiellen Reichtum, den ich hatte und wieder aufgab, Dinge zu besitzen und mich nicht mehr so stark von ihnen erdrückt zu fühlen, an einem normalen bürgerlichen Leben teilzunehmen, hiesige soziale, kulturelle und politische Strukturen kennen zu lernen und darin mitzuwirken. Ich war innerlich so unendlich weit weg vom irdischen Boden und musste mühsam erst landen. Ich erinnere mich, dass Shastriji mir öfters sagte: "Too much spiritual" (zu spirituell). So ein Quatsch, dachte ich damals. Erst heute erahne ich, was er mit diesen Worten meinte.

In den letzten Jahren bin ich von der Inderin zur Indianerin geworden - in meiner Lebenshaltung und -einstellung. Eine Reise vom Kosmos zur Mutter Erde! Eine Reise auch hin zu den Menschen - Menschlichkeit hatte ja Babaji weiß Gott vorgelebt. Mich zog aber alles unsichtbar Göttliche viel mehr an; die Menschen interessierten mich nicht so sehr auf meinem Weg. Kein Wunder, dass ich die Jahre nach Haidakhan in psychotherapeutischer Ausbildung

---

[20] Die Schweiz ist Dein Land? Dir gefällt es nicht? Die Schweiz ist wunderschön.

gelandet bin, heute noch psychotherapeutisch arbeite und die größte Freude und Befriedigung an der Anteilnahme einzelner Menschenschicksale habe. Und ich darf ein großes Wunder miterleben, indem ich ein Kind in Liebe und Geduld großziehe. Göttliche Weisheit, gewiss! Wenn ich mich einlasse auf Menschen im Alltag, einschließlich der nicht besonders "Spirituellen", ja, vielleicht nicht einmal am persönlichen Wachstum und Erkennen Interessierter, geht es mir gut. Wenn ich glaube, meditieren zu müssen, mich vergleiche mit Ashram[21]-Aktivitäten hier im Westen, quälen mich Fragen, Zweifel. Unzufriedenheit macht sich breit; Unruhe statt Frieden, und ein diffuses Gefühl im Kopf. Noch nicht Erledigtes. Dann höre ich Babajis liebe Stimme: "You happy - I happy"[22]. Also gut, zurück zum Alltag. Ich bin kein Yogi diesmal! Bescheidenheit ist angesagt. So ziehe ich mich selber aus dem Gefühlssumpf und weiß gleichzeitig auch wieder nicht, ob ich mich bloß betrüge. Nur wenn ich ganz stabil und sicher auf dem Boden stehe, kann ich das Arti hören und mitsingen. Genauso ergeht es mit all den Fotos, die in der Wohnung herumstehen: Gucke ich Babaji nicht nur an, sondern lasse diese Kraft in mich hineinströmen, dann bekomme ich rasendes Herzklopfen und Hitzewellen, freudige Glückseligkeit und unerträgliche Sehnsucht gleichzeitig. Babaji hat mir alles gegeben, was ich meine, vom Leben erwarten zu können. Er und die Erfahrungen mit ihm sind für mich heute noch alles, worauf mein Leben basiert.

Vor etwas zwei Jahren hatte ich einen Traum. Ich wanderte, schon älter geworden, durch Berge - auf der Suche nach Babaji. Ich lief auf einem gewundenen Weg einen Berg hinunter, kam an einem kleinen Bauernhaus vorbei, vor dem ein alter Mann gemütlich saß. Ich grüßte und ging vorbei. Aber nach ein paar Schritten durchzuckte mich die Erkenntnis: ER war es! Kurz entschlossen drehte ich mich um, ging zu diesem Mann zurück und erkannte Babaji an seinen Augen. Von da an durfte ich bei ihm bleiben.

Natürlich muss diese Vision nicht genauso eintreffen. Vielmehr verstehe ich den Inhalt dieses Traumes symbolisch. Er gibt mir immer wieder Kraft und Trost. Babaji lebt nicht nur in meiner Vergangenheit, auch in der Zukunft ist er schon verankert.

Es tut gut, mir alles, was mich wirklich beschäftigt, von der Seele zu schreiben. Es sind nicht nur die Anekdoten von anno dazumal, sondern auch deren Wirkung und Herausforderung auf meine heutige Lebenslage. Immer wieder taucht die Frage auf: Lebe ich nach Babajis Lehre, stimmt mein kleines, alltägliches Tun überein mit meinem großen, geliebten Vorbild, dessen Vollkommenheit ich aber auch nicht erlangen werde - wäre dies und jenes in

---

[21] Ashram gleichzusetzen mit Kloster
[22] Bist du glücklich, bin ich glücklich

seinem Sinne? Erst jetzt beim Schreiben wird mir eigentlich bewusst, dass ich alles daran in meinem Leben messe. Die Freude über etwas Gelungenes danke ich ihm aus vollem Herzen, das Zerknirschtsein über ein persönliches Unvermögen trennt mich gefühlsmäßig von ihm - auch wenn mir mein Verstand alle nützlichen Theorien suggeriert.

Sehr oft erhalte ich Antworten und Entscheidungshilfen, indem sich eine Situation von früher mit Babaji einblendet. Ich habe manchmal das Gefühl, dass Babaji mir Szenen bot, die erst für eine Situation in der Zukunft bestimmt waren. So entschlüsselte sich zum Beispiel erst 1986 eine Begebenheit, die sich neun Jahre zuvor abspielte: Ich kam frisch und ohne Sorgen aus Europa nach Haidakhan und hatte in der Zwischenzeit gearbeitet, um genug Geld dabei zu haben. Natürlich wollte ich auch bei jeder Gelegenheit mein Geld Babaji zur Verfügung stellen. Er erbat sich öfters die Portemonnaies von den Anwesenden aus dem Westen, um Geld zu verteilen. Aber ich wurde mein Geld einfach nicht los! Im Gegenteil. Babaji gab mir öfters 100-Rupien-Scheine, schaute mich eindringlich an und sagte: "I give you money. I give you money."[23] Er wiederholte diesen Satz. Ende 1986 - durch eine Scheidung - tauchten bei mir Existenzängste auf. Zum ersten Mal empfand ich meine selbständige Tätigkeit als belastend und ohne Sicherheit. Ich war jetzt Alleinerzieherin und hatte für ein Kind zu sorgen. Klappt auch alles? Kann ich genug für uns beide verdienen? Diese Ängste meldeten sich sehr subtil, denn vom Kopf her hatte ich immer alle passenden Antworten darauf. Da blendete sich diese Geld-Situation von damals ein und ich hörte wieder Babajis Stimme: "I give you money!" Mit Betonung auf "I". In Dankbarkeit und mit Schmunzeln ließ ich die Ängste los, bevor sie sich meiner bemächtigen konnten.

Schon als Kind saß ich mit gekreuzten Beinen auf den Stühlen, aß mit den Fingern der rechten Hand, die linke unter dem Tisch, was meinen Vater immer wieder zur Kritik veranlasste: "Wer hat Dir beigebracht, so zu sitzen und zu essen? Wir auf alle Fälle nicht!" Mit zweiundzwanzig Jahren wollte ich zum ersten Mal bewusst nach Indien gehen. Ich hatte einen Vortrag über Shri Aurobindo gehört und wäre am liebsten sofort nach Auroville gereist. Doch musste ich warten. Der Wunsch verblasste - statt dessen landete ich in Findhorn. Ich meditierte, las brav alle spirituelle, esoterische Literatur, besuchte Seminare - und geriet in eine Sackgasse. Ich war verzweifelt: mehr kann ich von mir aus nicht tun, ich bin an einer Grenze angelangt, weiß in meiner Entwicklung nicht weiter - so und ähnlich tönte es in mir. Im "New Age" war das Konzept des Gurus eher verpönt. "Gott in mir" lautete die Devise. Da fiel mir das Buch "Autobiographie eines Yogi" in die Hände, und ich verschlang es regelrecht. Doch der Inhalt machte mich erst recht unglück-

---

[23] Ich gebe dir Geld. Ich gebe dir Geld.

lich. Ich war zur falschen Zeit am falschen Ort geboren! Was nützt mein Leben, wenn ich keine solche Chance habe, Babaji zu begegnen? Ich beklagte mein Dasein als wertlos.

An Weihnachten 1976 munkelte man in Findhorn, es käme eine Dame, die hätte noch ganz altmodisch einen Meister in Indien. Einer Freundin hatte sie früher schon ein Bildchen geschenkt, und ich bat darum. Als ich das Foto anblickte und hörte, dass dieses Wesen Babaji heißt und jetzt in Indien lebte, heulte ich tagelang. Ich saß nur da und weinte, weinte. Als ich etwas mehr Fassung hatte, fragte ich Babaji innerlich, wann ich kommen könne. Zu meiner Freude antwortete er mir und gab mir ein Datum: den 21. April 1977.

Als dann die Dame nach Findhorn kam, fragte ich sie nach einer Kontaktadresse in Indien. Auch wollte ich das Mantra Om namah Shivay in Sanskrit schreiben lernen. Von da an schrieb ich das Mantra täglich einhundertacht Mal. Noch in Findhorn hatte ich Anfang jenes Jahres einen Traum. Ich kam in ein Tal mit einem breiten Flussbett, vielen Steinen und schönen grünen Hügeln. Vereinzelt waren Menschen zu sehen. Babaji saß auf einem großen Felsen. Ich lief auf ihn zu. In großer Freude lachten wir, sprangen herum und hatten viel Spaß miteinander. Nach einer Weile aber wurde ich ernst und sagte, dass mir dieses Spiel nicht genüge. Ich wollte mehr. Ja, was denn, wollte Babaji wissen. Ich erklärte ihm mein Bedürfnis nach Wachstum, nach Durcharbeiten charakterlicher Schwierigkeiten und meinen Wunsch, das Göttliche zu integrieren. Babaji nickte, sah mich lange an und antwortete: "Du hast die Prüfung bestanden! Ich wollte wissen, ob Du Dich mit der Freude begnügst. Ich warne Dich aber - ich werde alles von Dir verlangen, was Du hast." Nur zu gern war ich im Traum mit dieser Bedingung, alles herzugeben, einverstanden - auch wenn ich nicht ermessen konnte, was er damit meinte. Heute verstehe ich seine Worte, denn ich weiß, was ich alles hinter mir lassen musste, psychisch viel mehr als physisch, ideel viel mehr als materiell. Und als erstes löste sich damals als direkte Folge dieser "Vereinbarung" meine Ehe auf. Nichts auf der Welt - Babaji ausgenommen - war mir so wertvoll wie mein damaliger Mann!

Im Februar 1977 fuhr ich von Findhorn zurück in die Schweiz, verdiente noch das nötige Geld für die Reise nach Indien, regelte meine Angelegenheiten um - wie ich glaubte - drei Wochen fort zu bleiben. Eine Woche wollte ich zu Babaji, nicht länger, denn ich hatte ja eine ständige "Telephonverbindung" zu ihm. Ich wollte ihn nur mal kurz auch in seinem physischen Körper sehen. Zwei Wochen wollte ich in Auroville verbringen, denn ich hatte mich in Findhorn angeboten, die beiden Zentren zu "linken". Am 18. April war es so weit. Ich flog nach Delhi. In meiner Tasche steckten die Reiseangaben und die Adresse von Shri Munirajis Laden. Das war alles.

In meiner Ungeduld und Vorfreude wollte ich schon am 20. April nach Haidakhan fahren, um ja keinen Tag in Delhi zu vergeuden. Kaum hatte ich diesen Plan in meinem Hotelzimmer geschmiedet, als ich fürchterlichen Durchfall bekam, obwohl ich nichts gegessen hatte. Perplex lag ich auf meinem Hotelbett, "telefonierte" sofort mit Babaji und fragte nach dem Grund der Erkrankung. Prompt kam die Antwort: "Wenn du am 21. April kommen sollst, dann erscheine nicht einen Tag früher. Ich muss dich also daran hindern." Eine Stunde danach waren die Bauchkrämpfe wie weggeblasen, und ich konnte die Busfahrkarte für den 21. 4. besorgen.

In Haldwani angekommen, suchte ich Shri Munirajis Laden auf. Ein paar Inder saßen herum und lachten unverhohlen - damals waren Menschen aus dem Westen noch sehr selten - über meine Erscheinung, die so unmöglich ins indische Alltagsbild passte: eine Frau alleine mit Rucksack. Einer der Männer sprach ein wenig Englisch und erklärte mir, dass Shri Muniraji nicht zu Hause sei. Doch irgendwie kam ich zu seinem Haus. Er öffnete mir die Tür, nahm mich aber nicht richtig wahr, schüttelte nur den Kopf und sagte: "Nein, heute nicht." Er war irgendwie durcheinander, aufgeregt. Später erfuhr ich dann, dass gerade kurz vorher ein Jeep-Unfall passiert war, bei dem zwei Schüler ums Leben gekommen waren. Deswegen stand der Jeep nicht zur Verfügung, und niemand war in der Stimmung, eine Europäerin nach Haidakhan zu begleiten. Aber ich musste an diesem Tag in Haidakhan sein! Es war der 21. April. Kurzentschlossen ging ich zurück zum Laden, fragte und bettelte nach einem Taxi. Die Inder lachten, schwatzten, tranken Tee. Nur ein Taxi besorgte mir niemand. Die Mittagszeit war bereits überschritten.

Im Laden hingen überall Bilder von Babaji. Wie Don Camillo in seinen Filmen, so fing ich an, mit einem großen Bild zu reden: "Was sagst Du jetzt, he? Ich will ja kommen, also besorg mir ein Taxi." Kurz danach erhebt sich einer der Männer, spricht auf der Straße mit jemanden und deutet mit der Hand auf mich. Nicht lange danach sitze ich in einem Taxi und bin auf dem Weg zur Damside. Der Taxifahrer, der ein bisschen Englisch spricht, erzählt mir von dem Unfall und sagt, dass er mich auf keinen Fall bis Haidakhan begleiten kann und dass es absoluter Unsinn sei, allein dorthin gehen zu wollen. Warum ich denn nicht einen Tag warten könne? Aber ich wollte keinen Durchfall mehr. Außerdem war ich jetzt auch sehr aufgeregt, so nahe am Ziel zu sein. Beim Aussteigen wies der Taxifahrer nur mit der Hand das Tal hinunter und sagte, ich solle nur immer geradeaus gehen, ein paar Mal müsste ich den Fluss durchqueren.

Ich zog das Mantra singend los. Die Berge sangen zurück, die ganze Gegend vibrierte im Om namah Shivay. Die Sonne war gerade am Untergehen, als ich auf dem Hügel den kleinen Tempel erblickte, und dann das Tal aus meinem Traum erkannte. Sogar die Steine waren dieselben! Unten am Flussbett bemerkte ich eine Schar Menschen, die mir entgegenkamen. Allen voraus ging Babaji - kein Zweifel - er war es. Ich lief ihm entgegen wie ein Kind seinem Vater. Wortlos stand ich vor ihm und strahlte ihn an, denkend: "Hier bin ich also, ich habe es geschafft. Es ist der 21. April." Babaji stellte mir lieb ganz banale Fragen. Woher ich käme? Aha - aus der Schweiz. Ich war im Freudestaumel und gleichzeitig verwirrt: das weißt du doch schon alles, sagten ihm meine Augen.

Seine physische Person war nur die erste Überraschung. Sie hielt mir in den kommenden sechs Monaten noch manche Verwirrspiele bereit. Ich war wochenlang im Freudesrausch - hatte alles vergessen, auch dass ich weiterreisen wollte. Nach drei Monaten bat ich um die Erlaubnis, mein Visa zu verlängern, damit ich weitere drei Monate bleiben konnte. "And your old man?"[24] So nannte er immer spöttisch meinen Mann, weil unser Altersunterschied siebenundzwanzig Jahre betrug. In meinem Glauben und meiner Euphorie meinte ich: "Das ist schon in Ordnung. Mein Mann ist so tolerant und wird meine Entscheidung gutheißen." Doch Babaji schüttelte den Kopf: "No, no - old man or me!"[25] Ein Inder musste dann seine Worte für mich übersetzen: "Entweder gehst du jetzt in die Schweiz zurück, oder dein Mann zieht zu einer anderen Frau!" Lachend glaubte ich Babaji nicht. Er wollte mich sicher nur in meiner Treue prüfen. Auf alle Fälle wollte ich bleiben. So erhielt ich meine Visa-Verlängerung und verlor meinen Mann. Er war genau zu diesem Zeitpunkt zu einer anderen Frau gezogen.

Wenn ich mit den Augen der Erinnerung hier in Zürich aus dem Fenster schaue, so bekommen die Bäume, die Sträucher, der Himmel eine andere Bedeutung. Im Moment erinnert mich nur alles an Haidakhan, diesem himmlischen Ort auf Erden... es ist, als ob die Materie hier dichter wäre; ich vermisse das Singen, Schwingen und Klirren in der Luft. In Haidakhan sind alle Existenzformen sicht- und hörbar beteiligt an der unmittelbar göttlichen Erfahrung. Hier ist vieles betäubt und schläft. Um wie viel einfacher ist es, in Haidakhan Babaji auch jetzt noch nahe zu sein. Seit Babajis Mahasamadhi im Februar 1984 war ich nicht mehr dort. Ich gehöre zu den "ganz Alten" und scheue "die Neuen", das Neue! Irrational, aber wahr. Und sogleich meldet sich als Antwort ein Bild aus der Erinnerung: Babaji hat mir ein Bild gemalt - anders als die üblichen Landschaftsbilder. In der Mitte ein großes, leuchtendes Stück Gelb, vollgeschrieben mit Om namah Shivay. Eingepackt ist das Gelb mit vielen braunen Flecken, die wiederum umgeben sind mit vielen, schweren braunen Linien. Babaji hatte ganz lang, ganz still immer wieder an diesem kleinen Bildchen gemalt, mich immer wieder darauf hingewiesen, dass er es mir geben würde. Als ich es dann erhielt wurde ich ganz traurig. Es

---

[24] Und dein alter Mann?
[25] Nein, nein, der alte Mann oder ich

schien mir wie eine Lebensprognose mit einer schweren Last. Jetzt gerade ist mir, als trage ich die Last dieser verdunkelten Materie vor meinem Fenster in Zürich. Natur, die physisch noch lebt, aber nichts mehr zu strahlen hat. Und da schließt sich auch der Kreis mit meinem Interesse am indianischen Wissen.

Ich habe mir diesen Frühling jenen Strauch ins Gärtchen gepflanzt, der in der Umgebung von Haidakhan wie Unkraut wuchert, mit kleinen gelben, orangen Blüten... Lantanen heißen sie hier. Haidakhan, immer wieder Haidakhan. Wenn es mir in all den Jahren seelisch nicht gut ging, stellte ich mich in der Phantasie wieder auf die große Terrasse, hörte den Gautama Ganga rauschen, atmete die Luft tief ein, roch die Düfte, grüßte den Siddheshwar, meinen Lieblingsberg... Solche Schätze kann ich niemals im Leben wieder verlieren! Und da soll man nicht zutiefst dankbar sein und gleichzeitig beunruhigt, ob man sich dieser Schätze tagtäglich noch würdig ist?

Einmal bin ich in meiner Einfalt beim Wasserholen während der Monsunzeit auf eine Giftschlange getreten. In meiner Unachtsamkeit verwechselte ich sie mit einem Stück Holz. Sie pfiff vor Schmerz, bäumte sich auf, ich entschuldigte mich verdattert und sie verschwand. Ich erlebte viele solcher kleinen Begebenheiten des Schutzes.

Die Monsunzeiten waren sowieso jedes Jahr besonders. Die Wege wurden unpassierbar, keine Inder kamen in den Ashram zu Besuch, westliche Schüler nur sehr wenige. Ich glaube kaum, dass man mit einem anderen Meister so nah und familiär zusammenleben kann wie Babaji es uns ermöglichte. Eines Morgens brachen wir, Babaji, ein paar alte Inder aus dem Dorf, einige Westler, auf in Richtung Siddheshwar, zu einem Spaziergang wie es hieß. Ohne Gepäck, ohne Nahrung, barfuss oder nur Plastikschlappen an den Füssen. Dafür hatten die Inder Milch, Honig und weitere Opfergaben mit für die offene Tempelstelle auf dem Berg. In der Schweiz trifft man ja immer ein Restaurant auf der Bergspitze... Wir erreichten den Gipfel in der größten Hitze, entfachten ein heiliges Feuer, brachten die Opferung dar - dann wurde geschwatzt, gescherzt. Babaji war ganz in seinem Element mit diesen alten Indern, für die er immer wieder sehr viel Liebe zeigte. Uns aus dem Westen schien er vergessen zu haben. Je tiefer die Sonne sank, um so mehr wunderte es mich, dass Babaji keine Anstalten machte, aufzubrechen. Langsam regte sich in mir eine Hoffnung, dass wir dableiben könnten; es war ein alter Wunsch, einmal auf dem Siddheswar zu übernachten. Bei Dunkelheit gab Babaji uns den Auftrag, alles Holz aus der Umgebung einzusammeln. Die Inder saßen lachend um das große warme Feuer, der Reserveholzhaufen daneben wuchs, solange wir überhaupt noch Umrisse erkennen konnten. Langsam legte sich einer nach dem anderen beim Feuer nieder und schlief ein. Auch Babaji. Da ich mich schon vorher nicht an der Unterhaltung hatte beteiligen können, fing ich an, mit den Elementen, den Tieren zu kommunizieren - so als ob das die selbstverständlichste Sache der Welt sei. Ich war so glücklich und nicht ein bisschen müde. Auch bemerkte ich, dass das Feuer wohl bald niederbrennen würde und dann alle sehr zu frieren hätten. So hütete ich das Feuer und legte immer wieder Holz nach. Das war die schönste Nacht meines Lebens. Gegen Morgen setzte sich Babaji einmal kurz auf. Ich sagte ihm, dass das Holz jetzt "hogia hai"[26], also aufgebraucht sei. Er drehte sich friedlich um und schlief noch einmal ein. So gönnte ich mir auch noch etwa zwei Stunden Schlaf, dann standen wir alle auf und machten uns auf den Rückweg. Babaji beschenkte mich oft auf diese Weise indirekt, wenn ich nichts Bestimmtes von ihm erwartete.

Und die ständige Wachheit, die er forderte! Sein Ashram wäre kein Touristenlager, sagte er. Und sein niederschmetterndes "You go"[27], das ständig wie ein Damoklesschwert in der Luft hing und jederzeit jeden treffen konnte. Ich kam zwei oder drei Mal in den "Genuss", ohne jedoch wirklich abreisen zu müssen. Einmal hatte gerade das Shivratri-Fest angefangen, viele Besucher waren eingetroffen, der Ashram schien ein Bienenstock zu sein - so ganz unüblich. Am frühen Morgen musste ein Inder mit einer Uhr vor der Kirtanhalle stehen und jede Person aufschreiben, die erst nach sieben Uhr zur Andacht erschien. Eine riesenlange Liste wurde vor Babaji nach dem Arti heruntergelesen, und er donnerte, dass alle Verspäteten sofort abzureisen hätten. Er verlangte äußerste Disziplin. Mein Name stand auch auf der Liste. Ich prüfte innerlich den morgendlichen Ablauf für mich. Weil ich aber keine Uhr trug, konnte ich nicht die genaue Zeit meiner Ankunft beim Tempel bestimmen, ich war mir aber bewusst, keine Zeit vertrödelt zu haben, und dass ich äußerst diszipliniert den morgendlichen Riten gefolgt war. Innerlich wurde ich ärgerlich, ich hatte mich nämlich sehr auf Shivratri gefreut und wollte in Ruhe dieses schöne Fest zelebrieren. "Das ist mir gerade recht, hinausgeworfen zu werden", dachte ich, "dann gehe ich eben in die Berge und ziehe mich in Stille vor diesem Affentheater zurück." Ich war ganz zufrieden mit meinen weiteren Plänen, die fieberhaft in meinem Kopf entstanden. Noch mitten im Pläneschmieden drehte sich Babaji zu mir mit den Worten um: "You stay."[28] (Du bleibst!) So blieb ich mit nur wenigen anderen im Ashram, und die Feier wurde zu einer tiefen, meditativen Erfahrung.

Immer lebendiger entsteht beim Schreiben jene reiche Zeit vor meinen Augen, es kann gar nicht alles auf Papier gebracht werden. Kein noch so kleines Detail, das haften blieb, was nicht irgendwie mein Leben beeinflusst hätte. Es war mir immer so, als ob bei Babaji die zeitlichen Zwischenräume herausge-

---

[26] aufgebraucht sein
[27] Geh heim
[28] Du kannst bleiben

nommen wurden; es gab weder Leerläufe noch Verschnaufpausen. Im normalen Alltag ist diese Erfahrung leider verwässert. Wo darf ausgesprochen werden, was problematisch ist, ohne gleich die spirituellen Standardantworten zu bekommen, deren Gültigkeit zwar unbestritten, die aber nicht unbedingt weiterhelfen. Besteht nicht die Tendenz, immer nur das Gute, Schöne und Edle auszutauschen? Wo ich mir meine Stolperstellen eingestehe und zugestehe, erlebe ich immer wieder einen befreienden Humor. Eine weitere Kostbarkeit, ein unentbehrliches Rüstzeug im Leben, das ich mir in Haidakhan erworben habe. Es gibt einen Teil in mir, der kann nichts an gängiger Problematik mehr richtig ernst nehmen. Ich lache seit 1977 sehr viel. Dadurch kann ich Abstand herstellen, zu vielem innerlich Zeuge sein und die buddhistische Achtsamkeit üben. Tagtäglich. Gratis. Es ist schwer, diese Intensität ohne Babajis physische Präsenz und ohne sein unmittelbares Kraftfeld zu erleben.

A propos Achtsamkeit: Babajis Aktionen illustrieren beispielhaft diese Übungen. In einer ruhigen Phase in Haidakhan - alles ging seinen gewohnten Gang, viele Gäste hatten sich richtig häuslich niedergelassen - schrien aufgeregte Stimmen durch den Ashram, wir hätten in zehn Minuten unten am Fluss zu sein mit all unserem Gepäck. Welch Chaos! Das persönliche Hab und Gut wurde zusammengerafft, in den Rucksack gestopft - keuchend kam ich innerhalb der gesetzten Zeit am Fluss unten an und wartete und wartete. Langsam kamen auch all die anderen hinzu, aber nichts passierte. Babaji tauchte gar nicht auf, und es gab keine Abreise. Es war nur mal eine Feuerwehrübung... Oder die bekannte Szene, wenn Babaji Süßigkeiten oder Früchte geschenkt wurden: wir warteten insgeheim auf die Verteilung - die Verpflegung war ja immer eher spärlich und karg, Abwechselung war deshalb immer willkommen. Babaji verteilt an alle, nur eine Person lässt er "zufällig" aus, vergisst sie einfach! Vielen wurde diese Lehre zuteil. Und immer konnte man innerlich sehr gut beobachten, was alles in so einem Moment abläuft. Wie man sich innerlich wehrt, abstrampelt und sich der schlechten Gedanken und Gefühle schämt. Aber man kann sie nicht einfach unter den Tisch kehren, sie sind da und wollen beachtet und erkannt werden. "Ihr seid alle wie weiße Bettlaken mit ein paar Flecken darauf" hatte Babaji einmal gesagt. Und wegen der Flecken seien wir bei ihm. Das weiße Laken wäre überhaupt die Voraussetzung, um nach Haidakhan gerufen zu werden. Wie tröstlich.

Andere Male ließ er mich schuften bis zum Umfallen und andere durften bei ihm sitzen. Oder er überhäufte mich vor anderen mit Liebenswürdigkeiten und Geschenken, was nicht weniger leicht zu bewältigen war. Von Babaji kann ich sagen: er kennt mich besser, als ich mich selber kenne. Kein noch so unbewusster Gedanke konnte versteckt werden. In der Baracke neben der Küche lebte lange ein junger, schweigender Sadhu (Mönch). Voller Sehnsucht nach eben solch einem Leben hielt ich mich oft in der Nähe der Baracke auf, wenn nachmittags alle ruhten. Babaji ließ mir - obwohl er mich dort nie gesehen hatte - ausrichten, ich solle dort nicht herumhängen, das wäre nicht gut für mich. Wie recht er hatte. Noch heute kämpfe ich symbolisch mit dieser Baracke und dem Sadhuleben![29]

Während meines Aufenthaltes 1978 in Haidakhan erhielt ich von einer indischen Lehrerin Hindi-Unterricht. Oft fragte mich Babaji nach dem Schreibheft, korrigierte liebevoll einzelne Buchstaben - eine dieser unzähligen kleinen Gesten, mit denen er wortlos Kindheitsmankos heilte... Mein Vater hatte nie Anteil an meinen Schularbeiten genommen. Dann wieder übte er mit mir Vokabeln, bei deren späteren Aufsagen die Lehrerin lachend die Hände über den Kopf schlug: "Alles falsch, eine Mischung aus Hindi, Nepalesi und Bergdialekt." Obwohl Babaji vorgab, weder englisch noch eine andere Sprache sprechen zu können, noch lese- und schreibkundig zu sein, konnte es vorkommen, dass er perfekt deutsch sprach, wenn wir alleine waren und er etwas Wichtiges mitzuteilen hatte. Oder er tippte auf ausgewählte Sätze in Büchern und Zeitungen.

Am Anfang "telephonierte" ich immer innerlich mit ihm, auch über banale Ashraminformationen - die äußere Kommunikation war so unbefriedigend und auch respektvoll schüchtern. Bald aber stimmte die innere und äußere Information nicht mehr überein. Ich erhielt innerlich "falsche" Antworten und war dadurch gezwungen, ihn ganz konkret anzusprechen. Mit seiner physischen Realität umgehen zu können, war auch ein Lernschritt für mich. Ohne Ausnahme befolgte ich vorbehaltlos und voller Vertrauen seine Anweisungen... ich, die ich immer rebellierte, keine Autoritäten anerkannte! Widerstand oder Auflehnung gegen ihn war mir fremd bis zu jenem Tag, als er mich zu absurdem Verhalten zwingen wollte. Ich verweigerte dieses Tun und ging ihm aus dem Weg. Er konfrontierte mich vor vielen Schülern: "You no obey?"[30] schnauzte er mich wütend an. Ich stand kerzengerade vor ihm und sagte: "No". Keiner der Anwesenden wusste, um was es ging. Da schlug er mich, und nochmals und noch einmal. Er ohrfeigte mich so hart, dass mir schlecht wurde - und ich blieb bei meinem Nein. Er hätte mich umbringen können, so entschlossen war ich. Dann lief er fort, die Gruppe hinterher, und ich ging ins Haus, legte mich hin und erschien erstmals auch nicht zum Nachmittagskirtan (kirtan, Singen). Ich hatte rasende Kopfschmerzen und konnte mich kaum rühren. Er ließ mich zweimal rufen, beim dritten Mal schleppte ich mich zu ihm hin, machte Pranam (Verneigung) und setzte mich vor ihn. "Bist du wütend auf mich?" fragte er besorgt. Diese Frage konnte ich ganz ehrlich mit "Nein" beantworten, aber ich beharrte auf meiner Meinung. Erst jetzt bemerkte ich das Leuchten in seinen unendlich tiefen Augen. Er

---

[29] Leben eines Mönches
[30] Bist du ungehorsam?

nickte langsam und versprach mir, dass ich nun das erhalten werde, worum ich ihn innerlich bat. Er legte mir Schweigen auf, Fasten und entsprechende spirituelle Übungen. Dieses ihm gegenüber Neinsagen-Müssen war mein schwerster Schritt, und es war so bitter nötig, dass ich in den achtziger Jahren Nein-Sagen konnte. Mein naives blindes Vertrauen hätte mich manches Mal in die falsche Richtung geschickt.

Babaji schlug mich noch ein anderes Mal. Es war am Ende der ersten sechs Monate in Haidakhan. Mein Flug war schon reserviert, als er eine Woche vorher den Ashram wieder einmal leerte. Ich war bei denen, die Hinausgeworfen wurden, weil ich mir am Abend auf der Terrasse den Mond betrachtete, anstatt in der Kirtanhalle zu sitzen. Aber ich hatte mich ja schon an die vordergründig unmöglichen Argumente gewöhnt und lachte nur herzlich. Die Abreise stand ja sowieso bevor, nur wollte ich die verbleibenden Tage nicht im hektischen Delhi verbringen, sondern mich still in dieser Zeit auf die Heimreise vorbereiten. Ich kannte eine Höhle flussaufwärts. Dahin marschierte ich, anstatt mit den anderen Reisenden und deren Führer durch den Dschungel zu gehen. Glücklich richtete ich mich ein, sammelte Holz für den Abend - da kam eine Inderin aus dem Ashram angekeucht, wild gestikulierend. Ich müsse zum Ashram zurückkehren. Verwundert nahm ich meinen Rucksack, wanderte den Weg zurück und sah Babaji schon von weitem vor dem Ashram beim Tea shop stehen. Bevor ich wusste, wie mir geschah, hatte er mich mitten auf die Stirn geschlagen. Er schimpfte - verständlich in seinem Wortschwall nur für die Einheimischen. Dabei schlug er mich mehrmals. Warum ich trotzdem lachte, konnte wohl keiner der Anwesenden erraten: ich spürte ein Prickeln, sah ein weißes Licht auf der Stirn - das dritte Augen hatte sich geöffnet - aber auf eine recht unspirituelle Weise. Ich strahlte ihn an, sah die Sterne funkeln, war völlig ekstatisch statt niedergeschlagen. Aber die Show ging weiter. Babaji ließ die Hindi-Lehrerin zur Übersetzung kommen. Mit vielen Vorwürfen bombardierte er mich, warum ich nicht auf dem Weg nach Delhi sei, wie er mich geheißen, was ich in dieser Höhle wollte, wo doch im Dschungel viele wilde Tiere lebten. Ich widersprach lachend, dass er mich nur geheißen hätte zu gehen, aber nicht wohin, dass ich lieber die letzen Tage in Meditation verbracht hätte als in Delhi. Und dass er mich ein Mantra lehrte, das angeblich vor allem Bösen schütze, warum sollte ich also Angst haben in der Höhle? Nun sei ich allerdings bereit, nach Delhi zu gehen. Ich dankte ihm für den Aufenthalt in Haidakhan und wollte mich auf den Weg machen. Nun erhoben ihrerseits die Einheimischen Einspruch, ich könne nicht alleine durch den Dschungel ziehen, es sei zu gefährlich und man wolle beratschlagen, was mit mir zu machen sei. Babaji war inzwischen zurückgegangen, und ich sah noch immer die Sterne funkeln und lachte vor mich hin. Also wurde beschlossen, dass ich wohl oder übel dableiben solle, bis Babaji weitere Anweisungen gab.

So machte ich mich nützlich im Garten, doch nach kurzer Zeit kam ein Inder angerannt, ich solle sofort in den Teashop[31] kommen... Bei meiner Ankunft saß Babaji allein im Tea shop und lächelte: "You see stars?"[32] Ich musste mich neben ihn setzen und er vergewisserte sich, dass mir die Stirne nicht weh tat und schenkte mir immer wieder Milch ein. Ich durfte dann bis einen Tag vor meinem Abflug in Haidakhan bleiben.

Einer seiner häufigsten Kommentare war "hopeless Lady"[33]. Diese Worte vermittelten mir immer das Gefühl einer gewissen Narrenfreiheit und waren gar nicht unangenehm. Etwas, was ich bis heute noch nicht verstehe, ist die Tatsache, dass ich alle seine mir lieben und persönlichen Geschenke später irgendwann verloren habe. Dies macht mich heute noch traurig, alle samt sind sie ein unersetzbarer Verlust: das alte tibetanische Armband, einen braun gesprenkelten Halbedelstein in Silber gefasst. Auf der Rückseite war eingraviert: 21. 4. 77 MAD! Dies war mein erstes Ankunftsdatum in Haidakhan und MAD verstand ich nicht im Sinne von Initialen, sondern als englisches Wort für "ver-rückt", einen großen zweiteiligen Shiva-Rudras, von dem Shastriji mir sagen musste, dass er etwas ganz Besonderes sei und der Besitzerin jeden Wunsch erfüllen würde. Sie alle liebte ich und verlor sie. Geblieben sind weitere, für mich nicht so bedeutsame Sachen. Warum wohl? Dieses Rätsel und noch viele andere müssen noch entschlüsselt werden...

---

[31] Teeladen
[32] Du siehst Sterne?
[33] Hoffnungsloser Fall/Dame

Spiel des Schicksals

Kharku Anand, Amerika

Als Babaji in der Öffentlichkeit erschien, war ich sechzehn Jahre alt. Zu der Zeit lebte ich in Kalifornien bei meinen Eltern. Einige meiner Freunde waren älter und mussten in den Vietnam Krieg einrücken. Um sie zu verabschieden, feierten wir eine Party im Wald. Die Feier hatte gerade begonnen. Ich stand etwas abseits als ein alter Mann mit langem weißen Haar und fließendem Bart durch die Menschen schritt und auf mich zukam. Neckend rief ich: "Da kommt der Nikolaus!", denn neben seiner eigentümlichen Erscheinung trug er indische Gewänder. Als er neben mir stand dachte ich, der Mann sei nicht ganz richtig im Kopf, war er doch unter all den Anwesenden zielstrebig auf mich zugekommen. Da ich ihn weiter neckte, packte er mich an der Hand und zog mich tiefer in den Wald. Wir setzten uns, und er erzählte mir von Indien, von meinen vergangenen Leben und von meinen Verfehlungen und sagte, mein Guru würde mich in Indien erwarten. Die Ausstrahlung dieses Fremden war so gewaltig, dass ich ihm die ganze Nacht zuhörte. Damals wusste ich nicht genau, was ein Guru war und überhaupt interessierte mich nur die Luftwaffe. Dort wollte ich hin.

Der Mann schien ein Inder zu sein, aber ich war mir nicht sicher, denn im Schmelztiegel Amerikas kann jeder von überall her stammen. Er trug keine Schuhe, aber eine weiße Kurta[34], und wenn immer er zu mir sprach, sah ich Bilder, ein ganzer Film lief vor meinen Augen ab.

In diesen Tagen war ein Komet am dunklen Himmel entlang gezogen, und betrachtete man den Kometen und seinen Schweif, so hatte man den Eindruck, als scheine ein helles Licht durch ein großes Loch am finsteren Himmelszelt. Ähnlich rissen die Worte des alten Mannes ein Loch in mein Bewusstsein, durch das ein heller Strahl seinen Weg bahnte. Intuitiv wusste ich um die Richtigkeit des Gesagten, es stimmte, dass ich mein Zuhause verlassen und reisen musste. Mein Zuhause sei Indien, sagte er, und er würde mich zum richtigen Zeitpunkt dorthin rufen. Bei Sonnenaufgang verließ mich der Fremde. Meine Freunde schliefen noch, als ich mich auf den Weg nach Hause machte. Ich war wie hypnotisiert. Meine Eltern, besonders mein Vater, waren wütend auf mich, als ich ihnen von der Begegnung erzählte und dachten, ich hätte den Verstand verloren.

Am selben Tag verließ ich meine Eltern und meine Aushilfsstellung. Erst vor kurzem war ich aus der Schule gekommen und hatte einen Job bis zu Beginn

---

[34] langes Hemd

des College angenommen. Nun ließ ich alles hinter mir... und es dauerte acht Jahre, bis ich meine Eltern wiedersah. Die Erfahrung, die mir dieser Fremde vermittelt hatte, war so stark, dass ich meinen spirituellen Weg begann.

1976 lebte ich in Deutschland mit meiner Familie und es war dort, dass ich von Babaji hörte. Eines Tages besuchte mich ein Freund aus England. Er sprach über Babaji und zeigte mir ein Foto von ihm. Als ich das Foto betrachtete, trennte sich spontan mein Astralkörper von meinem Leib und ich fand mich an der Zimmerdecke hängend wieder. Ich sah meinen leblosen physischen Körper, meinen weinenden Sohn und wie meine Gefährtin mir ins Gesicht schlug, um mich aufzuwecken. "Nein, nein, es ist schon in Ordnung, es ist ja gut", hörte ich sie sagen, während sie meine Beine rieben. Mein Freund fügte noch hinzu, er würde mir ein Flugbillett nach Indien kaufen, wenn ich wirklich dorthin wollte. Furcht überkam mich in meiner ungewohnten Situation, ich verstand nichts mehr, aber ich hing tatsächlich unter der Zimmerdecke! Als ich nach einigen Minuten wieder zu mir kam, entschloss ich mich, sofort nach Indien zu reisen. Aber erst einmal musste ich mit mir alleine sein: "Ich geh jetzt in mein Zimmer," sagte ich zu meiner verdutzten Familie und zog mich zurück. Die ganze Nacht lag ich wach auf meinem Bett. Ich konnte nicht schlafen, die gemachte Erfahrung und die Gespräche über Babaji beschäftigten mich. Alles war eigenartig! Mein Freund hatte mir noch nie ein Foto gezeigt, auch kannte ich diesen Babaji nicht. Ich wollte nur diesen alten Mann wiederfinden. Ja, ich wollte nach Indien.

Ich benötigte etwa zwei Monate, um meine persönlichen Dinge zu ordnen und das Reisegeld für meine Familie zusammenzubekommen.

Dann flog ich direkt nach Delhi und suchte sofort die mir gegebene Kontaktadresse auf. Bei Mahantiji standen überall Fotos von Babaji herum und viele Menschen, die ihn verehrten, kamen und sangen Lieder. Den ganzen Nachmittag blieb ich dort und nahm dann den Nachtbus nach Haldwani, um gegen sechs Uhr in der Früh dort anzukommen. Die Leute aus Delhi hatten mich zu Muniraji[35] geschickt, der mich auch empfing, mir ein Glas Milch gab und mich dann für einige Stunden schlafen schickte. Später besorgte er mir einen Jeep. An der Dam-Site, am Ende der Straße, angekommen, sagte der Fahrer als ich ausstieg: "Geh immer gerade aus, und du wirst Babaji finden." Nach einem langen Marsch und vielen Flussbettüberquerungen erreichte ich völlig erschöpft den Ashram. Ein Freund von mir war im Flusstal, und als er mich sah, kam er auf mich zu und wir unterhielten uns eine Weile. Ich war vollkommen ausgelaugt, wollte schlafen und mir war nicht danach zumute, Babaji in diesem Zustande zu begegnen. Aber Ed, mein Freund, ergriff meine Hand, zog mich durch das Flusstal und die Treppen hinauf, wo Babaji sich

---

[35] Meister, dem Babaji seine Schüler und die Leitung seiner Ashrams übertrug

mit zwei Inderinnen unterhielt. Er war in dunkelroter Seide gekleidet und sah wunderschön aus. Die Sonne schien auf ihn und als ich ihn dort stehen sah, flippte ich aus. Ich musste weinen. Dann rannte ich auf ihn zu, ergriff seine Hände, schüttelte sie, so wie ich deine schütteln würde und sprudelte hervor: "Ich bin so glücklich, Dir endlich zu begegnen, Babaji!" Er entgegnete: "Fein, ich hatte Dich zwar angewiesen zu reisen, aber nicht für so lange Zeit!" Bei diesen Worten schlug er mir leicht ins Gesicht...

Sieben Jahre war ich gereist! Ich war nun dreiundzwanzig Jahre alt, als ich 1977 in Haidakhan ankam. Babajis leichter Schlag ließ mich den alten Mann erinnern, und zum ersten Mal zog ich eine Verbindung zwischen ihm und Babaji. "Executive Quarters," fuhr er fort zu sagen und "Mundan". Ich sollte also in der Höhle auf der Tempelseite schlafen. Damals gab es noch keinen Ashram und keine Unterbringungsmöglichkeiten, es gab nur den Tempel, eine kleine Kirtanhalle[36] und die Höhle. Auch waren noch keine Ausländer dort, nur zwei oder drei waren vor mir da gewesen, und so ging ich zur anderen Seite des Flusstales, nachdem Babaji mich noch angewiesen hatte, mir die Haare zu scheren.

Am frühen Abend, nachdem ich geschlafen hatte, ließ Babaji mir sagen, ich solle zum Arti in die Tempelhalle kommen. Sobald ich meinen Fuß in die Halle gesetzt hatte, blieb ich wie angewurzelt vor einem Gemälde stehen, das neben Babajis Asan[37] hing. Es zeigte genau den alten Mann, der mir vor Jahren im kalifornischen Wald begegnet war. Er hieß Mahendra Maharaj, und es stellte sich heraus, dass er damals bereits ein Jahr tot gewesen war. Überwältigt und ungläubig erzählte ich Babaji von diesem Erlebnis, worauf er mir die Hand mit den Worten: "Ja, ja" aufs Haupt legte. Später erklärte er mir noch, dass Shri Muniraji, ebenfalls ein Avatar[38] sei und mein Meister. "Muniraji ist immer Dein Meister gewesen und Du hast viele Leben mit ihm verbracht. Er ist es, der Dich gerufen hat. Er hat Dich mir anvertraut, doch ich gebe Dich in seine Obhut zurück." Seitdem war ich immer bei Muniraji.

Eines Tages saß Babaji mit sechs oder acht Schülern von Mahendra Maharaj vor seinem Raum, die alle über diesen Heiligen zu Babaji gekommen waren. In den sechs Jahren meiner Anwesenheit in Haidakhan, hatten wir nie wieder über Mahendra Maharaj gesprochen. Nun rief mich Babaji und forderte mich auf, meine Geschichte zu erzählen. Während ich mein Erlebnis schilderte, lachten alle Inder und sagten, ich sei verrückt, so etwas gäbe es nicht. Mahendra Maharaj war tot, er sprach kein Englisch und hatte Indien nie verlas-

---

[36] Halle für Andachten und zum Singen religiöser Lieder
[37] erhöhter Sitz
[38] Jemand der freiwillig und nicht gezwungenermaßen diese Inkarnation auf sich genommen hat

sen. "Deine Geschichte ist erfunden", sagten sie. Ich blickte Babaji hilfesuchend an, doch er lachte nur. Mir war die Lust zum Lachen vergangen und ich glaubte, sterben zu müssen. Oder hatte ich doch phantasiert?... Als ich nachsinnend da saß, wandte sich Babaji mit den Worten zu mir: "Komme Morgen zum Chandan!"

Am nächsten Morgen erhob ich mich früh und ging um 3 Uhr 15 hinunter zum Fluss, um mein Bad zu nehmen. Unten am Flussufer angekommen, bemerkte ich ein Licht im Fluss. "Da hat jemand seine Taschenlampe verloren", dachte ich und stieg ins Wasser, um die Lampe zu holen. Als ich mich nach dem Lichtschein bückte, fischte ich anstatt einer Lampe einen kleinen Anhänger aus den Fluten. Und das mitten im Dunkeln um drei Uhr nachts! Zurück an meinem Platz betrachtete ich meinen Fund im Schein einer Taschenlampe: Mahendra Maharaj und Babaji waren zusammen auf dem Anhänger abgebildet, was aber unmöglich sein konnte, denn Mahendra Maharaj war vor Babajis Erscheinen verstorben! Überrascht nahm ich schnell mein Bad und rannte dann schnurstracks die Treppen hinauf zu Babajis Raum. Er öffnete gerade seine Tür, um Chandan zu geben, als ich auch schon mit dem Anhänger in der Hand zu ihm hinstürzte. Ich machte Pranam und hielt ihm meinen Fund entgegen, worauf er sagte: "Gib mir nicht zurück, was ich Dir geschenkt habe!"... Das war die Antwort für mich. Er gab sie mir am Morgen nach der Unterhaltung mit den Indern allein und nicht vor all den anderen.

Als ich 1984 das erste Mal nach Amerika fuhr und meine Schwester besuchte, trug ich den Anhänger um den Hals. Als sie ihn bemerkte, sagte sie: "Oh je, erinnerst Du Dich noch an den alten Mann, der wie der Nikolaus aussah?"

Niemals werde ich vergessen können, was Babaji mir gegeben hat. Ohne sein Eingreifen wäre mein Leben ganz anders verlaufen. Wie so viele andere hätte ich nach der Erfüllung meiner egoistischen Wünsche gestrebt. Ein spirituelles Leben hätte ich mir zwar vorstellen können, mich aber sicher nicht aus dem Netz der materiellen Verstrickungen befreien können. Shri Babaji hat mich gelehrt, wahrhaftig zu leben und zu handeln und keine Kritik an anderen zu üben. Vertrauen in Gott soll an erster Stelle stehen, so sagte er, Menschlichkeit vor Egoismus und Pflicht vor Wünschen. Wirkliche Freude und wahres Glück können nur im selbstlosen Dienen gefunden werden, und Verantwortung ohne Hingabe ist bar jeder Liebe. Babaji warnte vor dem langen Weg, auf dem es keine schnellen Erfolge gibt. Aber mit Vertrauen, durch Disziplin und mit Geduld wird letzten Endes das Ziel erreicht.

Ein Ghanese trifft Babaji

W.W.K Vanderpuye, Afrika

Swami Akhandananda, wie Shri Babaji ihn nannte, ist Ghanese und war am Beginn seiner Berufslaufbahn Erdkundelehrer in Ghana. Nach der Unabhängigkeit Ghanas benötigte die Regierung für Staatsdienste ausgebildete Menschen, und so wurde Swami Akhandananda in den diplomatischen Außendienst berufen. Zuerst wurde er nach London gesandt. Während er seiner diplomatischen Tätigkeit nachging, studierte er Rechtswissenschaften. Dieses gab ihm die Berechtigung, offiziell als Vertreter Ghanas zu wirken. So war er überall auf der Welt tätig, u. a. in New York. Schließlich kam er 1971 als zweiter Mann[39] an die Botschaft nach Indien. Dort traf er Babaji. Nach Beendigung seiner Tätigkeit in Indien wurde er Botschafter von Pakistan.

Eine Reihe glücklicher Umstände führte mich im Januar 1971 nach Indien und im Juli desselben Jahres zu den Füßen meines Gurudev[40], Babaji.

Zu diesen glücklichen Umständen zählte ein Posten im diplomatischen Außendienst in Indien. Er fiel gerade in die Zeit meines Lebens, wo der brennende Wunsch, einem spirituellen Meister in Indien zu begegnen, in mir erwachte. Ich fühlte eine tiefe Unzufriedenheit mit den aus Büchern entnommenen Meditationstechniken und den sogenannten "spirituellen Vereinigungen", die ich von Zeit zu Zeit aufgesucht hatte.

Kaum war ich drei Monate in Indien, als ein Herr mich in meinem Büro aufsuchte, sich vorstellte und mir versprach, mir uralte heilige Orte in der Nähe von Delhi zu zeigen, und mich zu einigen bekannten Heiligen zu führen. Dieser Herr wurde mein Reiseleiter für die Zeit meines Aufenthaltes in Indien. Durch ihn machte ich Bekanntschaft mit verschiedenen spirituellen Zentren, mit Heiligen und Sadhus. Unter ihnen waren Anandamayi Ma und Neem Karoli Baba. Beide gaben mir ihren Segen, der es mir ermöglichte, meinen richtigen Meister, Babaji, am Gurupurnima Tag im Juli 1971 zu begegnen.

Am Gurupurnimafest, welches am Vollmondtag im Juli gefeiert wird, ist es in Indien üblich, seinem Meister mit großem Jubel und freudiger Musik seine Ehrerbietung zu erweisen. Mein Freund lud mich nun an diesem Tag im Juli 1971 nach Vrindaban ein, um verschiedene Meister, Sadhus und ihre Schüler kennen zu lernen. Es war hier, dass ich Neem Karoli Baba, den Guru von

---

[39] Deputy High Commissioner
[40] gottgleicher Meister

Ram Dass von der Hanuman Foundation kennen lernte. Mir schien er voller Glückseligkeit zu sein. Etwa zwei Stunden verbrachten wir bei ihm. Er zollte mir beachtliche Aufmerksamkeit und überreichte mir neben seinen Segnungen unter anderem Blumengirlanden und Süßigkeiten. Nachdem wir Neem Karoli Babas Ashram verlassen hatten, erwähnte mein Freund einen jung aussehenden Heiligen, der dafür bekannt war, unsterblich zu sein, und der gerade wieder eine Inkarnation angenommen hatte. Mein Gehirncomputer schaltete sich sofort ein und auf dem Bildschirm erschien der Name Babajis, denn ich hatte die "Autographie eines Yogi" gelesen. Sofort wurde ich von dem intensiven Wunsch angefeuert, ihm zu begegnen. Diese nicht erwartete Gelegenheit sollte der Wendepunkt meiner spirituellen Entwicklung sein.

Als ich das kleine Anwesen von Babajis Ashram in Vrindaban betrat, bemerkte ich einen jung aussehenden Sadhu von 20 bis 22 Jahren. Er hatte fein geschnittene Züge und ein stilles Gesicht, das aufmerksam in meine Richtung spähte. Der junge Sadhu, der sich später als Babaji erwies, sprang von seinem Sitz auf und kam mir halbwegs entgegen. Dabei starrte er intensiv in meine Augen.

Ich war wie vom Blitz getroffen und verstand nicht sogleich die Bedeutung dieser Geste. Nachher wurde mir klar, dass sie ein Zeichen des Wiedererkennens und des Willkommens gewesen war. Babaji hatte diese Seele, - nun in einem afrikanischen Körper wohnend -, die in früheren Inkarnationen seinen Darshan in Almora Indien erhalten hatte, erkannt.

Babaji sagte, dass er sei gewesen sei, der mich nach Indien gerufen habe. Danach dämmerte es mir, dass Babajis Gnade die glücklichen Umstände schuf, die mich dorthin führten. Ich war daheim, endlich!

Babaji erzählte mir, dass er alle seine früheren Schüler, verstreut über der ganzen Welt, nach Indien rufen wolle, und dass bald viele Menschen zu ihm kämen. Diejenigen, die den Haidakhan Ashram[41] besuchten, sind alle Zeugen von dem Fluss der Pilger, die nach Haidakhan kamen und kommen.

Um fortzufahren in der Geschichte meiner ersten Tage mit Babaji, so bedeutete die Begegnung mit ihm für mich den Wendepunkt meines Lebens. Alles wendete sich zum besten. Ich erhielt Impulse, meine schlechten Eigenschaften zu bekämpfen, ich hörte, auf Alkohol zu trinken, Zigaretten zu rauchen, Fleisch zu essen und übermäßige Bekanntschaften zu haben, kurz um, die "Laster eines Lebemannes" änderten sich. Sie wurden ersetzt durch friedvollere, meditative Gewohnheiten und durch die Gesellschaft von Heiligen und Sadhus.

---

[41] Babajis Ashram in Indien: Haidakhan Vishwa Mahadam, P. 0. Box 26 31 26, Haldwani via Kathgodam, Uttar Pradesh

Als Ergebnis verbesserte sich meine Finanzlage und auch meine Karriere. Zudem wurde ich glücklicher und liebevoller und mein Ego nahm ab. Mir wurde außerdem ein tieferes Verständnis für das Geistige zuteil und ich hatte verschiedene spirituelle Erlebnisse. Einige möchte ich beschreiben.

Bei der ersten Gelegenheit fragte ich Babaji durch einen Übersetzer nach der Möglichkeit in diesem Leben Selbstverwirklichung zu erlangen. In jenen Tagen war Babaji immer in einem meditativen Zustand und sprach kaum. "Ja, ja" oder "Nein, nein" war alles, was er auf Fragen von Schülern antworten würde.

Ich schätzte mich wirklich glücklich, als er mir auf meine Frage sagte, ich hätte Aussichten auf spirituelles Wachstum und Selbsterkenntnis, vorausgesetzt, ich würde Vrindaban oft besuchen - er meinte damit, vorausgesetzt, ich würde ihn oft besuchen. Er fügte noch hinzu, dass ich bereits an dem Zug hinge, der zur Selbstverwirklichung führe und dass der Rest von meiner Ernsthaftigkeit abhänge.

So versäumte ich keine Gelegenheit, nach Vrindaban zu fahren so oft ich konnte. Zweimal wöchentlich und an Wochenenden legte ich die achtzig Kilometer von Delhi nach Vrindaban zurück. Durch diese Besuche wurde die Verbindung zu Babaji stärker und stärker. Es entwickelte sich eine magnetisch-telepathische Verbindung zwischen ihm und mir - er zog mich zu sich und wusste immer, wann ich mich auf den Weg zu ihm machte. Dies wurde mir von anderen Menschen in seiner Gegenwart bestätigt, die mir berichteten, dass Babaji gesagt hätte, ich sei auf dem Weg zu ihm. Meine Ernsthaftigkeit und meine Hingabe zu ihm brachten bald Früchte in Form von spirituellen und mystischen Erfahrungen.

In jenen Tagen war bekannt, dass Babaji ständig fastete, er nahm keinerlei Nahrung zu sich. Eines Tages besuchte er mit uns einen seiner sehr alten Ashrams in Madhuban, etwa 15 km von Vrindaban entfernt, wo er uns das Dhuni zeigte, das, wie er sagte, sich dort seit über 6.000 Jahren befand.

An diesem Dhuni hat er fast alle religiösen Meister, einschließlich Jesus, eingeweiht. Die Initiation erfolgte dadurch, dass Babaji das untere Ende der Wirbelsäule mit der glühenden Eisenspitze einer Chimta[42] berührte. Dadurch erweckte er die Kraft der Kundalini, die unten an der Wirbelsäule zusammengerollt liegt.

Diese Art der Einweihung wird ebenfalls in Yoganandas Buch "Autobiographie eines Yogi" erwähnt. Den Mitgliedern unserer Gruppe und mir wurde die gleiche Initiation zuteil, zuvor aber sagte er, wir sollten einen Wunsch in unserem Herzen haben. Dann berührte er den unteren Teil der Wirbelsäule

---

[42] Musikinstrument

mit dem heißen metallenen Instrument. Au, wie das schmerzte! Durch diesen Akt erkannte ich Babaji als den Meister aller Zeiten, und meine Erfahrungen mit ihm bestätigten später seinen Ausspruch: "Ich bin der Meister aller Meister!"

Es war ebenfalls bei diesem Besuch in Vrindaban, dass ich Babaji zum ersten Mal essen sah. Er hatte von einer Farm ein großes Bündel Zuckerrohr mitgebracht - es waren etwa 20 - 30 Stangen, die er kaute und kaute und er kaute immer noch, als wir längst mit unserer Portion fertig waren. Ich habe noch nie in meinem Leben jemanden gesehen, der so viel Zuckerrohr essen konnte. Ein normaler Mensch bringt nur zwei oder drei dieser langen Stücke hinunter, ohne dass er sich den Mund aufreißt, blutet oder seine Kiefer ermüden.

Nachher hörte ich, dass einige Heilige Kastenweise Coca Cola in den, was der "Kosmische Magen" zu sein scheint, kippen können. In dem Buch "Neem Karoli Baba, Miracle of Love", schildert Ram Dass, wie Neem Karoli Baba etliche LSD Tabletten schluckte, ohne dass Begleiterscheinungen auftraten, ein Mahl, das kein normaler Sterblicher überleben kann.

Bei einer anderen Gelegenheit erreichten wir den Vrindaban Ashram durch einen Zwischenfall erst sehr spät, so gegen 23 Uhr. Alle Hotels, die Dharmsalas[43] und auch der Ashram waren bereits geschlossen. Babaji jedoch trat aus seinem Raum, sobald wir den Fuß durch das Tor gesetzt hatten. Liebevoll empfing er uns und bedeutete jemanden, uns zu bewirten. Dann fragte er, ob wir irgendwo untergebracht wären. Wir antworteten ihm, dass alle Unterkünfte bereits geschlossen hätten. Babaji versenkte sich kurz und nannte uns dann den Namen eines bestimmten Hotels. Kaum waren wir bei diesem Hotel angekommen, als uns auch schon der Wächter ohne Protest das Gitter öffnete, ganz so, als hätte er uns erwartet. Er gab uns den dringend benötigten Schlafplatz. Ohne Zweifel bewirkte Babajis Gnade dieses Ereignis!

Am kommenden Abend, als fast alle Schüler den Ashram verlassen hatten, führte Babaji mich und meinen Begleiter in einen Raum, der wie ich später erfuhr, von Mahendra Baba benutzt worden war, und zeigte uns ein Album mit Bildern aus Wasser- und Ölfarben, die Babaji selbst gemalt hatte. Er schenkte mir zwei, ein Selbstportrait und ein Gemälde von Aum. Dann verabschiedete ich mich für die Nacht.... aber nicht, um zu schlafen. Im Laufe der Nacht fuhr ich fort, Träume und Visionen von Babaji zu haben. Ich sah ihn in den verschiedensten Situationen, so als schaue ich auf einen Videofilm. Ich sah Babaji in Licht, ich sah ihn, wie er all den Sadhus und Heiligen in und um Vrindaban herum Darshan gab und schließlich hatte ich die Vision eines riesigen Kristall-Leuchters mit vielen brennenden Lichtern, wobei das mittlere sehr groß war und sich dann in Babaji verwandelte. Ich versuchte,

---

[43] Schlafstätte für Pilger

die Lichter zu zählen, aber da entfernte sich der Leuchter von mir, so dass ich nicht weiterzählen konnte.

Als ich Babaji am nächsten Morgen berichtete, was ich gesehen hätte, antwortete er mir, dass ich sehr glücklich sein könne über diese Visionen, normalerweise hätte man diese nur nach einer speziellen Puja in Benares. Der Zweck dieser Vision war, so glaube ich, mir den Status von Babaji in der spirituellen Hierarchie zu enthüllen. Babaji überragte in der Tat alle - als Meister der Meister.

Ein andermal bestand Babaji darauf, dass ich an dem neuntägigen Fest für die Göttliche Mutter in Ambaji teilnahm. Ambaji liegt in dem Danta Distrikt von Gurjarat. Dort angekommen, wurde ich in einem der Zimmer des alten Maharaja Palastes einquartiert, der etwa eine halbe Stunde entfernt von Babajis Aufenthaltsort lag. Am Sonntagmorgen, ich las gerade Aurobindos "Divine Life", hörte ich ganz deutlich eine Stimme, es war mehr eine Schwingung, sagen: "Gott ist real. Er ist näher als du denkst." Da niemand um mich herum war, war ich zuerst wie elektrisiert, ja geschockt, doch dann erfüllte mich ein tiefer Frieden und ein großes Glück. "Wie aber soll ich jemanden dieses erklären, damit er versteht!" rief ich aus.

Später sagte Babaji: "Ja, Gott ist real. Er ist näher als du denkst. Wenn wir ihn auch nur für eine Minute vergessen, sind wir verloren." Verwundert es dann, dass Babaji, als er anfing zu lehren, alle immer wieder ermahnte, ständig Gottes Namen zu wiederholen, gleich ob man arbeitet, spielt, isst oder schläft... ständig vierundzwanzig Stunden am Tag aufmerksam zu sein?

Da ich wusste, dass Babaji in jenen Tagen kaum aß, und ich selbst meine Nahrung reduzierte und gelegentlich fastete, fragte ich Babaji, ob es möglich für mich wäre, gänzlich ohne Nahrung auszukommen. Er sagte, dies sei möglich, vorausgesetzt, dass man eine gewisse Zeit nur von Milch und Früchten lebt - etwa ein Jahr lang. Anschließend solle man das eine oder andere für ein weiteres Jahr fortlassen und dann auch dieses aufgeben. Anschließend könne man eine lange Zeit ohne Nahrung leben.

Alle diese Erfahrungen spielten sich in den Jahren 1971 - 1972 ab, als Babaji fast ausschließlich in Vrindaban lebte, noch bevor er nach Haidakhan zog.

Im November 1972 musste ich unerwarteterweise plötzlich nach Ghana zurückkehren. Doch dauerte der Aufenthalt dort durch Babajis Gnade nicht lange. Schon im Januar 1973 war ich wieder offiziell in Indien und konnte Babaji dann zum ersten Mal in Haidakhan besuchen.

Welche baulichen Verbesserungen hat Haidakhan seitdem erfahren! Damals stand nichts außer dem achteckigen Tempel und dem kleinen Raum von Babaji. Es gab eine Küche, aber kaum einen Platz, an dem man schlafen konnte. Die meisten von uns schliefen unter einem Zelt nahe der Küche. Babajis Energie, der all die alten Ashrams wieder aufbaute, neue errichtete wie in Chilianaula und in Vapi, ist nicht weniger spektakulär als seine spirituelle Kraft, mit der er Schüler aus der ganzen Welt zu sich rief, obwohl er Indien nicht einmal verließ, außer um nach Nepal zu gehen.

Babaji war und ist Mahaprabhuji, der große Herr, wie auch durch Zufall meine Haushälterin von einer Seherin in Ghana erfuhr. Als ich Botschafter in Pakistan war, fuhr ich einmal mit meiner Haushälterin zu Babaji nach Haidakhan. Später dann, zurück in Ghana, suchte diese Frau eine Seherin wegen eines Problems auf. Diese versetzte sich in Trance und beschrieb Haidakhan. Dann sagte sie zu der Haushälterin, sie hätte Gott in Vrindaban getroffen. Stellt euch vor, die Haushälterin hat einen Gottmenschen getroffen und bemerkte es nicht!... Wiederum bestätigt dies, was Babaji immer sagte: Er sei Mahaprabhuji, der große Herr!"

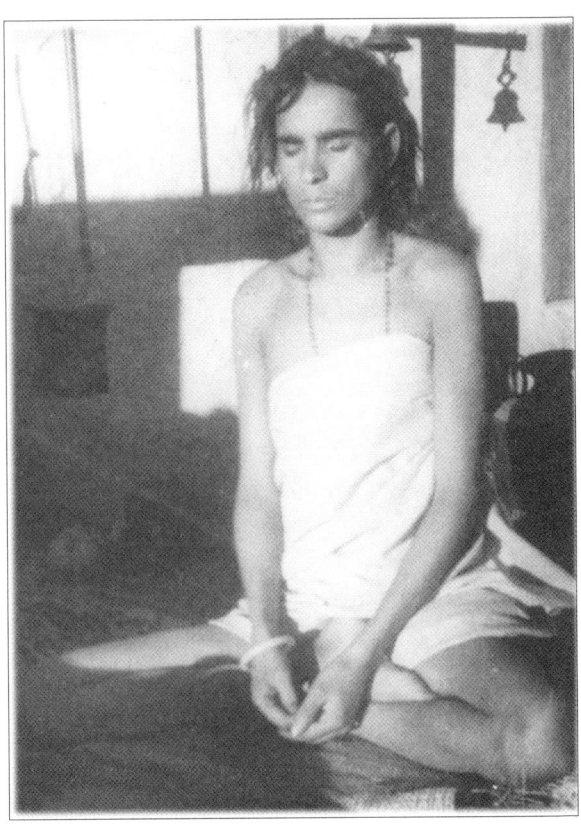

Lerne die richtige Distanz

Gertraud Reichel, Deutschland

Unbekümmert wie ein Kind war ich Babaji im Ashram begegnet. Woher mein Mann und ich von ihm wüssten, wollte er bei diesem ersten Treffen wissen. Gaura Devi hatte uns zu ihm in ein Zimmer des Ashrams geführt, in dem er mit anderen Besuchern auf einer Matte saß. Besorgt um unser Wohlergehen meinte er, nachdem wir seine Frage, woher wir kämen beantwortet hatten, wir sollten es uns wegen des herrschenden Platzmangels im Flur des Gebäudes zwischen den anderen dort Lagernden für die kommenden Tage bequem machen. Es werde gerade ein Fest, das Frühlings-Navaratri, gefeiert. Bei diesen Worten musste ich innerlich lächeln, denn bisher hatte ich noch nie auf dem Boden oder in einem Schlafsack übernachtet. Schweigend saßen alle für ein Weilchen beieinander. Das Rauschen der Bananenbäume im Garten drang zu uns herein. Dann sollten wir ihm Fragen stellen. Dieses Angebot kam so überraschend, dass wir nichts zu fragen hatten. Schließlich wollte ich wissen, wie man richtig meditiert. "Konzentriere dich auf das Stirnchakra und wiederhole ständig "Om namah Shivay" war seine Antwort. Kurz darauf erhob er sich und verließ das Zimmer.

Babaji war uns freundlich gesonnen, seine dunklen tiefgründigen Augen hatten uns eingehendst gemustert. Aber diese erste Begegnung war zu kurz, um mir ein Bild von ihm machen zu können, dennoch hatte mich seine Natürlichkeit angesprochen. Sein Wesen schien so viel Freundlichkeit, Liebe und Güte auszustrahlen. Wo immer er sich im Ashram aufhielt, gesellten sich die Menschen zu ihm und umringten ihn. Seine Gegenwart wurde freudigst erwartet, und ich sah wie die Inder und Ausländer sich ehrfürchtig vor ihm verneigten, bevor sie das Wort an ihn richteten. Je mehr ich Babaji an diesem ersten Tage beobachtete, um so mehr schwand meine Ungezwungenheit und machte einer tiefen Scheu Platz. Intuitiv spürte ich seine Größe und, dass ihn etwas Außergewöhnliches umgab. Am Abend während die Menschen sich zum Darshan in langen Reihen aufstellten, konnte ich nicht wie die anderen zu ihm gehen. Einerseits zog mich mein Herz unwiderstehlich zu ihm hin, andererseits hielt die Scheu mich ab. Es dauerte noch einen ganzen Tag, bis ich dieses Gefühl überwunden hatte und noch heute weiß ich nicht, ob ich ihm, als ich mich vor ihm verneigte, in die Augen blickte oder nicht. Nie zuvor war ich jemanden begegnet, der mir Ehrfurcht oder Scheu einflößte. Für mich waren alle Menschen gleich, ich schaute zu keinem auf noch herab.

Es dauerte einige Zeit, bis ich meine Unbekümmertheit wiederfand. Babaji half mir dabei. Als er das erste Mal meine Hand ergriff und mir ein silbrig glänzendes Farnblatt auf den Handrücken drückte, - es hinterließ einen wunderschönen Abdruck - und es mir anschließend in ein Knopfloch steckte, war ich sehr verwundert. Noch überraschter war ich, als er in Gaura Devis Zimmer sitzend - er hatte Süßigkeiten an alle Anwesenden verteilt - sich einen halb ausgewickelten Bonbon zwischen die Lippen steckte und mich mit einer Handbewegung aufforderte, das restliche Papier abzuziehen. Wenig später legte er mir seine Füße quer über die Knie, so dass sie jemand mit Sandelholzöl einreiben konnte.

Babaji überraschte mich immer wieder neu. Gelegentlich kniff er mich ins Ohr, wenn er vorüberging, schlug mir unerwartet mit seinem Stab auf den Rücken und lächelte schelmisch wie ein Lausbub, wenn ich mich verwundert umdrehte. Sollte ich mich neben ihn setzen, ergriff mich anfänglich eine unerklärliche Schüchternheit, die mir als welterfahrene Kosmopolitin, Mutter und Ehefrau fremd war. Häufig neckte er mich deswegen. Saß er im unerleuchteten Ashram-shop - Elektrizität gab es nicht - rief er mich zu sich herein und ließ mich neben ihn sitzen und ich musste, während er eine Papayafrucht schälte, näher und näher im schummrigen Licht an ihn heranrücken bis seine Ellenbogen die meinen berührten. Gingen wir im Flusstal nebeneinander her, kniff er mich in die Wangen oder hielt für ein Weilchen meine Hand. Diese Gesten waren nichts Besonderes. Andere können von ähnlichen Dingen berichten, und langsam gewöhnte ich mich an sie.

Einmal, als wir auf den Stufen bei den neun Tempeln saßen und in aller Stille schweigend über das weite Tal mit dem glitzernden, sich windenden Fluss unter uns schauten, zwickte mich Babaji schalkhaft in den Oberarm. Mit dem Ellenbogen stieß ich seine Hand fort, doch es nützte nichts. Er kniff mich wieder. Kräftiger als zuvor stieß ich abermals seine Hand weg, worauf er mich noch einmal zwickte. Unwirsch schaute ich ihn an, worauf wir beide lachen mussten. Es war ein befreiendes Lachen und spontan sagte ich in Gedanken zu ihm: "Ich habe Vertrauen zu Dir. Ja, ich vertraue Dir." Bevor diese Worte in mir entstanden, hatte Babaji sein Gesicht abgewendet, drehte es mir aber sofort als Antwort mit leuchtenden Augen wieder zu, und es schien mir, als blicke er tief in mich hinein, um die Wahrheit des Gesagten zu überprüfen. Und von diesem Tage an war meine Scheu vor ihm verschwunden. Er wurde mir so vertraut und war mir innerlich so nahe, dass ich sogar mit ihm um die Anzahl der Tage feilschte, an denen ich ohne zu fragen frühmorgens an der Chandan-Zeremonie[44] teilnehmen durfte. "Darf ich Morgen zum Chandan?" fragte ich abends beim Darshan in der Kirtanhalle auf Hindi. Babaji nickte. "Wie viele Tage?" "Zwei... hm drei", antwortete er. "Bitte zehn Tage!" bat ich, denn das morgendliche Zusammensein mit Babaji an der

---

[44] frühmorgendliche Zeremonie, bei dem Babaji jedem auf die Stirn gelbe Sandelholzpaste und rotes Kum-Kum-Pulver auftrug

Feuergrube war für alle Beteiligten ein beeindruckendes Erlebnis. "Fünf Tage", entgegnete er lächelnd. "Dann frage wieder!"

Heute weiß ich, dass ich in jenen frühen Tagen innerlich zu weit von Babaji entfernt war. "Komme mir nicht zu nahe, um dich nicht zu verbrennen, aber bleibe nicht zu weit weg, sonst kannst du keine Wärme verspüren. Lerne die richtige Distanz", waren seine Worte gewesen. Sanft führte er mich zu diesem Verstehen.

Auch lehrte mich seine Handlungsweise, dass Göttlichkeit den physischen Körper nicht ausschließt, sondern sich ebenfalls in jeder einzelnen Zelle widerspiegeln muss - nicht nur in den feinstofflichen Körpern. Erst dann kann Vollkommenheit erreicht werden. Einher mit dieser Belehrung kamen auch Gedanken und Gefühle wie Trauer darüber, dass jeder, der geboren wird, tief in die Materie fällt und sich in ihr verstrickt. Trotz aller Bemühungen und Anstrengungen gelingt es nicht oder nur sehr wenigen, sie zu transzendieren. Solche und ähnliche Gedanken wie Sehnsucht nach der körperlosen geistigen Welt setzen Grenzen, sie beschränken, denn das Göttliche ist weder starr noch begrenzt. Alles fließt, verändert und wandelt sich bis hin zur Einheit.

Nach der Überwindung der Scheu musste nun der richtige Abstand zu Babaji gelernt werden. Ich hatte beobachtet, dass viele der Anwesenden wie Motten um Babaji herumschwärmten. Morgens in der Früh, wenn er aus seinem Vorhof trat, warteten sie vor seiner Tür und abends nach dem Darshan begleiteten sie ihn wieder dorthin. Sie besuchten ihn häufig am Nachmittag auf der Terrasse, und ich schloss mich ihnen für einige Zeit an.

Babajis unmittelbare Nähe war aufregend. Man konnte sich an ihm nicht satt sehen, fortwährend war er in Aktion, ein ständiges Energiebündel. Führte ich abends in der Kirtanhalle oder draußen im freien unter dem Sternenhimmel die Puja-Zeremonie vor ihm aus, zitterten ungewollt meine Hände, oder der ganze Körper erbebte. Seine Ausstrahlung war so stark, dass andere, die noch empfänglicher waren, unwillkürlich Kriyas vor ihm ausführten oder vor ihm tanzten. Eines Nachmittags, als wir bei den Tempeln arbeiteten, rief er mich zu sich. Ganz in seiner Nähe sitzend, konnte ich beobachten, wie ein Neuankömmling, ein Moslem, - umringt von seiner Familie - vor Babaji mit den Worten "Babaji ah, Allah ah, Babaji ah, Krishna ah" auf die Knie fiel, sich dann im Trance mindestens zwanzigmal hintereinander halb aufrichtete und anschließend wieder zu Boden sank. Jedes Mal hatte er einen Namen Gottes oder den eines Heiligen auf den Lippen. Schließlich blieb er erschöpft im Sand liegen und Babaji, der ihn liebevoll angeschaut hatte, ließ ihn mit einer Decke zudecken, bis er wieder zu sich kam.

Das Bedürfnis, Babaji ständig zu umringen und in seiner physischen Nähe weilen zu müssen, ließ irgendwann nach, denn die starke Sehnsucht, ihn, der göttliches Bewusstsein besaß und in der Einheit weilte, zu erreichen und sich darin zu verlieren, wurde durch seine Nähe nicht gestillt. Das Verlangen ließ sich nicht überhören, gleich, ob mir Babaji nahe war oder nicht. So sollte ich in mir suchen... Drückte ich meinen Wunsch nach Einheit aus, besänftigte er mich durch ein liebevolles Nicken oder eine Geste. Er klopfte mir mit seiner rechten Hand auf das Herz- oder Scheitelchakra und sagte: "Bum, bum", was ein Mantra ist. Dennoch konnte er mich nicht besänftigen, der hartnäckige Wunsch nach Einheit ließ mich nicht los. So schickte er mir eines Nachts den folgenden Traum: Ich lief mit ihm durch das Flusstal und sagte: "Baba, bitte lass mich Eins mit dir sein!" Er drehte mir sein Antlitz zu und schaute mich ernst mit seinen großen schwarzen Augen an. "Und der da?" fragte Babaji, indem er auf eine andere Person in der Nähe deutete. "Er weiß nichts von der Einheit" fuhr er fort zu sagen. "Ihr müsst den gleichen Weg gehen. Lehre ihn!" Ich dachte über diese Worte nach und wusste, dass ein Erwachter die Unwissenden auf die Möglichkeit des Weges hinweisen muss und, dass mein Wunsch nach Einswerdung ohne die Einbeziehung anderer Mitmenschen selbstsüchtig war... Eines Vormittages jedoch, als ich eine mir übertragene Aufgabe erledigt hatte, winkte mir Babaji zu, ich solle zu ihm hoch kommen. Er saß oben auf einer Mauer, ließ die Beine baumeln und beaufsichtigte einige Bauarbeiten auf der Ashramseite. Ich setzte mich auf einen hellen Stein direkt zu seinen Füßen und versuchte, mich in der Stille, die uns umgab, ganz auf ihn zu konzentrieren, ihn und seine Schwingungen in mir aufzunehmen. Plötzlich, ich weiß nicht, wie lange ich so verharrte, die Welt war um mich herum versunken, wusste ich, dass er alles Leben ist, dass er in allem, was existiert, als Essenz vorhanden ist und dass wir alle - ohne Ausnahme - eine Einheit bilden. Und so war auch er in mir...

Bald ging ich nur zu Babaji, wenn er rief. Je mehr ich mich zurückhielt, um so mehr durfte ich um ihn sein. Am schönsten waren die schweigenden Spaziergänge zu Zweit durch die Hügel hinter dem Ashram oder durch das Flusstal, oder wenn ich ihn den ganzen Tag von morgens bis abends eine Tasche tragend, begleitete, die Prasad für die Anwesenden oder Kleingeld für die angeheuerten Nepali-Arbeiter enthielt. Ich hatte den Eindruck, dass Babaji erst die ständige Nähe eines Schülers um sich duldete, wenn er gänzlich im Mantra Om namah Shivay verharrte, und wenn seine Gedanken still geworden waren.

Innerhalb von fünf Jahren besuchte ich Babaji zehnmal, mit oder ohne Familie. Kein Aufenthalt glich dem anderen, und vieles bleibt, was noch verstanden werden muss... Und das Bemühen um die Einheit geht weiter. Tag für Tag.

Eine furchterregende Begegnung

Gunell Minett, Schweden

Das erste Mal hörte ich von Babaji in einer Sommernacht im Jahre 1979, in Nordschweden. Ich saß auf einem Felsen am Meer mit einer Gruppe von Menschen, die den Sonnenuntergang genossen und über diesen bemerkenswerten Weisen in Indien sprachen, den einer von ihnen besucht hatte. Ich schenkte dem Gesagten nicht all zu viel Aufmerksamkeit - mein Geist war gefangen von der Schönheit der uns umgebenden Natur.

Das zweite Mal war - und hier wurde ich aufmerksam - als eine Reihe Schriften über Babaji in meine Hände fiel. Sie waren von Leonhard Orr geschrieben. Er ist der Begründer einer Atemtechnik, Rebirthing genannt, zur Lösung von physischen und seelischen Spannungen im Körper, und ein Schüler von Babaji. Zu jener Zeit interessierte ich mich für seine Ideen. Ich begann also in den Schriften zu lesen. Gleich am Anfang wurde gesagt, dass der Leser dieses Textes bereits seinen ersten Kontakt zu Shri Babaji hergestellt habe und dass diesem in vielen Fällen stärkere und deutlichere Kontakte in Form von Visionen oder Manifestationen folgen würden. Mir erschien die Idee etwas furchterregend, dass jemand an meiner Seite stand und mein Handeln beobachtete - genau, wie mir als Kind gesagt wurde, dass Gott alles sehe. Gleichzeitig aber war der Text so faszinierend, dass ich trotz des unheimlichen Gefühls weiterlas.

Aus dieser ersten Lektüre formte sich das Bild eines weisen, alten Mannes mit weißem Bart, der alles wusste und verstand. Es wuchs in mir eine seltsame Neugier und ein Verlangen, dieser Person zu begegnen, obwohl ich nie - nicht zu diesem Zeitpunkt - einen festen Plan hatte, sie zu besuchen. Ich wusste überhaupt nichts über Indien, und für östliche Philosophien interessierte ich mich absolut nicht. Indien war nur ein weiteres der vielen mit Armut geschlagenen, unterentwickelten Länder und einen Besuch nicht wert. Ich war vollkommen von der westlichen Lebensauffassung eingenommen und hatte den Ehrgeiz, nach Amerika zu gehen, um dort mehr über moderne Psychotherapie zu erfahren.

Nachdem ich dieses Handbuch über Babaji ausgelesen hatte, ereignete sich eine Zeitlang nichts - außer, dass ich den Weisen nicht ganz vergessen konnte. Dann, ein paar Monate später, sah ich das Handbuch wieder. Es war eine professionell hergestellte Ausgabe und auf dem Umschlag leuchtete mir das Bild eines jungen Mannes von exotischer Schönheit entgegen. Sein Anblick ließ mich wie angewurzelt stehen bleiben. Allmählich dämmerte es mir, dass dies Babaji war. Ich kann die Faszination, die dieses Antlitz auf mich ausübte, nicht erklären und konnte meine Augen nicht von ihm abwenden. Er ähnelte in keiner Weise dem alten Mann, den ich mir vorgestellt hatte. Aber das war es nicht allein: es war, als ob das Bild selbst die Macht besäße, mich an sich zu fesseln.

Als ich mich endlich losgerissen hatte, merkte ich, dass sich Ärger in mir breit machte. Warum? Bei näherem Nachsinnen wurde mir die Ursache klar: ich hatte beschlossen, nach Indien zu fahren, um Babaji zu begegnen. Ich war ärgerlich, weil mir dieses Vorhaben ungelegen kam und mir meine wohlgeordneten Zukunftspläne durcheinander bringen würde. Dennoch wollte ich zuerst nach Amerika fliegen.

Dort war es auch, dass ich zum ersten Mal erlebte wie einem die Sinne, mit denen man ausgestattet ist, täuschen können. Ich befand mich mit einer Gruppe im Konferenzsaal eines großen Hotels in San Diego und hörte Leonard Orr zu, der gerade eines seiner Seminare beendete. Er erklärte zum Abschluss, dass Shri Babaji ihn während seines letzten Besuches in Haidakhan befähigt habe, Menschen zu segnen. Bei der Segnung sei Babaji gegenwärtig.

Leonard hieß uns, unsere Augen zu schließen, um den Segen zu empfangen. Während meine Lider geschlossen waren, bemerkte ich, dass Leonard in dem Raum umherging und vor jedem Einzelnen seine Hand zum Segen erhob - ja, ich fühlte, dass er es tat. Auch entströmte ihm ein angenehmer Duft. Ich spürte wie er immer näher kam, bis er direkt vor mir stand. Ich konnte die Wärme seiner Hand ganz nah an meiner Stirn fühlen. Dann überwältigte mich meine Neugier, sie war zu stark - ich musste einfach einen Blick riskieren. Doch zu meinem Erstaunen stand kein Leonard Orr vor mir! Er schien sich überhaupt nicht bewegt zu haben, auch keiner der anderen. Überrascht schloss ich meine Augen wieder. Dann, ein wenig später, hatte ich abermals denselben Eindruck: jemand stand zweifellos vor mir und verströmte einen wundervollen Duft. Als ich meine Augen öffnete, war es wie zuvor - niemand im Raum hatte sich bewegt.

Als ich meinen Freunden von dieser seltsamen Erfahrung berichtete, lachten diese nur und sagten, dass der von mir beschriebene Duft wahrscheinlich Sandelholz war, ein Duft, der immer von Shri Babaji ausging. Als ich ihm viel später begegnete, bemerkte ich, dass sie Recht gehabt hatten - es war der ganze besondere Duft von Sandelholz, der ihn immer umgab.

Dann kam der Moment, dass ich an Shri Babaji schreiben und ihn um Erlaubnis bitten musste, ihn zu besuchen. Ich war wieder zu Hause und mehr denn je in einem inneren Konflikt, ob ich zu ihm fahren sollte. Da die schriftliche Bitte um Erlaubnis noch keine definitive Entscheidung voraussetzte, beschloss ich, ihm einen Brief zu schreiben. Ich nahm Papier und Stift - doch was sollte ich aufs Papier bringen? Was schreibt man jemanden, der angeblich alles sieht, weiß und als Gottmensch betrachtet wird? Meine Hand zitterte, als ich schließlich einige wenige Worte zu Papier gebracht hatte. Ich fürchtete mich, mich unangemessen oder respektlos auszudrücken, ich war nicht religiös und hatte bisher noch keine Erfahrung im Umgang mit Gottmenschen.

Nachdem ich den Brief beendet hatte, ging ich zufrieden ins Bett. Ich war müde und schlief bald ein. Doch plötzlich wachte ich auf mit dem Gefühl, nicht allein im Raum zu sein. Ich dachte sofort an Babaji und mir fuhren all die Geschichten über Visionen von anderen Leuten durch den Kopf, sowie meine eigene sonderbare Erfahrung in Amerika. Ich bekam große Furcht, nicht so sehr, weil Babaji mir vielleicht erscheinen könnte, sondern der Gedanke, ich könne halluzinieren oder ich sei plötzlich verrückt geworden, machte mir Angst. Meine Zähne klapperten und das Haar stand mir zu Berge. Mein Zustand grenzte an vollkommene Panik. Ich zog mir die Bettdecke bis zum Kinn und versuchte, an etwas Vernünftigeres zu denken. Dann übermannte mich der Schlaf, doch es war kein gewöhnlicher Schlaf. Mir war, als ob jemand eine Tür geöffnet hätte, die in eine andere Welt führte. Mir war bewusst, dass ich eingeschlafen war und dass ich sofort begonnen hatte zu träumen. Im Traum sah ich Babaji in meinem Schlafzimmer. Seine Gegenwart erfüllte mich mit Ruhe. Ich konnte ihn deutlich erkennen und sah, wie er sich auf meinen Bettrand setzte und mir in die Augen schaute. Er schien wissen zu wollen, was in mir vorging.

Ich fiel in einen noch tieferen Schlaf und erwachte dann plötzlich wieder. Es war noch Nacht, oder zumindest sehr früher Morgen. Das Licht war gedämpft, gerade hell genug, um die Umrisse in meiner Umgebung auszumachen. Zu meiner Linken brannte ein Feuer. Ich konnte den Rauch riechen und das Knacken des brennenden Holzes hören. Ich spürte die Menschen, die um das Feuer saßen mehr, als dass ich sie erkennen konnte. Zu meiner Rechten vernahm ich das Geräusch fließenden Wassers und sah es in einiger Entfernung glitzern. Ich hatte den Eindruck auf einem Felsen zu stehen mit Wasser unter mir. Ich sah auch einen Vorhang aus silbrig schimmerndem Material oder Ähnlichem, es musste also ein Haus in der Nähe sein.

"Es war also doch kein Traum", sprach ich ruhig zu mir selbst, in Träumen werden die Dinge nicht so deutlich wahrgenommen. Doch im selben Moment, als mir dieser Gedanke bewusst wurde, überflutete mich eine Welle der Angst. Ich erwachte und lag zu Hause in meinem Bett.

Was bedeutete das? Ich war vollkommen verstört. Nach einiger Zeit gelang es mir, mich selbst davon zu überzeugen, dass es nichts als ein Traum gewesen war und schlief wieder ein. Doch dieselbe Art von Träumen kehrte wieder - deutlich und realistisch, über Babaji und Indien - und das die ganze Nacht hindurch. Am nächsten Morgen war meine Verwirrung vollkommen. Ich hatte Angst wahnsinnig zu werden und verdrängte das Geschehen als bizarre Form intensiven Träumens - obwohl ich wusste, dass dies Selbstbetrug war.

Ich erhielt nie eine schriftliche Antwort von Shri Babaji, flog aber trotzdem nach Indien. Ich fuhr nach Vrindaban, in die Stadt Krishnas, in der sich Babaji damals aufhielt. Je mehr ich ihm physisch näher kam, um so unwichtiger wurden Äußerlichkeiten. War das nur eine Methode, um meine Gefühle zu unterdrücken? Auf dem Wege zum Ashram, in dem sich Babaji befand, schien es mir, als ob jede Person, der ich auf der Straße begegnete, meinen Blick mit einer starken Intensität erwiderte - ein Blick, der verkündete: "Ich bin Babaji". Und ich war bereit, das zu glauben, da mein Herz offen war für die Göttlichkeit in jedem Menschen, ob Meister oder Schüler.

Dann kam der Moment - welcher so wichtig geworden war -, als ich Shri Babaji zum ersten Mal sah. Ich saß wartend mit einer Gruppe Menschen aus dem Westen in seinem Ashram, als er nach langer Zeit zu uns kam. Mein innerer Aufruhr, als ich ihn erblickte, kann nur mit einem seelischen Erdbeben verglichen werden. Alles, an das ich mich jetzt erinnern kann, sind diese Worte, diese Worte, die ich mir ständig wiederholte: "Es ist wahr - er ist ein Gott." Ich hatte das Gefühl, alles zu wissen und zu verstehen, ohne die geringste Ahnung zu haben, was es war, das ich verstand. Genauso wenig konnte ich erklären, was Gottmensch-Sein bedeutete, da ich mich als Atheisten betrachtete. Doch ich war mir bewusst, zu Füßen eines Gottmenschen zu sitzen.

Ich könnte noch erwähnen, dass er sich in meiner Erfahrung von jedem anderen Menschen unterschied, den ich je getroffen hatte. Er fühlte sich für mich "vollkommen" an, so, als ob alle Energie von ihm und durch ihn aus einer ovalen Form ausstrahlte. Gewöhnliche Menschen, so entschied ich, sind eher formlos und passen ihre Form ihrer Umgebung an. Solche Gedanken waren vorher nie in mir aufgetaucht - sie kamen als eine Offenbarung. Nach dem ersten Gefühlssturm wurde mir klar, dass er genauso war, wie ich ihn in meinen Träumen erfahren hatte. Auch hatte ich vorher mehrere Bilder von ihm gesehen, doch da waren noch andere Dinge, die ich erkannte, Dinge, die man nicht auf einem Bild sehen kann.

Trotz meines Entschlusses, nicht über die Bedeutung meiner seltsamen Träume zu spekulieren, verspürte ich plötzlich den Wunsch, das Bedürfnis, ein Zeichen von ihm zu erhalten, das meine Gefühle bestätigte. Ich versuchte diskret seinen Blick auf mich zu lenken. Ich hatte viel zu große Angst, einfach zu ihm hinzugehen und nach einer solchen Bestätigung zu fragen. Als es schließlich Zeit wurde, mich ihm zur Begrüßung zu nähern, wagte ich nicht, auch nur ein einziges Mal zu ihm aufzublicken. Am nächsten Tag jedoch, beim Darshan, brachte ich den Mut auf, hochzublicken und ihn anzusehen. Er drehte sich sofort zu mir und schaute mir gerade in die Augen, wobei er langsam nickte und sein Blick voll unendlicher Liebe war. Ein weiterer seelischer Aufruhr erschütterte mich. Ich kehrte auf meinen Platz zurück, die Tränen brannten in meinen Augen. Ich erkannte allmählich, dass ich zum ersten Mal in meinem Leben das Gefühl erlebte, völlig als menschliches Wesen erkannt und akzeptiert zu werden. Ich war vor Schmerz überwältigt.

Zurück im Hotel weinte ich. Ich weinte stundenlang und konnte nicht aufhören. Ich weinte über jedes traurige Erlebnis, das ich erfahren hatte. Danach zeigten sich andere körperliche Reaktionen, so als ob ich irgendeiner großen Naturgewalt ausgesetzt gewesen wäre: ich konnte weder essen, schlafen, noch mich entspannen. Schließlich bekam ich Fieber und musste vom Ashram wegbleiben. Nicht bevor ich Vrindaban verließ, um nach Neu Delhi zu fahren, und erst nach etlichen Stunden Zugfahrt, kehrte ein normales Körpergefühl zurück.

Bei diesem ersten Indienbesuch war Shri Babaji gerade auf einer längeren Reise unterwegs zu seinen verschiedenen Ashrams. Nachdem wir ihn in Neu Delhi wiedergesehen hatten, erhielten ich und andere westliche Schüler die Anweisung, nach Haidakhan, seinem Wohnsitz, zu gehen und dort auf seine Rückkehr zu warten. Da ich noch eine Woche im Land bleiben konnte, wollte ich mit anderen Schülern aus Schweden dieser Anweisung folgen. Diese änderten aber im letzten Moment ihre Pläne und beschlossen stattdessen, nach Schweden heimzukehren. Da mir geraten wurde, nicht allein nach Haidakhan zu reisen, wollte ich mich ihnen anschließen. Folglich ging ich zum Büro der Luftfahrtsgesellschaft und ließ das Datum meines Abfluges ändern.

Wir reisten alle am selben Morgen ab und fuhren zusammen zum Flughafen. Doch als ich mich von meinen Freunden verabschiedet hatte, entdeckte ich, dass ich meinen Rückflug nicht antreten konnte wegen eines Missverständnis durch die Änderung meiner vorgesehenen Pläne. Ich musste also nach Delhi zurück, um dort auf meinen ursprünglichen Abflugstermin zu warten. Inzwischen war mein Misstrauen gegenüber der indischen Bürokratie geweckt und überprüfte alle für meine Ausreise notwendigen Formalitäten. Dabei entdeckte ich, dass bei meiner Einreise ein falscher Stempel in meinen Pass gesetzt worden war. Um Indien wieder verlassen zu können, verbrachte ich einen ganzen Tag, mir diesen Stempeleintrag zu besorgen.

Meine schwedischen Kriterien für Tüchtigkeit waren jetzt vollkommen zusammengebrochen. Ich ging wenigstens einmal täglich zum Flugbüro, um mich zu versichern, dass alles in Ordnung sei, was sie mir jedes Mal bestätigten. Ich war aber nicht überzeugt. Mit jedem Tag wurde meine ängstliche Unruhe, aus dem Land herauszukommen, drückender.

Die Nacht vor meiner geplanten Abreise war ich in totaler Panik und konnte überhaupt nicht schlafen. Als der Morgen schließlich dämmerte, rief ich nach einem Taxi - ca. zwei Stunden zu früh. Ich fühlte mich erleichtert, als ich es endlich besteigen konnte und auf meinem Weg war. Doch dieser Optimismus war natürlich verfrüht: nach 10 Meter Fahrt gab der Motor den Geist auf. Ich hatte immer die Befürchtung gehegt, dass meine persönlichen Zukunftsängste sich tatsächlich bewahrheiten würden. Doch war mir dies niemals zuvor in so dramatischer Weise bestätigt worden. Als das Taxi endlich wieder ansprang und wir zum Flughafen kamen, war ich kaum überrascht zu erfahren, dass mein Name nicht auf der Passagierliste stand und ich daher nicht wie geplant fliegen konnte. Ich riss mich zusammen und versuchte, einen neuen Flug mit derselben Gesellschaft zu bekommen. Doch als nichts passierte, trotz der Versicherungen, dass alles voll im Griff sei, brach ich in Panik aus: ich raste zurück in die Stadt, direkt zum Büro einer europäischen Fluggesellschaft und kaufte ein neues Ticket zum Abflug am selben Abend. Dann fuhr ich schnurstracks zurück zum Flughafen und wartete bebend und zitternd, bis ich endlich die Maschine besteigen konnte und abflog.

Mein zweiter Besuch bei Shri Babaji war eine vollkommen andere Erfahrung. Diesmal wusste ich, was ich zu erwarten hatte, und ich fuhr allein. Mehrere Nächte vor meiner Abreise weinte ich mich in den Schlaf, da mir die Einzelheiten der Reise schreckliche Sorgen machten und ich versuchte, auf alles Mögliche vorbereitet zu sein.

Dann lag ich schweißgebadet in meinem Bett in Neu Delhi und hatte einem dicken Knoten im Bauch - mir war erschreckend bewusst, dass es jetzt kein Zurück mehr gab. Ich konnte nicht abschalten und schlafen, obwohl ich müde war von der Reise. In meinem Bedürfnis nach Trost und Erleichterung wandte ich mich schließlich Mantren zu, die ich mit den Perlen meiner Kette wiederholte. Ich hatte irgendwo gelesen, dass die Wiederholung von Mantren die beste Medizin für ein bedrücktes Gemüt sei; also fing ich an, Om Namah Shivay zu wiederholen, bis ich schließlich einschlief.

Einige Stunden später erwachte ich erholt und voller Energie. Ich erhielt alle erdenkliche Hilfe für meine Reise nach Haidakhan, und bald saß ich am Tisch und genoss mein Frühstück. Während ich noch meinen Kaffee trank, kam eine junge Frau zur Tür herein. Es stellte sich heraus, dass sie Amerikanerin war und auf dem Wege nach Haidakhan. Wir fuhren natürlich gemeinsam. Übrigens klappte bei dieser zweiten Reise zu Babaji alles so hervorragend, dass ich mich niemals um irgend etwas allein kümmern musste - einschließlich der letzten Fahrt zum Flughafen. Ich war immer von Freunden umgeben. Als ich auf dem Heimflug darüber nachdachte, hatte ich das Gefühl, belohnt worden zu sein - für meinen Mut, allein nach Indien gereist zu sein.

Am selben Abend saß ich auf dem Balkon des kleinen Gasthauses in Haldwani, wo wir übernachteten und schaute ein paar Leuten zu, wie sie eine Schlange aus dem Garten scheuchten. Ich war ruhiger und gelöster als je zuvor und schaute trotz meiner übergroßen Angst vor Schlangen gelassen dem Treiben im Garten zu.

So traf ich Shri Babaji zum zweiten Mal in meinem Leben. Er war ganz verändert. Zuallererst machte jedoch Haidakhan selbst den größten Eindruck auf mich, es war voll unendlichem Frieden und Schönheit. Es ist schwer, sich einen solch paradiesischen Ort auf Erden vorzustellen. Ich fühlte sofort, dass ich für immer bleiben konnte, erfüllt von der Freude lebendig zu sein und friedlich bis ans Ende meiner Tage.

Als wir die 108 Stufen zum Ashram emporstiegen, eilte, kurz bevor wir oben waren, ein Inder auf uns zu und ermahnte uns zur Eile, da Shri Babaji uns sofort sehen wolle. Ich fühlte etwas von der alten Angst ihm wieder zu begegnen, hatte aber keine Zeit, mich zu fürchten. Ich musste einfach alles fallen lassen und dem Mann hinterherlaufen. Wir rannten in einen vollbesetzten Raum. In der Mitte stand Babaji. Der Mann, der uns geholt hatte, schob uns sanft nach vorne und machte uns ein Zeichen. Wir sollten Shri Babaji auf die indische Art begrüßen, indem wir niederknieten. Als wir uns verneigten, überreichte Shri Babaji jedem von uns Süßigkeiten und hieß uns in seinem Ashram willkommen. In weniger als einer Minute war alles vorbei. Wieder draußen, zeigte mir meine neue Freundin lachend die Süßigkeit, die er uns gegeben hatte. "Pionier" stand auf dem Bonbonpapier. "So passend für uns Entdecker in diesem fremden Land!" sagte sie und wir lachten beide - ein langes, befreiendes Lachen.

Ein paar Minuten später, als wir nach dem Auspacken auf den Stufen vor unseren Schlafräumen saßen, überfiel mich plötzlich ein Schock: ich hatte gerade den Platz wiedererkannt, auf den ich blickte. Es war die Stelle, an der ich in meinem seltsamen Traum "aufgewacht" war. Ich konnte genau ausmachen, wo ich mich befunden hatte, obwohl es taghell war und die Menschen und das Feuer fehlten. Später erfuhr ich, dass dies der Platz neben Shri Babajis Raum war, an dem sich die Menschen für die Feuerzeremonie versammelten, die jeden Morgen vor Sonnenaufgang stattfand.

Während meines ersten Indienbesuches hatte ich mich lediglich als Zuschauer empfunden. Es ist immer schon meine Art gewesen, für mich zu bleiben und die anderen zu beobachten, es zu vermeiden, mich zu beteiligen. Es kam mir einfach nie in den Sinn, dass Shri Babaji mich bemerken oder irgendein Interesse an mir zeigen könnte. Außerdem war ich zu beschäftigt mit praktischen Vorkehrungen und meinen Schlangenphobien, um mir Gedanken darüber zu machen, ihm zu begegnen. Als er uns dann direkt nach unserer Ankunft sehen wollte, hatte ich einfach angenommen, dass das der normale

Vorgang im Ashram sei. Doch als er beim ersten Verlassen meines Zimmers plötzlich auftauchte und dann nach mir schickte, als ich von meinem ersten Bad im Fluss zurückkehrte, begann ich zu erkennen, dass ich mich geirrt hatte. Dies wurde noch offensichtlicher, als ich mich zur Arbeit meldete, Steine im Flussbett zu bewegen. Babaji sagte mir, dass es meine Aufgabe sei, bei ihm zu sitzen und nicht solche Arbeit zu tun. Als er diese Worte sprach, packte mich sofort wieder meine alte Furcht vor ihm, und ich musste innerlich "Om Namah Shivay" wiederholen, um nicht in panischer Angst fortzulaufen. Ich weiß nicht, weshalb ich solche Furcht vor ihm hatte. Er tat gewiss nichts, um mich zu ängstigen. - Den ganzen Nachmittag, den ich in seiner Nähe verbrachte, fütterte er mich mit Früchten und Süßigkeiten und ab und zu zwickte er meinen Arm und schenkte mir das wundervollste Lächeln – so, als ob er sagte: amüsieren wir uns nicht großartig zusammen? Nach einigen Stunden schienen die Wiederholung des Mantras und Shri Babajis Zwicken mir alle Angst entzogen zu haben, und als der Abend kam, konnte ich die Schönheit des Sonnenuntergangs in vollem Umfang genießen.

Als ich diese besondere Aufmerksamkeit von Shri Babaji auch an den folgenden Tagen erfuhr, war ich bald vollkommen überwältigt. Mein Kopf schwirrte mit Gedanken, dass ich etwas Besonderes sei; oder verrückt sei zu denken, ich wäre etwas Besonderes, dass Babaji verrückt sei zu glauben, ich verdiene seine Aufmerksamkeit, etc. etc. Als das Karussell in meinem Kopf zu wild wurde, versuchte ich sogar, mich vor ihm zu verstecken - mit wenig Erfolg. Er fand mich sogar, als ich in einer Ecke des Korridors saß und mich ganz sicher fühlte, als ich ihn nur von weitem sehen konnte in dem benachbarten, überfüllten Raum. - Nach wenigen Minuten kam er heraus und setzte sich direkt zu mir in meine Ecke, ohne mir eine Chance zur Flucht zu lassen.

Einmal konnte ich einen Anflug des überwältigenden Strahlens erhaschen, dass seine Person ausmachte und über das so viel geschrieben wurde. Ich war dafür absolut nicht vorbereitet - als ich aufblickte, stand Shri Babaji direkt vor mir, seine Hand zum Segen erhoben. Während des kurzen Augenblicks, den ich fähig war, ihn anzuschauen, sah ich eine vollkommen andere Person. Er sah viel jünger aus, seine Farben waren von größerer Intensität und eine fast sichtbare Strahlung vibrierte um seinen Körper. Es war, als sei ich von einem starken Energiefeld getroffen. Dies geschah kurz vor der Mittagspause, und sobald ich wieder in meinem Zimmer war, brach ich auf meinem Bett zusammen. Als es mir schließlich gelang, aufzustehen und wieder an die Arbeit zu gehen nach der Pause, konnte ich noch nicht einmal verstehen, was die Leute um mich herum sagten. Ich musste zurück ins Bett gehen. Als ich später am Abend aufwachte, hatte ich meine Periode bekommen und musste gemäß der indischen Tradition drei Tage den Ashramaktivitäten fernbleiben.

Bald schon hatte ich die Bestätigung, dass Worte in der Kommunikation mit ihm unnötig waren. Er interpretierte die Gedanken schneller als ausgesprochene Worte und hatte oft schon eine Antwort geliefert, bevor mir auch nur bewusst war, ihm eine Frage gestellt zu haben. Obwohl ich kaum jemals direkt mit ihm sprach, schien es, dass zwischen uns ein ständiger Dialog war, auf einer Ebene, die ich nur teilweise verstehen konnte.

Bei einigen Gelegenheiten zeigte sich die Realität dieses Dialogs auf besonders auffallende Weise: ich erinnere mich da an eine Pilgerreise, die wir alle zu einigen Tempeln hoch im Himalayagebirge unternahmen. Zwei Tage waren wir in einem heißen, staubigen Bus gefährlich schmale Bergstraßen hinauf- und hinabgefahren, als wir schließlich das kleine Dorf Kedernath erreichten. Unser Ziel, der Shiva Tempel auf einer nahegelegenen Bergspitze, erforderte noch einmal einen vierstündigen Marsch oder Pferderitt, den Steilhang des Berges hinauf. Wir brachen am nächsten Tag mit der Dämmerung auf.

Ich saß zum ersten Mal in meinem Leben auf einem Pferd und klammerte mich ziemlich verzweifelt am Sattel fest, um so mehr, als sich auf einer Seite des schmalen Pfades ein 100 Meter steiler Abhang befand. Ein ständiger Menschenfluss strömte den Bergpfad hinauf und hinunter. Die einzigen Geräusche waren die Schritte der sich bewegenden Menschen, in Kaskaden herabfließendes Wasser und das Bimmeln hunderter kleiner Schellen an den Pferdehälsen. Diese Geräusche hatten eine beruhigende Wirkung und bald konnte ich mich entspannen und die Landschaft genießen. Die Berghänge waren mit jungen grünen Bäumen bedeckt, hier und da formten Wasserfälle glitzernde Kaskaden und Regenbogen in der frühen Morgensonne. Es war, als befinde man sich im Garten Eden.

Ich hatte ein seltsames Glücksgefühl angesichts solcher Schönheit. Es war, als bekäme ich ein großartiges Geschenk von der Natur. Dieses Gefühl verstärkte sich, je höher wir kletterten und gipfelte in einer Erfahrung von glückseliger Vereinigung mit der Natur. Ich hatte das intensive Gefühl, mit jedem kleinen Grashalm auf den Berghängen eins zu sein. Jeder kleine Wassertropfen war von derselben Essenz erfüllt wie ich selbst. Ich blieb in diesem ekstatischen Zustand, bis die Zeit zum Abstieg kam.

"Und doch tun wir unser Bestes, all das Schöne zu zerstören", dachte ich, als ich auf die Welt unter mir hinabschaute. Ich fühlte, dass dort unter mir die Welt mit all ihren zerstörerischen Kräften am Wirken war. Ich hatte Lust laut herauszuschreien, damit die ganze Welt höre, dass wir unsere destruktive Lebensart aufgeben und statt dessen beginnen müssen, die Wunder der Welt zu schätzen und zu bewahren. Als wir herabstiegen, hatte ich das Gefühl in eine erstickende Atmosphäre hineinzutauchen. Hier war es unmöglich, Glückseligkeit zu erreichen. Ich wurde überwältigt von einem Gefühl des

Verlustes und der Verzweiflung. Zurück im Dorf, fand ich mich im Zweifel an allem - sogar an Shri Babaji.

In diesem desillusionierten Zustand sah ich Shri Babaji allein vor unserem Haus sitzen. Er schien mich anzusehen, direkt und intensiv. Als ich näher kam, wurde mir klar, dass er direkt in meine Augen starrte, als ob er sehen wollte, welcher Unsinn in meinem Kopf herumspukte. Ich blieb bei ihm stehen und setzte mich überrascht auf den Boden. "Wie konnte er von meinen Zweifeln wissen?" Vielleicht war es nur eine Mischung aus Einbildung und Schuldgefühl, die mich annehmen ließ, dass er über mich ärgerlich war.

Nach einem Moment riss ich mich zusammen und stand auf, um mich vor ihm zu verneigen. Es war niemand in der Nähe mit Ausnahme von zwei Jungen, die vor Shri Babaji standen. Trotz ihrer Gegenwart war Platz genug, um vor ihm niederzuknien. Doch die Jungen waren darauf bedacht, mir nicht im Weg zu stehen und traten zur Seite. Leider zur falschen Seite, so dass sie zwischen mich und Shri Babaji gerieten. Wir alle merkten das und bewegten uns, um die Position zu ändern, mit dem Ergebnis, dass wir uns wieder in der Ausgangsstellung befanden. Dieser Prozess von Versuch und Misserfolg, einander aus dem Weg zu gehen, wiederholte sich mehrere Male, bevor ich den Symbolismus darin erkannte: Die Jungen waren wie meine Zweifel. Sie blockierten den Weg zu meinem Meister. Dann konnte ich die komische Seite daran sehen. In diesem Moment schob Shri Babaji die Jungen sanft zur Seite, so dass ich endlich vor ihm niederknien konnte. Als mein Kopf auf dem Boden lag, bemerkte ich auf einmal überrascht, dass Shri Babajis Fuß darauf ruhte. Er kitzelte meinen Kopf mit seinen Zehen - wie ein geheimes Zeichen, dass wir denselben Scherz teilten.

Es war nicht das einzige Mal an diesem Abend, dass ich das Gefühl hatte, er lese in mir wie in einem offenen Buch: später, als wir alle um Shri Babaji versammelt waren, gab er mir ein Zeichen, mich neben ihn zu setzen. Während ich dort saß, gingen mir die Erfahrungen dieses Tages durch den Kopf. Ich fragte mich immer wieder, was das alles zu bedeuten habe.

"Wer ist Gott?" war eine dieser Fragen. Während ich darüber nachdachte, berührte jemand meinen Arm. Es war Shri Babaji. Er hielt ein kleines Stückchen Holz in der Hand und fragte mich mit einer Geste, was das sei. Ich blickte ihn überrascht an. Es war nur ein Stück Holz, und ich konnte nichts anderes sagen. Ich nahm es in die Hand und spielte damit, während ich mich fragte, was er wohl mit seiner Frage meine. Dann dämmerte mir, dass dies die Antwort auf meine Frage nach Gott war. Du kannst Gott nicht erklären, nur beschreiben.

"Doch wie beschreibt man Gott, und wer ist Babaji?" Dieses Mal wurde ich von einem Mann unterbrochen, der zu Shri Babaji trat. Der Mann schien Shri

Babaji zu kennen. Nachdem sie eine Weile miteinander geplaudert hatten, wurde der Mann aufgefordert zu singen. An dem erfreuten Ausdruck auf den Gesichtern der Leute erkannte ich bald, dass das Lied von Shri Babaji handelte und seine verschiedenen Aspekte beschrieb. Das war nun wirklich eine Witz! Ich erhielt eine vollständige Beschreibung von Shri Babaji, eine perfekte Antwort auf meine Frage - nur verstand ich kein Wort, da ich keinerlei Kenntnis der Sprache besaß. Dies war sicherlich ein anderer Hinweis für meinen fragenden Verstand. Es schien, als ob alles, was um mich herum geschah, irgendwie dazu beitrug, meine unausgesprochenen Fragen zu beantworten: es war wie im Traum. Ich hatte das Gefühl, den Kontakt mit der Wirklichkeit zu verlieren und ich musste mich zwingen, nicht mehr zu denken.

Als etwas später an diesem Abend das Arti zelebriert wurde, bat Shri Babaji einige Anwesende aus dem Westen, an der Zeremonie teilzunehmen. Auch mich wählte er aus - sehr zu meinem Erstaunen, da ich gehört hatte, dass Neulingen sehr selten dazu die Erlaubnis erteilt wurde. Außerdem wusste ich nichts über das Ritual und hatte keine Ahnung, was ich tun sollte, als mir die Artilampe[45] gereicht wurde. Ich machte es den anderen einfach nach. Doch war ich tief bewegt von der Feierlichkeit und Schönheit der Zeremonie. Während ich die Lampe vor Shri Babajis Gesicht schwenkte, schien er all meine Gefühle widerzuspiegeln.

Als ich mit meinem Teil fertig war, gab mir Shri Babaji keine weiteren Anweisungen. Ich musste mich an die Frau neben mir wenden und fragte flüsternd, was ich jetzt tun solle. "Gib das Arti-Licht deinen Nachbarn, so dass sie alle an dem Geschenk teilhaben können", antwortete sie. Als ich ihren Rat befolgte, erkannte ich in diesem Symbolismus eine weitere Botschaft: auch wenn ich nicht alles verstand, konnte ich doch mein Bestes tun, das Licht zu verbreiten. Dieser Gedanke berührte mich tief.

Der Rest meines zweiten Aufenthaltes im Ashram verlief ohne nennenswerte Ereignisse. Doch wurde es mit der Zeit schwieriger, offen und empfänglich für die vielen neuen Eindrücke zu bleiben. Gegen Ende meines Aufenthaltes war ich in einem Zustand äußerster Verwirrung, aber dennoch entschlossen nicht zu gehen.

"Heute verlässt du den Ashram!", sagte mir Babaji eines Morgens. Ich hatte den Fehler gemacht anzunehmen, dass Arbeit wichtiger sei, als Shri Babajis Darshans. Jeder, den ich nach den möglichen Gründen fragte, sagte, dass ein Missverständnis vorliegen müsse. Ich ging also wieder zu Babaji und versuchte meine Situation zu erklären. "Musst nicht erklären.... musst gehen," war alles, was er antwortete. Den ganzen Tag über war ich untröstlich. Und

---

[45] Leuchter mit Butterdochten

am Abend hatte ich alle Hoffnung verloren. Ich fühlte jedoch, dass ich einen letzten Versuch machen müsse, bevor ich anfing zu packen. So ging ich nochmals zu Shri Babaji und bat ihn, bleiben zu dürfen. Er ignorierte völlig meine weinend vorgetragene Bitte. Dann sagte er mit einem schalkhaften Blick in den Augen: "Gut, dann aber heiratest du!" und schlug sogar einen passenden Ehemann vor!

So konnte ich noch eine Woche im Ashram verbringen. Durch das intensive Weinen war mein Kopf wieder klar geworden, und als ich schließlich den Ashram verließ, war mein Geist von Frieden und Glück erfüllt.

Doch auch heute noch kann ich mir nicht erklären, was mich veranlasste, diese ereignisreichen Reisen zu Shri Babaji zu unternehmen, noch welche Bedeutung all die Vorkommnisse hatten. Es war, als habe ein Teil von mir, von dessen Existenz ich vorher nichts ahnte, die Führung übernommen, und zwar von dem Moment an, als ich zum ersten Mal Shri Babajis Bild sah. Von da an traf er alle Entscheidungen für mich.

Heute vertraue ich meinem höheren Selbst, zwar kann ich noch immer nicht Gott erklären, aber ich erlebe Zustände von Frieden und Glück, die ich vorher nicht kannte. Ich habe viel über mich selbst gelernt, kann andere und mich mehr lieben und erfahre die Einheit mit allen Lebewesen. Für all das bin ich sehr dankbar. Mehr kann ich nicht sagen.

Das Leid des Abseits

Ein Babaji Schüler berichtet, Deutschland

Es gab eine Zeit meines Lebens, in der ich das Gefühl nicht los wurde, dass es noch etwas mehr geben müsste als Vergnügen, Wohlstand, Genuss von Speis und Trank bis hin zum Rausch und zur Verführung jeglicher Art. Es war auch die Zeit, in der ich nahe dem Ausstieg aus Amt und Würden war. Leid war ich das Maskenspiel und den Rollenzwang, die feine Aufmachung, die Etikette, alles Hergebrachte, Gezwungene, Aufgeblasene, Falsche und Geschwollene. Ich war sprich: "overdone".

Ich hatte gerade einen erfolgreichen Berufsaufenthalt in den USA hinter mir und sehnte mich nach ethischen Werten. Aufrichtig und voll Demut. Das war im Jahre 1974.

Wegweiser zum Pfad

Ich hatte in dieser Zeit Yoganandas "Autobiographie eines Yogis" studiert und oft war mir der Inhalt, - es zeigt meinen damaligen Seelenzustand, - wie ein Märchenbuch vorgekommen. Aber ich erinnere mich ganz deutlich, dass die Worte Babajis, des ewigen Yogis, jung in jeder Form erscheinend, mich sehr beeindruckt hatten. Mir war klar geworden, dass, wenn es diesen Heiligen in den ewigen Bergen des Himalayas gibt, ich eines Tages losziehen werde, um ihn zu suchen. Zur jener Zeit hatte ich bereits jahrelang verschiedene Yogapfade und Praktiken hinter mir und ich wusste, dass man eine gewisse innere Reinheit haben und frei von den Dingen des weißen Kragentäters sein musste. So fragte ich mich: "Reicht deine Reinheit aus, um den heiligen Yogi Babaji zu finden? Es dauerte dann auch noch 5 Jahre, eh es zu dieser Begegnung kam.

Der Ruf

Es wurde Mai 1979. Im Januar hatte ich die Yogalehrerprüfung abgelegt und war nun auf einem Traumseminar von Dr. Armin Gottmann, er ist, so wie ich mich erinnere, Arzt und hatte in Indien gelebt. Meine Firma hatte mich dort hingeschickt. Dieses Seminar war eine Ergänzung zu den Kursen, die ich im Hause meiner Firma seit 1975 gebe: eine Art autogenes Training mit abgewandelten Yogatechniken von Yogananda. Sie beinhalten heute auch Techniken , die mir Babaji später gab, sogenannte "Tank-Kriya-Yoga". In diesem Seminar von Dr. Armin Gottmann wurden auch die Fragen gestellt, inwieweit man sich auf Träume verlassen könne und wer der Dreammaker (Verursacher von Träumen) sei; das eigene Innere als Dreammaker, und was es uns in den Träumen signalisieren will? Man könne diesen Dreammaker auch befragen und es würden dann Träume inszeniert oder projiziert als Antwort für den Fragenden. Träume können ganz bewusst oder unbewusst aus dem Inneren gesteuert werden, um Ratschläge einzuholen.

In diesem Traumseminar sollten wir uns abends als Übung vor dem Einschlafen folgende Frage stellen: "Wird es in meinem Leben noch Höhen und Tiefen geben, oder wird mein Leben so seicht vor sich hin plätschern?. Wird es wirkliche Veränderungen geben?" Das habe ich dann abends auch getan. Prompt hatte ich in der Nacht einen Traum. Ich sah eine riesengroße, goldene Zahl vor mir. Es war die Zahl 116. Sie war plastisch, groß, genauso groß wie ich und stand in einigem Abstand leuchtend hell vor mir, in Gold gehüllt.

Am anderen Morgen berichtete jeder von seinem Traum. Als ich von der Zahl 116 erzählte, wurde die Vermutung laut, das könne eine Seitenzahl in einem Buch sein, nämlich die Seite 116. Wir durchsuchten daraufhin alle verfügbaren Bücher in dem Hause nach irgendwelchen Hinweisen, fanden aber nichts. Das war 1979 im Mai.

Es vergingen wieder ein bis zwei Monate, dann kam eine Sekretärin, die einen meiner Kurse besuchte, zu mir und sagte, sie hätte ein kleines Buch in der Bücherei gekauft und es würde etwas über Babaji enthalten. Ich habe sie dann gebeten, mir das Buch auszuleihen. Als ich es in meinen Händen hatte, schlug ich es auf und fand eine detaillierte Beschreibung von Babaji und seinem Aufenthaltsort. Ich verschlang das Buch nun und alles in mir wollte gleich nach Haidakhan fahren. Ich hatte aber keinen Urlaub mehr und musste abwarten.

In der Zwischenzeit besuchte ich noch ein Seminar. Hier traf ich jemanden, der mir Babaji nahe brachte, und zwar in einer Form, dass in mir Ängste aufkamen. Babaji sei schon seit 1970 für die Menschheit verfügbar, sagte man mir, wolle sich aber wieder zurückziehen. Als ich das hörte, bekam ich etwas Angst, diesen Heiligen nicht mehr treffen zu können. Nun wie sollte ich an Freizeit kommen, an Beurlaubung? Alles in mir arbeitete auf die Möglichkeit hin, freigestellt zu werden. Und plötzlich gab es eine Möglichkeit. Ich bekam 10 Tage Bildungsurlaub. Und wie der Zufall es wollte, traf ich jemanden, der gerade aus Indien zurückgekehrt war. Dieser half mir, die Reise auszuarbeiten. Wie ich fahren sollte, welcher Flug am günstigsten wäre, um auch Geld zu haben für gewisse Spenden in Indien. Er erklärte mir die Fahrt mit dem Bus und den Weg nach Haidakhan. Damals musste man noch mit dem Esel reiten, mit dem Muli über die Berge oder mit Trägern und zu Fuß durch den Ganges ab Damsite. Vor dem Abflug wurde ich gebeten, noch einmal vorbei zu kommen, um etwas Persönliches für Babaji mit zu nehmen. Das habe ich auch versprochen und es wurde November, bis es zu dem Abflug kam. Am Tage vor meiner Abreise besuchte ich diesen Bekannten, und traf dort eine sehr alte Frau, die großen Eindruck auf mich machte. Sie war damals schon etwas über 80 und hatte ein grünes Kopftuch auf, ähnlich einem Schottentuch. Sie schaute mich aus der Ferne durch ihre große Brille an und - wie alte Leute so sind, - roch etwas ranzig. Als sie mich so ansah, die Hände vor ihrer Brust gefaltet, ergriff mich ein seltsames Gefühl, so dass ich sie spontan in den Arm nahm. Unmittelbar darauf hörte ich in mir drei Sätze, - so als wären sie durch einen geschlossenem Mund gesprochen, - laut durch den Raum vibrieren. Mmmmmmmmm. Mmmmm. Mmmmmmmm. Und bei jedem Satz lächelte die Frau. Es war der Moment, in dem eine Botschaft übermittelt wurde. "Eben hat Babaji eine Botschaft für dich gegeben", sagte die alte Dame und schwieg lächelnd. "Ich habe auch etwas gehört", antwortete ich. "Ja, dann darf ich auch darüber sprechen" sagte sie: "Du hast soeben deine letzte Prüfung bestanden. Du kannst jetzt zu Babaji gehen, er wird dich empfangen."

Erfüllt von dieser ersten kosmischen Begegnung - es war also ein Sprechen durch den Raum, eine Botschaft, die wie durch ein unreines Mikrophon brummte - ging ich heim. Heute war der Tag vor meiner Abreise, der 6. November. Der 6.11? Wenn ich dieses Datum umdrehte, dem Monat den Tag vorausstellte, wie es die englisch sprechenden Völker tun, erhielt ich die Zahl 116! Und dies war die Zahl, die mir an dem Tag im Mai während des Traumseminars angedeutet worden war als ich fragte, ob es noch Höhen und Tiefen in meinem Leben geben würde, und wann diese sich ereignen würden. Es war der 11. Monat des Jahres und der 6. Tag dieses Monats, an dem die große Veränderung begann.

Einen Tag später flog ich ab Frankfurt mit der Aeroflot nach Indien. In Moskau sollten wir zwischenlanden. Dort aber tobte ein Schneesturm, der die Landung verhinderte. So flogen wir nach Leningrad weiter mit einem vierstündigen Aufenthalt. Und wieder ereignete sich etwas Eigenartiges. Ich stieg aus dem Flugzeug aus und als ich die versetzt gestalteten Gebäude dieses Flughafens betrachtete, hatte ich das Gefühl, diesen Ort zu kennen. Dann erinnerte ich mich. In der Meditation hatte ich etliche rot fluorizierende Farben aufgereiht gesehen. Und nun standen dort drei, vier, fünf Maschinen, die alle mit ihren rot fluorizierenden Leitwerken, auch versetzt aufgestellt, der Vision meiner Meditation ähnelten. Also wieder ein Hinweis, dass ich diesen Ort schon kannte? Vielleicht war es sogar gewollt, dass sich der Flug durch den Schneesturm verzögerte?

Ich traf in Delhi mit vier Stunden Verspätung ein. Meine ganze ausgearbeitete Reise stimmte nicht mehr, und ich konnte nicht gleich den richtigen Bus nehmen. So fuhr ich mit einem Taxi zum Aurobindo-Ashram in Delhi und schlief erst mal aus. Am nächsten Morgen wollte ich meine Reise fortsetzen. Im Aurobindo-Ashram ereignete sich dann etwas, was schier unvorstellbar ist. Ich saß in der Meditationshalle vor der Aurobindo-Statue und meditierte und war wohl etwas zu tief geraten, vielleicht war es auch ein leichter Schlaf gewesen, auf jeden Fall lag, als ich wieder zu mir kam, ein Zettel vor mir. Darauf stand geschrieben: "Babaji ist in Delhi. Ich bringe dich hin." Meine Begeisterung und Freude waren groß. Wie hätte ich Babaji treffen können, wenn ich sofort mit dem Bus morgens nach Haidakhan gefahren wäre? Mir wurde klar, dass auch die vierstündige Verspätung wegen des Umweges nach Leningrad und das Wiedererkennen der Gebäude und der Flugzeugleitwerke als Hinweis auf einen für mich gemachten Plan dienten. Nun suchte ich mit dem Zettel in der Hand nach der Person, die mir diese Zeilen geschrieben hatte. Wie sollte ich sie in dem Ashram finden? Rein zufällig stand im Sekretariat eine wie Shiva gekleidete Frau, eine Amerikanerin. Sie hatte ihr Haar nach oben geknotet, so wie Shiva immer dargestellt wird. Sie erkannte gleich den Zettel und sagte: " Ja, ich war gestern Abend bei Babaji, und wenn du möchtest, fahre ich mit dir zu ihm." Wir vereinbarten eine Zeit, um nach Janakpuri zu fahren, wo ein Schüler Babajis, Dr. Tewari, ein Biologe, ein "Bandara"- Festessen gab. Dort sollte Babaji am Abend einige Stunden anwesend sein, bevor er wieder zu anderen Schülern fuhr.

Die Begegnung fand dann abends gegen 18.30 Uhr statt. Ich hatte eine Blüte aus Deutschland mitgebracht. Es war eine Rose,. eine gelbe Rose als Knospe. Diese war in dem Klima in Delhi aufgeblüht. Ich hielt sie in meinen gefalteten Händen und so trat ich vor Babaji. Er lächelte mich lieb und freundlich an. Wie eine Muschel öffnete ich die Hände, er blickte hinein, sah die Rose darin liegen und freute sich. Er fragte, wo ich herkäme und sagte: "Sit here"[46] und bedeutete mir, mich unterhalb seines Sitzes niederzulassen. Das war nun der Heilige Babaji, der ewig in dem Himalaya lebende, nicht alternde Yogi, der sich von Zeit zu Zeit der Menschheit zur Verfügung stellte, um ihr alte Weisheiten, verloren gegangene menschliche Notwendigkeiten, Techniken zur Verfügung stellte und die Menschheit direkt immer wieder schult! Dieses war nun der Babaji! Mit gefalteten Händen saß ich vor Ihm, und streute immer wieder in Gedanken den Satz ein: "Wenn Du jetzt auf Tournee durch Indien gehst" - ich hatte erfahren, dass er eine Reise durch Indien machen würde, "nimm mich bitte mit, denn sonst bin ich vergebens hergekommen!" Ich habe diesen Satz also immer wieder in meine Gedanken eingeblendet und es kam immer eine Reaktion von Babaji! Er gab mir eine Banane, eine Apfelsine, Süßigkeiten jeglicher Art. "Bitte nimm mich mit", wie ein Kind, was bettelt und bittet, so bettelte ich: "Bitte nimm mich mit!" Der Abend ging vorbei, es wurde 21.30 Uhr, die Stunde des Aufbruchs. Kurz bevor Babaji aufstand um zu gehen, ließ er mir durch jemanden sagen, ich solle meine Sachen holen und am anderen Morgen zwischen drei und vier Uhr wieder vor

---

[46] Setz dich hier hin

Ort sein. Der Aurobindo-Ashram lag etwa siebzig Kilometer außerhalb, so dass ich die ganze Stadt durchqueren musste. Ich nahm mir eine Rikscha, ein motorisiertes Dreirad, und ließ mich zum Aurobindo-Ashram fahren. Dort kam ich erst nach Mitternacht an. Ich packte gleich, hinterließ einige Rupies, setzte mich in die gleiche Rikscha und fuhr wieder zurück, um irgendwann zwischen drei und vier Uhr morgens wieder vor Ort zu sein. Ich legte mich in das Zelt. Dort wurde die ganze Nacht durchgesungen und getrommelt. Ich war wie im Rausch, eine eigenartige Schwingung, - ein Schwingungsgefühl - machte sich in mir breit. Es vibrierte in mir. Dann brach die Gruppe, die gesungen hatte, auf, und nahm mich mit zu einem entfernten Brunnen. Dort wuschen wir uns. Bis auf die Unterbekleidung wurde alles ausgezogen, hier die Männer, dort die Frauen für sich, und so bekam ich meine erste morgendliche Waschung in Indien! Die Sonne ging dann allmählich auf.

Diese Gruppe der Sänger nahm mich dann auch mit zum Chandan. Babaji gab mir, nachdem er mir schon am Vorabend gegen 18.30 Uhr Chandan gegeben hatte, ein zweites Mal Chandan. Anschließend erlebte ich wieder das Arti mit. Auch fielen die ersten Tränen einer inneren Freude und der Begegnung mit etwas, was mir eigentlich früher unbekannt war. Ein tiefes Berührtsein, ein Gefühl der Dankbarkeit, aber auch der Reue über Verfehlungen in meinem Leben stieg in mir hoch: die ganzen kleinen "weißen Kragentätereien" wurden mir bewusst. Nach dem Arti wurde noch ein Yagna[47] durchgeführt und bei diesem Yagna, als die Flammen hell aufloderten, habe ich die erste große Meditationstiefe erlebt, in die man hineingehen kann. Wie innig und mit wie viel Demut und Liebe die Gaben in das Feuer getan wurden!

Nun kam die Zeit des Aufbruchs und die erste Begegnung mit Hargovind. Hargovind war ein schlanker junger Mann. Er saß fast die ganze Zeit immer in meiner Nähe und um mich herum. Diese Begegnung zwischen ihm und mir war eindeutig gewollt. Und später habe ich dann auch erfahren, dass er einer meiner Zwillingsseelen sein soll. Kurz vor Aufbruch entschied Babaji, dass Hargovind nicht mitreisen sollte. Er hatte ein so kindliches Verhalten Babaji gegenüber, dass er mir wie ein kleiner Junge vorkam. Ich betrachtete sein Verhalten und dachte mit einem gewissen Hochmut: "So wie er, will ich mich aber nicht verhalten." Plötzlich änderte Babaji seine Meinung und entschied: "Hargovind, Du darfst jetzt doch mitkommen." Er setzte uns zusammen in ein Auto, das sieben Mann aufnahm. Es war sehr eng und ich saß fast die ganze Zeit auf Hargovinds Schoß. Wie eigentümlich, denn später erfuhr ich auch, dass Hargovind in einem früheren Leben mein Yogi, mein Guru gewesen sei.

---

[47] Feuerzeremonie

Nun ging die Reise los, von Delhi nach Ludhiana, einer Stahlstadt im Norden. Diese Stadt hielt sehr viele Erlebnisse und Begegnungen bereit. Als Ort früherer Leben erkannte ich eine kleine Fabrik wieder, die ich eingerichtet hatte. Mein eigener Sohn bereitete hier das Mittagessen zu. Ich traf Freunde. Ich sah auch das Haus, in dem ich gelebt hatte. Ich erkannte Schriftzüge in Punjabi an den Wänden, die ich selbst geschrieben hatte. Cousins versuchten mir alkoholische Getränke zu verkaufen. Ich sagte: "Ihr wisst, dass ich keinen Alkohol trinke, bitte nicht." Als wären sie gesandt, brachten mir Leute Dinge. In einem T-Shirt-Shop kaufte ich etwas, der Verkäufer war ein Verwandter aus vergangener Zeit. In einer Baumwollspinnerei offenbarte mir jemand, dass er mich täglich in meinem Hause sähe. Er beschrieb mir meine Familie, sagte aber, er kenne die Zusammenhänge nicht. Später erfuhr ich von Babaji, dass es ein Bruder sei aus dem vergangenen Leben, der noch die Fähigkeit hätte, mit mir Kontakt zu halten. Das war die Begegnung mit Ludihana!

Von dort ging es nach Batala, in alte Tempelkomplexe, wo mir Babaji zeigte: "Hier hast du als Mönch gelebt". Mir begegnete ein Arzt, der fünfundsiebzig Jahre alt war. Es war ein noch lebender Bruder aus meinem letzten Leben. Also war ich Inder in meinem letzten Leben. Dieser Arzt hatte dann später noch die Aufgabe, mir zu helfen, als die Kundalini erweckt wurde. Mir wurde eine ayurvedische Speise gegeben, die erst mal alles in meinen Eingeweiden ausräumte, damit die Kundalini - offensichtlich muss das so sein, - freien Lauf hat. Zwei Tage war ich sehr krank. Da ich trotz hohen Fiebers nicht im Bett liegen brauchte, - Babaji ließ mir ein ayurvedisches Heilmittel geben - konnte ich an allem teilnehmen und begegnete so meiner Vergangenheit.

Die Reise dauerte für mich nur fünf Tage. Dann schickte mich Baba weg. Ich war sehr traurig, aber bereit zu gehen. Er fragte mich, ob ich dieses Mal nicht nach Haidakhan wolle und wusste bei dieser Frage wohl, dass ich auf der kurzen Reise viel erlebt hatte.

Ich blieb den Rest der Zeit in Delhi, in der ich wieder zu Dr. Tewari fuhr. Dort bekam ich Einweisungen, viele Techniken, die die Ausführung von Yagnas und Artis beinhalteten. Ich traf auch Dr. Rao und erhielt sein Buch als Geschenk. Babaji hatte mich mit den Worten: "Delhi 4" entlassen und keiner wusste, was das hieß. Er sagte: "You go Delhi 4". Also Delhi vier. Ich bin dann mit diesem Auftrag zu Dr. Tewari gegangen und wir suchten mühsam den Sinn heraus. Es dauerte Tage, eh wir gefunden hatten, was Delhi 4 war. Es war der Wohnsitz des "Präsident of Nations" und damals hatte Nilam Sanchiam Rewe diesen Posten inne. Ihm habe ich das Buch von Dr. Rao gebracht. Um zu ihm vorzudringen, musste ich tagelang zu Behörden gehen, denn ich hatte alle Ebenen zu durchkämmen. Damals trug ich rosa Kleidung, die mir Babaji ausgesucht hatte. Ich hatte zum erstenmal Mundan, ein kahl geschorenes Haupt, war mit einer Kette geschmückt, und ging barfuss, nur barfuss ohne Schuhe, den ganzen Tag nur barfuss. Ich ging also zu dem Präsidenten, kam aber nie bis zu ihm vor, sondern nur bis ins Vorzimmer. Die Sicherheitsbeamten ließen mich nicht vor. Immer wieder musste ich meine Geschichte erzählen mit Delhi 4, und man staunte einfach über den Deutschen, der auf seinem Pass eigentlich sehr passable aussah, sehr westlich, aber so in dieser Kleidung des wandernden Mönchs?! Er trug zwar sehr gepflegte, schöne rosa, frisch gebügelte Kleidung und einen langen Lungi. Aber es war eben nur ein Mann, der wie ein Pilger etwas suchte, nämlich Delhi 4. Ich habe dann schließlich der Sekretärin im Vorzimmer das Buch gegeben, und ich vermute, dass alles dann seinen Lauf ging, denn ich wurde innerlich auch frei.

Meinen Rückflug trat ich pünktlich am 27. November an. Ich hatte sehr viel erlebt in Indien und etwas erreicht, was jenseits von dem lag, was ich mir jemals erträumt hatte. Ich dachte nochmals an die Frage, die ich damals auf dem Traumseminar gestellt hatte und an den Sinn des Leben: "Wird es noch irgend welche Erlebnisse, irgend welche Höhen und Tiefen in meinem Leben geben?" Damals war ich alles leid. Es musste noch etwas geben, das mehr war als nur Vergnügen, Wohlstand, Saus und Braus, und Verführung jeglicher Art. Nun hatte ich den Yogi gefunden, der mir zeigte, wie das Leben sein kann, wenn man das Geistige in den Vordergrund stellt. Lebt man ein Leben in Harmonie mit dem Göttlichen, dann kommen der Wohlstand, der damit verbundene Segen, Gesundheit und Friede von selbst. Vieles fiel von mir ab. Viele Eitelkeiten und Wünsche, mein ganzes Wollen, die Ellenbogentechnik zur Verteidigung, und die des Vorbaus: der kluge Mann baut vor. Seit diesem Zeitpunkt vertraue ich auf etwas, was da noch ist, nämlich auf die Unendlichkeit.

Lebende Bilder -die kein Maler malt

Karin Kraus, Deutschland

Als Babaji sich bei mir das erste Mal meldete, geschah das durch eine Vision. Ich sah ihn beim Meditieren. Er zeigte sein Gesicht, öffnete den Mund, der innen weiß war, und sprach zu mir. Bei meinem Kindernamen rief er mich mehrmals und sagte: "Komm zu mir." Seine Augen leuchteten wie Kupferkreise, sein Haar wehte im Wind. Danach machte ich zu Hause eine Zeichnung von der Vision.

Am nächsten Tag stand ich in einer Buchhandlung und drehte an einem Bücherständer vom Fischer Verlag. Da griff ich nach dem Buch "Botschaft vom Himalaya"[48], schlug es auf und erblickte dasselbe Gesicht wie tags zuvor in meiner Vision! Wie ich dann nach Hause kam, weiß ich nicht. Mir schlotterten jedenfalls die Knie. Wenig später, bei einer Freundin, die schon vor längerer Zeit nach Haidakhan gefahren war, erfuhr ich mehr über Babaji, und dass ich sofort zu ihm fahren solle.

Wenige Monate später war ich bei ihm. Er stürmte aus seiner Türe heraus auf mich zu, die ich gerade im Ashram angekommen war, den Rucksack noch auf dem Rücken und begrüßte mich mit den Worten: "Wo kommst du her?" Aber mir war klar, dass er es bereits wusste. Sein Eindruck bei mir war immer der eines Allwissenden, selbst wenn er Fragen stellte.

Auch spielte er genau mein Spiel. So wie ich mich gab, so spiegelte er es wider. Zu Beginn hatte ich Trotz und Aufbegehren in mir, und manches gefiel mir im Ashram nicht. "So schnell können sie mich nicht überzeugen", dachte ich und dementsprechend bekam ich, sparsam und wenig. Aber es war schon mehr, als ich verkraften konnte. Die Lehrzeit von nur elf Tagen dort im Ashram war die intensivste Zeit meines Lebens. Es gab keine fünf Minuten, wo Babaji nicht dafür gesorgt hatte, dass meine innere Sanduhr auf den Kopf gestellt wurde und von neuem ablief. Sobald die "fünf Minuten" herum waren, kam wieder ein neuer Impuls, eine neue Information durch Babaji selbst, durch die anderen um mich herum, durch alles, was ich sah und wahrnahm. Alles und jedes war ein Lernimpuls.

Ich hatte vor diesem wunderbaren Babaji einen ungeheuren Respekt und traute mich nicht, ihn zu photographieren. Also tat ich es heimlich - so ein Gesicht hatte ich noch nie gesehen! - an einem Nachmittag, an dem er in seinem Zimmer Ruhe hielt. Ich dachte: "Wenigstens seine Wohnung kann ich

---

[48] Neuauflage Reichel Verlag

ja aufs Bild bannen". Ich knipste in seine Richtung und war sicher, absolut sicher, dass Babaji nirgends auf der Terrasse zu sehen war. Zu Hause, als ich dann die Dias an die Wand warf, stand er lässig in seiner Türe und schaute auch noch zu mir herüber. Das hatte ich nicht erwartet! So und ähnlich war er immer und überall gegenwärtig und auch Zeuge unserer geheimsten Gedanken.

Gleich am ersten Tag arbeitete ich im Hospital. Dort gab es alte Medizin auszusortieren, neue einzusortieren, Listen anzulegen. Täglich fragte Babaji mich: "Hast du die Listen fertig?" Am Abend im Schlafsaal tauschten wir Mädchen unsere Erfahrungen mit Babaji untereinander aus. Viele Erlebnisse, viel Freude und Ergriffenheit hatten sich ereignet. Nur ich fühlte mich im Hospital etwas weit weg von allem und dachte: "Er legt mich trocken, ich bin zu kritisch, zu nüchtern, kein ergebener Schüler. Vielleicht sollte ich besser gehen...?"

Babaji hatte aber auch bei mir mit Segnungen und Gesten, Blicken und Hinweisen nicht gespart. Einmal in der Mittagspause saß er am Fluss und war nicht weit von mir. Er saß da, hielt seinen Stock senkrecht vor sein Gesicht, so dass links davon ein Auge und rechts davon ein Auge genau zu mir herüberschaute, in der Mitte der Stock. Er blickte mir auf diese Weise viele Sekunden, - mir schien es eine Ewigkeit zu sein - voll in die Augen. Noch nie in meinem Leben hat mir irgend ein Mensch so lange und auf diese Art in die Augen geschaut. In seinem Blick schien mein ganzes Wesen zu liegen. Babaji schaute in aller Offenheit und eine tiefe Weite öffnete sich mir. Bin ich das oder ist er das? Auch sah ich ein "Geteilt- sein". Diese Augen schienen ins Endlose zu blicken und zogen mich wie ein Strudel in eine unergründliche Tiefe. Und in diesem Anblick erkannte ich ihn als ein Wesen, das frei von Gedankenformen ist, ein Spiegelbild der reinen Wahrheit.

Ein anderes Erlebnis möchte ich noch erzählen. Es war an einem heißen Tag. Wir hatten die Mittagspause mit Baden und Wäsche waschen verbracht, und als ich die 108 Stufen hinauf zum Ashram gehen wollte, kam Babaji mit Gefolge herabgeschritten. Da wollte ich mich an ihm vorbeischlängeln, als er mich anhielt und fragte: "Wohin willst du?" "Zum Krankenhaus". "You work in the stones"[49] war seine Antwort. Ich war barfuss und dachte daran, erst noch meine Gummischuhe zu holen, die ich oben vor dem Ashram stehen gelassen hatte. Sonst hatte ich sie immer dabei! Ich dachte an meine wehen Füße... wie sollte ich mit nackten Füßen in den Steinen arbeiten?... Aber ich sollte nicht hoch laufen, sondern gleich an die Arbeit gehen. Während Babaji in Sichtweite am Ufer saß, uns beobachtete und seine Anweisungen gab, machte ich mich zaghaft an die Arbeit. Doch plötzlich, ehe ich mich versah,

---

[49] Arbeite in den Steinen

lief ich ungewöhnlich schnell. Es war, als sei mein Körper leicht wie Luft geworden. Die Füße bewegten sich flinker als ich sie jemals laufen sah, sie flogen über die Steine. Ich blickte an mir herab und es war wie ein Film, der vor meinen Augen ablief. Neben der Schnelligkeit - ich spürte den Wind an mir vorbeiwehen;... der Saristoff schlug gegen die Beine - mir war innerlich im Herzen ganz warm, und ich war leicht wie eine Feder. Alles ging schwebend leicht wie von allein. Keinen Stein spürte ich an meinen nackten Füßen, alles war weich und glatt und es gab nichts, woran ich mich hätte stoßen können. Ich freute mich über diese wunderbar leichte Art der Fortbewegung und wünschte, mich immer so bewegen zu können. Jede Bewegung war von einer Freude und Wärme und vor allem Liebe begleitet. Der Zustand des "Fliegens" dauerte eine Weile, ich weiß nicht mehr wie lange. Auch beschäftigte mich der Gedanke, ob die anderen wohl merkten, dass ich über der Erde schwebte.

Später arbeitete ich im Wasser bis es dunkel wurde. Als ich dann am Abend meine Füße betrachte, waren sie rosarot und es fehlte ihnen nichts. Und zugleich war mir, als spräche eine Stimme folgende Worte zu mir: "Warum hast du Angst um deine Füße? Ich kümmere mich um sie. Ich kümmere mich immer um alles, dir wird nichts mangeln. Verstehst du das?" So deutlich war Babajis Sprache und so lehrte er mich, wie unnötig Befürchtungen und Ängstlichkeit sind. Sie sind es, die einen daran hindern, eine Sache sofort in Angriff zu nehmen.

Auch mit dem Job im Hospital hatte Babaji gleich am ersten Abend meine andere Angst entlarvt, die Angst, ich könnte mir in Indien eine ansteckende Krankheit holen. Dieses Problem hatten auch die zwei Ärzte, die mit mir dort eingeteilt wurden. Bevor ich noch eine Ahnung hatte, wie der Betrieb im Ashram läuft, und was ich vielleicht tun könnte, hatte Babaji schon entschieden: Hospital. Zuvor allerdings hatte er fragen lassen, wer unter uns Neuen schon einmal in einem Krankenhaus gearbeitet hätte, und das war bei mir der Fall, ich war Röntgenassistentin.

Im ganzen war ich elf Tage in Haidakhan. Als die Zeit zur Neige ging, war ich von Babaji reichlich beschenkt worden mit Liebe und Lehren, die mir bis ans Lebensende vor Augen stehen würden. Am Tag unserer Abreise aus Haidakhan im Dezember ging ich mit meinem Rucksack gegen zehn Uhr früh ins Tal, um auf den Lastwagen zu warten, der uns nach Haldwani bringen sollte. Die Abfahrt zog sich jedoch noch bis 14 Uhr hin. Die Abreisenden standen wartend im Flusstal und tauchten noch einmal in die Schwingung ein, die so typisch für Haidakhan ist. Während wir auf unser Transportmittel warteten, kam Babaji noch dreimal zu uns herüber. Jedes Mal verließ er dann die Karma-Yogis am Wasser, wo sie eine Mauer gegen den im Monsun anschwellenden Fluss aufrichteten. Langsam schlenderte er auf uns zu und setzte sich mal hier, mal dort auf die Stühle, die vor dem einfachen Tee-shop standen. Dabei bildete sich immer eine Schlange von Schülern vor ihm. Ich war auch unter ihnen, nur stand ich abseits und auf der anderen Seite. Als Babaji sich näherte und dichter an mich herankam, fuchtelte er mit seinem Stock an meinen Beinen herum und gab plötzlich meiner linken Wade einen Schlag mit dem Stock, so fest, dass ich ihn noch länger spüren konnte. Babaji tanzte um mich herum, wie ein Tänzer, lachte und war froh und mit einem Zwinkern in den Augen sagte er mehrmals zu mir: "You go on one side only!"[50]. Ich stand da wie angewurzelt, bis ich endlich begriff, was er wollte: Ich sollte zu den anderen gehen. Nun hatte ich eine nähere Erfahrung mit Babaji bekommen. Mit seinem Körper, der Schulter, dem Arm, Ellenbogen, Bauch und Seite schubste er mich so, dass ich fast umkippte. So rangelten wir miteinander eine Weile herum. Schließlich hatte er mich so weit, dass ich "hinüber" ging. Ich war glücklich über dieses Erlebnis mit dem "tanzenden Shiva." Wie froh er lachte, wie er strahlte und wie flink er sich bewegte. Da es sich in mir so anfühlte, als sei das "Maß voll", das Gefäß am Überlaufen von so viel Liebe, Güte und Energie sowie auch der Härte des Dortseins, das Chaos, das Aufgewühlt-und des Durcheinandergewürfelt-seins, gab es keinen Zweifel mehr daran, dass der Entschluss, zu diesem Zeitpunkt von Haidakhan wegzugehen, richtig erschien. Dieser letzte Auftritt Babajis mir gegenüber - so hatte ich ihn bisher noch nicht erfahren - war, was mein Gefäß (Maß) wirklich bis zum Rand gefüllt hatte.

In der Zwischenzeit sind sieben Jahre vergangen. Babaji hat uns wenige Wochen nach meinem Besuch im Dezember 1983 verlassen. Über diese Trauer kam ich lange Zeit nicht hinweg. Immer beim Betrachten von Photographien von Babaji kamen mir die Tränen. Bis eines Tages eine Bekannte zu mir sagte: "Du trauerst ja immer noch um Babajis physische Form! Da wäre es am besten, du fährst noch einmal nach Haidakhan und arbeitest an Ort und Stelle deine Trauer auf."

In diesem Winter war es dann so weit. Ich buchte einen Flug nach Indien und reiste allein nach Haidakhan. Dort überkam mich der Schmerz, dass Babaji nicht mehr überall zugegen ist, nicht mehr segnend seine Hand über uns hält, seine Augen nicht mehr - alles sehend - umherschweifen, er nicht mehr am Feuer sitzt, oder plötzlich aus der Türe tritt. Alle Plätze suchte ich auf, wo wir uns begegnet waren. Zu der Zeit waren kaum Schüler anwesend, so dass ich ungehindert weinen konnte. Bis einer der alten Bekannten zu mir kam, mich in die Arme nahm und sagte: "Das ist uns allen so ergangen!" Dann am dritten Tag, als ich vor Babas Kutir[51] saß, erschien er mir. Er saß in dunkelblaue Seide gekleidet neben mir unter seinem Baum an der Feuerstelle. Er beant-

---

[50] Folge stets nur dem einen Weg
[51] Raum

wortete mir alle meine Fragen, die ich seither hatte – etwas, was noch nie geschehen war -. Nach einer kurzen Weile schaute er nach Osten in den Himmel, an dem es allmählich zu tagen begann. Dann traten aus seinen Augen viele violett-schwarze Strahlen, die er mit unbeschreiblicher Kraft und Entschiedenheit in alle Himmelsrichtungen schickte. Er sagte zu mir: "Komme ein andermal wieder. Ich muss mich jetzt um das Universum kümmern." Damit war die Erscheinung beendet.

Von da an war ich vergnügt und glücklich und die Tage im Ashram waren eine Freude.

Die andere Vision, von der ich noch berichten möchte, geschah am Tag des Mahasamadhi[52]. Um Babajis Grabstelle saßen Männer und Frauen und lasen Sanskrittexte. Wir Schüler saßen im Hof und sangen Bhajans. Auch da wieder sah ich Babaji in dunkelblauer-violetter Seide. Er saß bequem auf einem Asan auf seinem Grabstein. Sein Gesicht war so schön wie nie zu Lebzeiten, und er schien sich mit unsichtbaren Wesen links und rechts zu unterhalten. Seine Gesten glichen genau denen aus seiner Zeit bei uns, er bewegte Kopf, Hals, Schultern, Arme und Hände, so, wie wir es immer an ihm beobachten konnten. Sein Blick schweifte allgegenwärtig überall hin, er lachte und schien ganz glücklich zu sein an seinem Ort, unter all den Wesen. Dann erhob er sich und ging langsam durch seinen Garten. Dort freute er sich an dem Wuchs der Pflanzen und berührte einige mit den Händen. Strahlend vor Freude kehrte er mit einem liebevollen Blick auf alles um ihn herum zurück und setzte sich wieder. Nach zwanzig Minuten verschwand das Bild, und alles sah wieder normal aus. Dieses eindrucksvolle Seh-Erlebnis zeigte mir, dass Babaji bei uns ist und sich manchmal auch sehen lässt. Er ist also nicht fortgegangen, er lebt unter uns.

Manchmal überlege ich, was Babaji mir alles gezeigt und was er mich gelehrt hat. Darüber hinaus bin ich sehr dankbar über dieses Geschenk der Vision, auf die ich keinen Einfluss habe. Setzt eine Vision ein, dann läuft sie ab wie ein Film und ist ebenso beendet. Mir scheint, sie geschieht eher, wenn mehrere von uns beisammen sind, wie bei dem Jesus-Spruch: "Wo zwei oder drei beieinander sind in meinem Namen, da werde auch ich sein." Mit keiner Verstellungskraft, die mir zur Verfügung steht, könnte ich so ein Bild erzeugen, und keine Vorstellungskraft ist so präzise im Detail wie eine solche Vision.

---

[52] Todestag Babajis

Mein Weg zu Babaji

Lena Laitinen, Finnland

Der innere Ruf

Bei meinem ersten Indienbesuch war ich Teilnehmerin des International Transpersonal Association Kongresses in Bombay. Am letzten Abend der Veranstaltung teilte ich auf der Rückfahrt ein Taxi mit mehreren Kongress-Gästen, die mir von ihrem Vorhaben erzählten, am folgenden Morgen um vier Uhr in der Früh den großen spirituellen Meister Babaji aufzusuchen. Er sei auf Besuch in Bombay. Gern hätte ich mich der Gruppe angeschlossen. Aber da ich bei einer indischen Familie untergebracht war, hatte ich Hemmungen, sie in der Früh aufzuwecken und verpasste die Begegnung. Ich erinnere mich jedoch daran, dass ich einen inneren Ruf, ihm aufzusuchen vernommen hatte. Zurück in Finnland hatte ich überraschenderweise Wochen später- das Ereignis war mir bereits entfallen - eine kraftvolle Vision: Ich sah mich in Indien, wo ich mehrere Monate lang nach spirituellen Meistern suchte.

Ein halbes Jahr später nahm ich in Schweden an einem Rebirthing Seminar teil, das von dem Amerikaner Leonard Orr, der ein Schüler Babajis ist, geleitet wurde. Während der Kurses traf ich auf etliche Schweden, die alle bei Babaji in Haidakhan gewesen waren. Nach dem Workshop wurde der innere Ruf, Babaji zu begegnen immer stärker, - er war wie ein magnetischer Strahl - und bald konnte ich ihm nicht länger widerstehen. Die Vorbereitungen meiner Reise wurden unterstützt durch das Wissen, dass, wenn ich mich innerlich mehr auf spiritueller Ebene öffne, ich neue Erkenntnisse auf allen Gebieten meines Lebens erlangen würde... in meiner Beziehung zu Gott, zu den Mitmenschen, neue Zukunftsperspektiven würden sich auftun, auch beruflicher Art. Zudem schien es mir, als ob die Beantwortung aller meiner Fragen darin zu liegen schien, Babaji zu begegnen, mich für seine Führung zu öffnen und in einer Gott zugewandten Gemeinschaft zu leben. Mit tiefem Vertrauen in meine innere Führung begann ich meine Pilgerreise.

Begegnung mit Babaji

Ich erblickte Babaji zum ersten Mal als er auf einer hohen Mauer in der Sonne stand und Bauarbeiten inspizierte und beaufsichtigte, die den Ashram vergrößern sollten. Von Ferne verneigte ich mich vor ihm auf indische Art mit zusammengelegten Händen und fühlte mich glücklich, angekommen zu sein. Als sein Blick auf mich fiel, erfasste mich eine angenehme Wärme, die meinen ganzen Körper umhüllte. Welch schönes Willkommensgeschenk!

Am Abend als alle zum Darshan gingen, hatte ich Gelegenheit, Babaji näher zu beobachten. Das war also der unsterbliche Meister, der willentlich seinen Körper in Licht verwandeln, sich auflösen und sich wieder auf Erden manifestieren konnte. Ich war wissbegierig wie ein Kind. In seiner indischen Kleidung sah er aus wie ein Mann und eine Frau zugleich. Seine Gegenwart schien auf alle Anwesenden elektrisierend zu wirken. Er bewegte sich leicht und schien, selbst als er unbeweglich auf seinem Sitz saß, zu fließen.

Seine Art, jeden mit seinen tiefgründigen Augen anzuschauen, berührte mich tief. „Diese Augen sehen alles", dachte ich und der Tonfall seiner Stimme erinnerte mich an chinesischen Singsang. - Oft nahm er Kinder auf seinen Schoß, mal war er freundlich, mal streng zu ihnen. Babaji schien voller Verspieltheit und Trickreichtum mit ihnen umzugehen.

Nach indischer Tradition verneigt sich jeder vor dem Meister, wenn er zum Darshan geht - er verbeugt sich damit symbolisch vor seiner eigenen inneren Führung - und überreicht ihm eine kleine Gabe, eine Frucht, eine Blumengirlande, Süßigkeiten, Weihrauch oder Kleidung, die er an die Armen aus den Bergen verschenkt. Babajis ständig wechselndes Wesen und seine stillen Augen verschüchterten mich ein wenig. Dennoch stand ich auf, um ihm eine kleine Meditations-Handarbeit, "Gottes Auge" genannt, - Streichhölzer zusammengesteckt und mit Fäden verbunden - zu überreichen. Für mich symbolisierte dieses kleine Geschenk Gottes allgegenwärtige Liebe. Freundlich nahm Babaji die Gabe an und ich kehrte etwas verwirrt und tief in Gedanken an meinen Platz zurück. Bevor ich mich niedersetzen konnte, berührte ein Inder meinen Arm und deutete auf Babaji. Er hatte sich die kleine Meditations-Arbeit als Schmuck um die Ohren gehängt. Dabei lächelte er und schlenkerte spielerisch seinen Kopf hin und her. Ich brach in Lachen aus und freute mich über seine humorvolle Freundlichkeit.

Mein erster Eindruck

Ich hatte mir Haidakhan als ruhigen, stillen Ort vorgestellt. Bei meiner Ankunft zur Weihnachtszeit aber war er das Gegenteil und floss über vor Geschäftigkeit. Etwa zweitausend Menschen aus zweiundzwanzig verschiedenen Ländern waren anwesend. Das war um so erstaunlicher, da Babaji niemals Indien zum Reisen verlassen hatte. Wie ein Magnet schien er Menschen aus allen Kulturen und Ländern anzuziehen. Viele der Anwesenden, Inder wie Besucher aus dem Westen hatten geschorene Köpfe. In der Volltonsur, so lernte ich, liegt ein verborgener Sinn. Fallen die Haare, so fällt auch das

Äußere fort. Die so stark benötigte innere Reinigung wird angeregt, sie vertieft die Beziehung zum göttlichen Licht und nimmt aggressive Gefühle fort. Unter diesen Gesichtspunkten ließen sich viele freiwillig aus dem Westen die Haare scheren. Manchmal holten sie sich dazu auch die Erlaubnis von Babaji ein. Da ich mir nicht sicher war, ob die Tonsur auch mir nützen würde, brachte ich Babaji ebenfalls dieses Anliegen dar, worauf er sagte: „Du brauchst dir das Haar nicht zu scheren." Diese Antwort war genau das, was ich brauchte, denn sie forderte meine Neugier heraus. Was konnte hinter dieser Erfahrung stecken? Sie war auf jeden Fall so umwerfend, dass ich in der ersten Woche dreimal meinen Kopf rasieren ließ!

Viele der Gebräuche in Haidakhan waren mir zuerst fremd, es waren exotische happenings, deren Symbol mir verschlossen blieb. Dennoch genoss ich ihre Schönheit, und mit der Zeit wurde ich offener für neue Wege.

Manchmal hielt Babaji eine kleine Ansprache. So auch zu Weihnachten. Dieses Fest wurde ganz groß gefeiert. Der ganze Ashram war herausgeputzt, und viele Menschen hatten sich darauf vorbereitet, die vielen Gäste zu empfangen, denn alle sollten verpflegt und untergebracht werden. Ein großes Festzelt war für die Feier aufgestellt worden, und während der Feierlichkeiten wurden unzählige Gebete und Mantren gesprochen. Hier war es auch, dass Babaji die Worte sagte, die so tief in mein Herz eindrangen: „Seid menschlich! Befreit euch von allen Gefühlen der Trennung. Lasst wahres Menschsein in Euch wachsen und Früchte tragen"! Ich war erschüttert von der Wahrheit in diesen Worten. Mir wurde klar, wie wenig "menschlich" wir Menschen doch sind. Wir erfinden Waffen, um damit einander umzubringen, wir töten andere Lebewesen und lachen darüber. Wir sind auf der Jagd nach Lust und Befriedigung, vergiften dadurch unsere Umwelt und verhalten uns ganz und gar nicht wie Menschen, sondern eher wie Bestien. Traurigkeit überwältigte mich, und ich wurde innerlich ganz leer. Mehr denn je brauchte ich an diesem Tag Babajis Aufmerksamkeit. Ich schrie förmlich danach. Und er schien meinen verzweifelten Ruf zu hören. Als wir am Abend in dem großen Zelt saßen, fühlte ich plötzlich Babajis Augen intensiv auf mir ruhen. Sie waren voller Frieden, Verstehen und innerer Glückseligkeit und all diese Gefühle übertrugen sich dann auf mich. Dankbar und befreit ging ich zu Bett.

Reinigung des Geistes

Babaji sagte, jeder solle der Religion seines Herzens folgen, da alle Glaubensrichtungen zum Ziel führen. Er lehrte auch die ständige Wiederholung eines der Namen Gottes, vornehmlich das Mantra Om namah Shivay. Es reinigt und klärt den Geist und führt zur Wahrnehmung des jedem innewohnenden Gottesfunken. Es machte mir viel Freude, dieses Mantra zu hören und zu singen. Wir sangen es überall den ganzen Tag: beim Arbeiten, beim Baden und während Babaji Darshan gab. Ich sang es mit anderen oder allein, laut oder still in Gedanken. Ich spürte, dass seine Rezitation die Atmosphäre reinigte und gute Schwingungen in unserer Umgebung verbreitete. Selbst ein finnisches Sprichwort besagt: Gesang öffnet das Herz. Musik ist wirklich eine universelle Sprache!

Karma Yoga war ein anderer Aspekt, der im Ashram ausgeführt wurde. Ich erledigte alle möglichen Arbeiten, ich trug Steine, die für die Bauarbeiten benötigt wurden, wusch Teller ab, dekorierte den Ashram, reinigte die Toiletten und leistete erste Hilfe in des Ashrams kleiner Klinik. Und das alles mit den einfachsten Mitteln, denn es gab weder Maschinen noch andere westliche Errungenschaften zur Erleichterung der Arbeit. Unter den gegeben Umständen war jeder gefordert, jenseits seiner Grenzen zu gehen und auf die innere spirituelle Kraft zurückzugreifen. Bewährte Erfahrungen halfen nichts, jede Situation konnte sich in Sekundenschnelle verändern. Man musste wach im Geiste bleiben.

Neue Einsichten

Nie in meinem Leben bin ich einem solch vollendeten Wesen begegnet wie Babaji. Ich könnte ihn beschreiben als perfekten Therapeuten, imstande mich von allen karmischen Mustern zu befreien. Durch ihn gelang es mir, mich mehr und mehr für neue Eindrücke und Gedankenmuster zu öffnen. Tagtäglich fühlte ich mich innerlich gereinigter. Babaji war der große Veränderer für mich, der durch seine Schwingungen die innewohnenden Fähigkeiten erweckte. Neben anderen Dingen erkannte ich durch die gelebte Erfahrung in einer internationalen Gemeinschaft, dass unserer Planet mehr denn je zu einem kleinen Weltdorf zusammenschrumpft. Mir ist bewusst geworden, dass die Vision einer Menschheit ohne Rassen- und Nationalitäten-Trennung Wirklichkeit werden kann, dass die verschiedensten Menschen in Liebe zusammen arbeiten und leben können, ohne in Politik oder Doktrinen verwickelt zu sein. Es war Babajis liebende Gegenwart, das natürliche, einfache Leben und die selbst auferlegte Disziplin aller in Haidakhan, die meinen Sinn für Humor, Geduld und geistige Beweglichkeit positiv beeinflussten. Auch hat die Stärke meiner inneren Stimme zugenommen. Ich habe erfahren wie es ist, wenn der Geist ruhig wird und die Gnade über einen ausgeschüttet wird.

Babaji ist in mein Herz gekommen so wie der Mondschein auf die Oberfläche eines stillen Wassers fällt.

Sehnsucht

Sakua B. Sikora, Deutschland

Diesen Buchbeitrag widme ich in Liebe und Dankbarkeit meiner Mutter, die mir dieses Leben geschenkt und mir viele Schritte auf dem Weg ermöglicht hat.

Ich wollte einfach mal wieder hinaus in die Welt, als ich mich im Jahre 1979 für ein Jahr von der Universität beurlauben ließ und für ein Lehrerpraktikum nach England ging. Eine Uni-Pause vor dem Hauptstudium würde mir gut tun und diese Zeit wollte ich nützlich in England verbringen, einem Land, das ich sehr liebe. Ich ahnte nicht, dass ich nie an die Universität zurückkehren würde und auch nicht, dass sich mein Lebensweg völlig verändern sollte.

Mein Leben war bisher abwechslungsreich verlaufen. Ich hatte vieles gemacht: eine kaufmännische Ausbildung, mehrere Sprachaufenthalte in England, das Abitur auf dem zweiten Bildungsweg und dann das Studium. Ich war viel in der Welt herumgereist, war in vielen Ländern Europas und Asiens gewesen und hatte neben meinen Ausbildungen mit viel Interesse politische Bewegungen mitverfolgt. Viele Bücher über Psychologie und Kindererziehung hatte ich gelesen, dazu kamen unzählige Begegnungen mit entsprechenden Kreisen an der Universität. Darunter waren, unerkannt von mir, viele spirituelle Menschen gewesen.

Schaue ich zurück, so war mein damaliger Lebensweg Ausdruck einer inneren unbewussten Suche nach der Wahrheit. Ich suchte nach etwas, was das normale Leben mir nicht vermitteln konnte, ich suchte es in der Bildung, in der Karriere, auf Reisen, in der alternativen Szene. Trotz eines großen Bekanntenkreises und eines glatten und erfolgreichen Lebens, war ich im Grunde genommen nicht glücklich. Eine tiefe Sehnsucht steckte in mir und ich liebte nichts mehr wie Befreiung vermittelnde Erfahrung und Erlebnisse. Die Leere, die ich verspürte, und dieses emotionale Loch, das in mir gähnte, versuchte ich, in Discos und Studentenkneipen zu stopfen. Als ich schließlich zum Abschluss meines Zwischenstudiums mit Angstzuständen nachts schweißgebadet aufwachte, entschloss ich mich, in England eine Therapie am Boyesen Institut anzufangen.

Doch Babaji hatte andere Pläne für mich und heute verstehe ich, warum mir damals vor meiner Abreise nach England ein Voll-Stipendium für mein Hauptstudium von einer christlichen Stiftung grundlos verweigert wurde, obwohl ich angeblich weit oben auf der Liste der ausgewählten Bewerber gestanden hatte. Babaji hatte andere Pläne für mich.

Im ersten Informationsblatt, das ich vom Boyesen Institut anforderte, war ein Rebirthing-Wochenende ausgeschrieben. Nachdem ich die kurze Beschreibung darüber gelesen hatte, was diese Atemmethode bewirkt, interessierte mich nichts anderes in dem Blatt mehr. Rebirthing - das wollte ich machen und meldete mich sogleich zu diesem Wochenende an. Das war es! Die Methode schien direkt auf den Grund aller emotionalen Probleme zu gehen, und so war es dann auch. Babaji machte mir meine Öffnung für ihn wirklich leicht, und es lief alles ganz gerade und klar ab, direkt in seine Arme. Schritt für Schritt.

An jenem Wochenende hatte ich während einer einzigen Atemsitzung ein tiefes, einsichtiges und verzeihendes Erlebnis über meine Beziehung zu meinem Vater, die mein Herz und meinen Geist plötzlich weit öffneten, und ich mit einem ganz neuen Verständnis und Selbstbewusstsein in die Welt blickte. In der Gruppe fühlte ich mich geborgen und aufgehoben, und die Liebe der Gruppenleiterin tat ein übriges, einen Heilprozess in mir in Gang zu setzen, der mich schließlich in ein neues Leben schicken sollte. Ich hatte keine Ahnung, was ein Mantra ist und unsere Gruppenleiterin erklärte nur, dass der Erfinder des Rebirthing dieses Mantra von seinem Meister bekommen hatte. Om Namah Shivay lautete es. Es war mir überhaupt nicht bewusst, was für ein Lied ich da sang. Om Namah Shivay... und mit welcher Geschwindigkeit sich meine Transformation von nun an fortsetzen sollte. Om Namah Shivay!

An dem Mädchengymnasium, wo ich 14 - 18jährigen Engländerinnen Deutsch lehren sollte, wiederholte sich meine Geschichte einfach noch einmal: rein äußerlich war alles in Ordnung und perfekt. Ich hatte ein gutes Leben, eine leichte Arbeit und alle waren nett zu mir. Ich konnte mich eigentlich nicht beklagen, aber innerlich spürte ich bald wieder diese Leere, die gleiche Unzufriedenheit, fast eine Depression, die ich so gut kannte. Ich erstickte innerlich in den Zwängen dieser konservativen Schule, und meine Mädchen langweilten sich genau wie ich mit den uralten Schulbüchern, die ich durch neue, moderne nicht ersetzen durfte. Es interessierte sie viel mehr, mit mir in Englisch ihre Teenager-Probleme und Aktivitäten zu besprechen. Wieder entwickelte ich psychosomatische Symptome, und ich wollte Lehrerin werden?

Rebirthing hatte mich völlig begeistert. Ich war fasziniert von meiner ersten Atem- und Workshoperfahrung und wollte unbedingt weiter mich erkennende Erfahrungen machen. So nahm ich es gern in Kauf, halbe Nächte in der Bahn zu verbringen, um in London Einzelsitzungen und weitere Wochenendkurse bei meiner Rebirthing "Mutter" zu machen. Ich setzte alles ein an Zeit, Geld und Energie, um mein Inneres zu erkunden. Ich war begeistert, und so auch meine Rebirtherin. Ich war eine sehr einfache Klientin und dem Atem so völlig ergeben, dass ich leicht zu rebirthen war und die unglaublichsten

Erfahrungen machte. Es war, als hätte jemand mit der Fingerspitze mein Innenleben angerührt und in eine Richtung hin geöffnet, in der ungeahnte Schätze lagen und darauf warteten, endlich entdeckt zu werden.

Während des Atmens durchlebte ich viele Kindheitserinnerungen, die mich mein ganzes Leben lang unbewusst in emotionellen Hemmungen und tiefen Ängsten bedrückt hatten. Ich durchlebte meine Geburt noch einmal und bis ins Detail stimmte alles, wie meine Mutter mir später bestätigte. Meiner Rebirtherin gelang es ausgezeichnet, im rechten Moment das Richtige zu tun oder zu sagen, um mir durch meine Spannungen, Konflikte und Dramen durchzuhelfen und alle Erinnerungen und Eindrücke positiv zu verwandeln. Am Ende einer jeden Sitzung fühlte ich mich wahrlich neugeboren, und jede Erfahrung setzte eine neue Welle von bisher nicht gekannter Lebensenergie in mir frei, die mich einfach glücklich stimmte.

Das Faszinierendste war, dass sich nicht nur körperliche, emotionale und mentale Blockaden lösten, sondern dass ich auch spirituelle Erlebnisse hatte ohne zu wissen, dass es welche waren. Ich atmete einfach und ließ geschehen und verstand eigentlich gar nicht, was da in mir geschah. Dennoch spürte ich, dass hier Wahrheit am Werke war und dass ich mit einer mir bisher unbekannten Energie in Kontakt geraten war. Ich war überzeugt, dass mir etwas Positives widerfuhr und wusste noch immer nicht, dass Babaji hinter allem steckte. Er achtete auf mich, insbesondere während einer Sitzung, als ein weltbekannter Alternativ-Guru plötzlich vor meinen geschlossenen Augen auftauchte und den ganzen Raum mit seiner Farbe erfüllte. Ich fing an zu schreien und von dem Tag an war ich geheilt von jeglichem Interesse, dass sich in mir geregt hatte, irgend etwas mit dieser Bewegung zu tun haben zu wollen.

Der Atem hatte einen Kanal in mir freigelegt und eine Verbindung wiederhergestellt zu anderen, zu höheren Teilen in mir - ja, zu meinem Selbst, wie es wirklich ist in all seiner Schönheit und Größe, und in all seiner Liebe zu Gott und seiner Schöpfung. Niemand in meiner Londoner Rebirthing Familie erwähnte den Namen Gott, doch ich war begeistert von der Wahrheit, der Einfachheit und der Liebe, die ich dort erfuhr. Es war göttlich, was geschah. Die Heilung, die stattfand. Ich fühlte mich auf eine Art geliebt, die mir neu war. Man ließ mich einfach SEIN. Und die einfache Wahrheit, die amerikanische Rebirther nach London brachten, bewirkte eine echte Revolution in meinem Kopf. Negative Gedanken waren die Ursache unserer Probleme, wir mussten nur lernen, positiv zu denken, höhere Gedanken zu haben! Unglaublich! Nach all den Jahren Politik, Psychologie, Kritik und endlosen intellektuellen Diskussionen über das Böse der Welt saß ich plötzlich in einem Kreis, in dem ich lernte, ja zu sagen zum Leben, zu sich selbst, zu anderen Menschen. Plötzlich saß ich da und lernte, das Gute in allem zu sehen und Gedanken zu denken, die nicht von meinem kleinen Ich-Intellekt kamen, sondern von einem höheren Denker in mir, begleitet von einer Liebe, die ich nicht als meine eigene wahrnahm, die mich aber immer mehr umhüllte und vereinnahmte. Es war unglaublich, und es geschah alles binnen dreier Monate.

Ich war völlig aufgeweicht und offen für alles, was mir innerhalb Rebirthing vorgestellt wurde, als der Februar 1980 kam. Leonard Orr, der Begründer dieser Atemmethode, wurde angekündigt mit einem fünftägigen Training für Rebirther in London. Natürlich wollte ich dorthin. Ich war krank geschrieben wegen akuter Gastritis und hatte großen Zweifel am Dienst als Lehrerin. Ich wollte Rebirther werden. Ich wollte die enorme Heilung, die ich durch Rebirthing erfuhr, an andere Menschen weitergeben und es ihnen ermöglichen, sich selbst und andere über die trennenden Grenzen ihres kleinen Ich-Lebens hinaus kennen zu lernen, und an etwas teil zu haben, das einem größerem Plan diente als nur sich selbst, der Karriere und des Konsums.

Dann kam der Februar. Ich war bestens vorbereitet für Babajis Eintritt in mein Leben.

Es nahmen achtzig Teilnehmer an diesem Training teil, die aus allen Teilen Europas und den USA angereist waren. Der große Raum vibrierte von einer Energie, Lebendigkeit und Zusammengehörigkeit, wie ich es von keinem Uni-Hörsaal kannte. Als ich den Raum betrat, sangen alle wieder dieses Lied - Om Namah Shivay - der Raum sang dieses Lied. Ich setzte mich neben jemanden, der Zimbeln spielte und mich anlachte. Es war eine andere Welt - und dann sah ich Leonard vorn auf seinem Stuhl sitzen, ganz leger im schneeweißen Skianzug mit Mundan, gerade aus Haidakhan zurück, was ich erst später erfuhr. Ich war tief beeindruckt von dieser Energie im Raum, die besonders stark von Leonard ausging. Er strahlte einfach. Er strahlte, und das genügte.

Dieses Training war enorm kraftvoll. Wir tauschten Sitzungen aus und Leonard hörte sich jede Erfahrung persönlich an, gab Feedback und hielt abends Seminare für die Öffentlichkeit. Ich aß kaum etwas wegen meiner Gastritis, und weil ich in dieser Energie keinen Hunger hatte. Ich war in einem völlig anderen Zustand. Das Atmen und all das neue Gedankengut, das ich in mir aufnahm, hoben mich einfach aus dem heraus, was ich bisher war. Heute weiß ich, dass ich in jenen Tagen weit weg war von meinem Körperbewusstsein und gefüllt von einer Kraft, die durch mich rauschte und meinen Geist für andere Seins- und Bewusstseinsebenen öffnete. Ich hatte ganz intensive Atemsitzungen und teilte vor achtzig Leuten das Wiedererleben meiner Taufe in der Dorfkirche meiner Heimat mit, und wie ich auf jeden meiner drei Namen damals reagierte. Jesus und Maria erschienen mir, und mir fehlten fast die Worte für dieses Erlebnis. Der Saal wurde ganz still, während ich sprach...

Es kam dann jener Abend, der mein Schicksal in die Hände Babajis legte, als ein Seminar über ihn und physische Unsterblichkeit auf dem Programm stand. Leonard stand an der Eingangstür und schenkte jedem Gast ein Foto von Babaji zur Begrüßung. Anschließend hielt er einen Diavortrag über Haidakhan. Ich saß ganz hinten auf dem Boden und hatte das Foto vor mich hingelegt. Babaji sah aus wie der Christus selbst mit seiner segnenden Geste, seinem jungen Antlitz und seinem ernsten Gesicht. Ich starrte die ganze Zeit auf dieses Foto und bekam von Leonards Vortrag nichts mit. Dieses Foto! Die Energie dieses Bildes! Ich schaute es immer nur an. Dieses Foto! Was war das? Was regte sich da in mir? Was war das für eine Liebe und was für ein Frieden, den ich in diesem Foto fühlte und in mir aufnahm? Es sprach zu mir. Es sprach zu mir, aber zu dem Teil von mir, der jenseits von Worten lebt. Ich war tief ergriffen und absolut sprachlos.

Nach dem Training kündigte ich meiner Mädchenschule, blieb aber in London. Dieser Akt war eine weitere Revolution, denn bisher hatte ich stets alles, was ich anfing zu Ende gebracht. Statt dessen besuchte ich alle möglichen Trainings, die jetzt von Amerikanern angeboten wurden, um in Europa die erste und zweite Rebirther-Generation zu schulen. Ich reiste bis nach Holland, um meine Ausbildung zu bekommen und dieses wunderbare Geschenk des bewussten Atmens weitergeben zu können. In Seminaren, in denen es um Babaji und um physische Unsterblichkeit ging, schlief ich stets ein. Ich wollte nichts davon wissen. Wieder zurück in London, versteckte ich dann das Foto in einer Kommode. Es war mir plötzlich alles unheimlich.

Drei Monate nach dem Training mit Leonard hatte ich eines Nachts einen Traum - im Mai. Ich träumte, dass ich mit einer Gruppe von Leuten nach Indien reiste und im strömenden Regen über die Berge zu dem Platz ging, an dem Babaji lebte. Er saß im Kreise einiger Jünger vor dem Tor und erwartete uns. Er schaute mich bei unserer Ankunft ganz streng an und winkte mich wortlos hinein.... Nach diesem Traum holte ich sein Foto wieder aus der Kommode, zündete jeden Abend vor dem Schlafengehen eine Kerze an und betrachtete das Bild. Ich meditierte ohne zu wissen, dass ich meditierte.

Im Juni veranstaltete die von uns neu gegründete Rebirth Society einen Messestand auf dem Body-Mind-Spirit-Festival. Und dort tauchte auch Leonard Orr auf. Er war mit einer Gruppe Rebirthern auf dem Weg nach Indien, um Babaji zu besuchen. Ich hatte gerade angefangen, in London Fuß zu fassen in meinem neuen Leben, doch als ich diese Gruppe sah und von ihrem Vorhaben hörte, gab es nur eines: ich musste mit! Ich musste diesen Babaji sehen! Ich war gezwungen, schnell zu handeln, denn Leonard reiste weiter. Wieder durchkreuzte Babaji meine Pläne. Und wieder machte seine unsichtbare Hand den Weg frei und organisierte mit einer menschenunmöglichen Perfektion meine erste Reise nach Indien.

David, einer der mit Leonard reisenden amerikanischen Rebirther gesellte sich zu mir, und gemeinsam hielten wir erste Seminare ab. Es entwickelte sich eine Romanze zwischen uns, und wir trennten uns von der Reisegruppe, um das nötige Geld für unsere Indienflüge zu verdienen. Es war nur noch wenig Zeit, Geld für unsere Tickets zusammen zu bekommen, und meine Reserven reichten nicht für zwei Tickets. Irgendwie wurde für uns organisiert, und so hatten wir plötzlich einen Seminartermin in Hannover.

In Belgien hörten wir von einem Babaji-Ashram in der Nähe von Köln, und es war klar, dass wir auf dem Weg nach Hannover dort vorbei wollten. Mir fiel gleich beim Eintreten die Einfachheit und die Stille des Hauses auf, und die Leiterin strahlte etwas aus, was mich tief berührte, was ich aber damals nicht in Worte fassen konnte. Sie strahlte aus, was später auch für mich zur Quelle der Kraft werden sollte, um die vielen, bis heute nicht endenden Prüfungen auf dem Weg zu bestehen: Demut und Hingabe.

Ehrfürchtig saß ich im Ashram-Tempel, unschuldig und unwissend wie ein Kind zugleich. Wie ich damals als Kind meine Gute-Nacht-Gebete zu Jesus gesprochen hatte, saß ich hier plötzlich vor dem ersten Babaji-Altar meines Lebens und betete! Was war nur mit mir geschehen? Hätte mir das jemand ein Jahr vorher prophezeit, ich hätte diese Person für verrückt erklärt! Aber hier saß ich und betete mit ganzem Herzen zu Babaji, und hörte die erste Arti-Kassette: die ersten Tempel-Glocken, das erste Damaru[53], die ersten Muschelhornklänge in Haidakhan. Wie wohl fühlte ich mich trotz der fremden Klänge!

Durch Babajis wundersame Fügung bekamen wir blitzschnell alle nötigen Mittel zusammen, so dass wir fliegen konnten. Unglaublich! Es war einfach unglaublich!

Ich hatte keine Ahnung, was mich in Indien erwartete, als wir nachts in Delhi landeten. Damals war mein inneres Auge noch völlig verschlossen, so dass ich sämtliche Vorzeichen einfach nicht wahrnahm. Es war August - Monsunzeit in Indien - als wir Leonard und die ganze Gruppe in Haldwani, acht Stunden nördlich von Delhi, wiedertrafen. Gemeinsam machten wir uns auf nach Haidakhan zu unserer ersten Begegnung mit dem Meister. Es regnete in Strömen, wir mussten den langen beschwerlichen Weg durch die Berge nehmen, da der Fluss Hochwasser führte. Und hier fand ich mich - genau wie in meinem Traum - in einer Gruppe von Leuten wieder, die im Regen über die Berge zu Babaji gingen! Als wir den Ashram erreichten, saß Babaji tatsäch-

---

[53] kleine Trommel

lich - ebenfalls wie im Traum, - mit einer Anzahl Schüler vor dem Tor und schien auf uns zu warten, denn später fragte er, wo denn Makhan Singh[54] sei? Als David und ich am Tor anlangten, sah Babaji mich nur ganz ernst an und winkte uns wortlos hinein. So hatte ich es auch geträumt, obwohl ich mich in jenem Moment überhaupt nicht daran erinnern konnte, denn mir fiel vor Angst fast das Herz in meine vom Regen durchnässten Hosen!

Ungeachtet meiner Angst prägte sich diese erste Begegnung mit Babaji so tief in meine Seele ein, dass jegliche Zweifel darüber, wer er war, völlig fehl am Platze waren. Die enorme Kraft dieses Wesens hatte mich sofort vereinnahmt. Ich konnte überhaupt nichts Klares mehr denken - dieses Wesen war bestimmt kein gewöhnlicher Mensch! Das Tor in die Unendlichkeit, ins Licht, in die Ewigkeit hatte alles aus meinem Geist fortgewischt, was ich an den Schulen und Unis gelernt hatte, einschließlich mein gerade erworbenes Rebirther-Wissen über ein Neues Zeitalter und einen Neuen Menschen. Hier war Babaji, und er hatte mich ganz ernst angeschaut. Es gibt weder Erklärungen noch Worte, die beschreiben können, was in jenem Moment geschehen war. Binnen eines Augenblickes hatte Babaji eine Beziehung hergestellt jenseits dieser Welt, die so stark war, dass sie Seeleneigenschaften in mir freilegte, die mich von jenem Moment an unverwüstlich tragen sollten: die Demut meiner Seele vor Gott, die Hingabe meiner Seele an ihren geliebten Meister und die Freude meiner Seele, ihn endlich wiedergefunden zu haben.

Bei diesem wie auch bei allen weiteren Besuchen weinte ich fast unaufhörlich in seiner heiligen Gegenwart und es gab keine psychologischen Konzepte, die auf meine Tränen passten. Ich weinte aus meiner Seele heraus und weinte und weinte, und je mehr Liebe ich erfuhr, desto mehr weinte ich. Hier war jemand, der mich in meiner wahren Essenz kannte, und mich durch und durch liebte, mehr liebte, als ich mich selbst liebte und mich viel besser kannte, als ich mich selbst kannte. Hier war jemand, dessen intime und tiefe Einsicht in die wahre Natur meines Wesens mich selbst an die Existenz Gottes erinnerte und daran, dass ich selbst ein Kind Gottes bin. Hier war jemand, der mich mit größtem Feingefühl an die Einheit mit ihm erinnerte und mir bewusst machte, dass es keine Trennung gibt.

Babaji ließ mir überhaupt keine Zeit. Sein Training begann sofort und war einem Meister entsprechend streng. Dieser erste Besuch war sogleich eine der vielen Prüfungen, die noch folgen sollten auf meinem oft sehr schmerzhaften Weg der Transformation, um mich Demut und Hingabe, Glauben und Vertrauen und selbstloses Dienen zu lehren.

Leiden jedoch entstand in meinem Leben nicht durch Babaji, sondern durch mein eigenes Ich mit all seinen ungelösten psychischen und karmischen

---

[54] Leonard Orr – Babaji vergab indische Namen an seine engsten Schüler

Knoten, in die er mich hineinführte, um sie zu lösen. Dies war und ist ein hartes Training. Meine persönliche Beziehung zu ihm war von Anfang an geprägt von dieser tiefen Liebe, die ich erlebte und von einer ausgesprochenen Sanftheit und Einfachheit, mit der er mich in all den Jahren behandelte. Obwohl Babaji nie viel mit mir redete war unsere Beziehung trotz des wenig persönlichen Kontaktes von Klarheit durchdrungen. Ich wurde darauf trainiert, non-verbal und innerlich mit ihm zu kommunizieren, und so durfte ich mich nie lange bei ihm aufhalten, sondern wurde stets schnell zum Karma Yoga in die Steine geschickt. Ich fügte mich diesem Training, obwohl ich mich gern wie viele andere mehr in seiner physischen Gegenwart aufgehalten hätte. Niemand konnte sagen, warum jemand dieses oder jenes Training, oder diese oder jene Aufgabe bekam. Babaji war undurchsichtig in seinem Tun, jeder erhielt von ihm das, was er allein nur wusste. Er erklärte nichts, zumindest nicht in einer uns verständlichen Weise, und die zugrunde liegende Absicht seiner Handlungen wird erst im Nachhinein - oft nach Jahren - verständlich. Er lehrte nicht durch Vorträge oder Philosophie, wir lernten die Gesetze des ewigen Lebens und der kosmischen Ordnung durch direkte Beziehung zu ihm. Ständig ließ er uns wissen, dass er alle unsere Gedanken und Gefühle kannte, und er spiegelte das Innenleben vieler anwesender Personen wider. Er war überall und nirgends und konnte aus dem scheinbaren Nichts heraus unerwartet im richtigen Moment auftauchen, um eine Lehre zu erteilen. Seine allgegenwärtige Präsenz, das ständige Feedback, sein umfassendes Wissen über uns waren eine große Herausforderung, der man in keinster Weise entkommen konnte. Babaji zeigte mir meinen Schatten, er zeigte mir mein Licht, beides war gleich schwer anzunehmen. Das einzige, was mir immer wieder durch diese Erfahrungen half, war und ist auch heute noch: seine Liebe. In seiner Liebe ist alles vollkommen. Gleichzeitig gestattet seine Liebe den nächsten Schritt in eine höhere Wahrheit.

Zum ersten Darshan erschien ich noch in meinem Hippie-Afghan-Kleid mit langem Haar. Am nächsten Tag landeten meine schönen Haare im Gautama-Ganga-Fluss und als ich im selben Kleid zum Karma Yoga erschien, trug Babaji mir sogleich auf, mich in einen Sari zu kleiden. Ich legte nach dem Umziehen mein Kleid dann neben seinen Stuhl, um es nach der Arbeit wieder an mich zu nehmen, doch es "verschwand" auf Nimmerwiedersehen. Bei einem späteren Besuch trug ich nochmals beim Karma Yoga ein mir bequemer erscheinendes Kleid, aber er schickte mich mit den Worten: „You go change"[55] zum Umziehen in den Ashram. Welche tiefere Bedeutung diese wenigen Worte damals hatten, konnte ich nicht ahnen. „Change" wurde zum Dauerzustand in meinem Leben und bei vielen Menschen, die seither durch

---

[55] Zieh dich um oder „Verändere dich"

meine Arbeit mit mir in Kontakt kommen. Ich bringe ihnen "Change" im Reisegepäck mit.

Als Babaji eines Tages in den Garten kam und ein Stück mit mir spazieren ging, musste ich wieder weinen. Ich konnte seine Liebe und Sanftheit und die Warmherzigkeit, mit der er mir begegnete, den Schmerz, den er damit in meinem Herzen anrührte kaum ertragen. Als er dann unerwartet fragte, ob ich David heiraten wolle, sagte ich tränenüberströmt einfach: „Ja.". Er hätte mich alles fragen können, ich hätte "ja" gesagt. David wiederum erhielt kurze Zeit später den Befehl zu heiraten. Er wurde gar nicht erst gefragt. Am Tag darauf war Hochzeit, und am übernächsten Tag, morgens um fünf Uhr beim Chandan sagte Babaji, wir sollten abreisen. Es war ein Schock, und wir versuchten noch weitere vier Stunden, ihn umzustimmen. Er aber sagte nur: "You go - horse ist waiting for you"[56]. Und so war es auch. Ein Pferd wartete am Tor auf uns, um uns zur weit entfernten Bushaltestelle zu bringen.

Erst, als wir den Ashram hinter uns gelassen hatten, bemerkten wir, dass wir fürs erste "genug" bekommen hatten, dass wir nichts mehr hätten aufnehmen können. Wir durften ja wiederkommen, wenn wir Babajis Anweisung, neun Monate lang alle vier Wochen einmal Mundan zu machen, befolgten. Welch Segen hatten wir von Babaji mit der Heirat empfangen! Dieses war uns eben in jenem Moment nicht bewusst. Es folgte eine harte "Ehe-Lehrzeit", bis wir zwei Jahre später von Babaji wieder getrennt wurden.

Die erste Begegnung mit Babaji liegt nun zehn Jahre zurück. Seitdem sind Babaji und seine Botschaft der Wahrheit, Einfachheit und Liebe zu meinem Lebensinhalt geworden. Er hatte mir gezeigt, welch wunderbare Dinge Rebirthing bewirken kann, doch schnell hatte ich auch erkannt, dass nicht diese Atemmethode, sondern Babaji die absolute Wahrheit in meinem Leben repräsentiert. Die Verpflichtung, ihm und der Verbreitung seiner Botschaft zu dienen, hat bisher allen Schwierigkeiten standgehalten und führt mich immer wieder durch persönliche Grenzen hindurch in neue Dimensionen des Seins und der Bewusstheit. Der Weg ist nicht leicht, doch gibt es kein Zurück. Wer würde freiwillig nochmals seine eigenen kleinen Flügel anlegen, wenn er einmal die größeren Schwingen der göttlichen Gnade erfahren hat?

Obwohl Babaji seinen Körper verlassen hat, ist er nicht gegangen und die Erfahrung seiner unendlichen Gnade ist nach wie vor ein lebendiges Erlebnis in Haidakhan. Wer immer dorthin gelangt, ist von ihm gerufen, seine Gnade zu empfangen. Haidakhan ist ein Ort, wo sich Illusionen und Verstrickungen auflösen und unser Leben eine neue, positive Richtung erfährt. Babajis Geist und seine Energie sind nach wie vor dort stark zu fühlen, sie bewirken die nötige Reinigung und Heilung, um uns schließlich Befreiung zu schenken.

---

[56] geht.. euer Pferd wartet schon

Babaji lehrt noch immer, wie früher, unsichtbar, von innen heraus durch unsere Herzen und durch unseren Geist, indem er uns in die für uns erforderlichen Situationen und Prozesse stellt, die das individuelle Wachstum fördern.

Nach wie vor bin ich zu Tränen gerührt, wenn ich seine Anwesenheit fühle, die mir vermittelt, dass ich im im Kern meines Wesens eins mit ihm bin, und dass er stets bei mir ist. Ich weine noch immer Tränen der glücklichen Anteilnahme, wenn ich während eines Trainings zuschauen darf, wie Babaji auch ohne seinen leiblichen Körper die Herzen der Teilnehmer berührt und sie für ihn und für seine Botschaft öffnet. Es ist immer wieder ein neues Wunder, und Wunder sind ein natürliches Produkt innerer Reinigung und Öffnung.

Babaji ist unergründlich und der Atem ist eine Brücke zu ihm - ins Meer der Glückseligkeit, der Ewigkeit, wo alle Sehnsucht ihre Erfüllung findet.

Vom Nebel ins Leben

Jayanti Tischhauser, Schweiz

Babaji erinnert mich in Träumen öfters an seine Worte: "Vergesst Eure Vergangenheit, denkt nicht an die Zukunft, sondern lebt in der Gegenwart", und er sagt, ich solle auch andere Menschen immer wieder auf diese Botschaft aufmerksam machen. Da es außerhalb unserer kleinen begrenzten Welt keine Zeit gibt, beschreibe ich die Veränderungen, die durch die physische Begegnung mit Babaji in meinem Leben stattfinden, in der Gegenwart.

Ich traf meine Entscheidung für diese Inkarnation mit dem Vorsatz, mich gleich von Anfang an mit der sogenannten dunklen Seite des Lebens zu konfrontieren. Die Krankheit meines leiblichen Vaters führt bald zu seinem Tod. Mit meinem kleinen einjährigen Händchen klopfe ich gegen die nun verschlossene Tür und rufe: "Ba-ba, Ba-ba." Erst nach dreiundvierzig Jahren geht die Tür wieder auf und dahinter steht Babaji, der wahre, wiedergefundene Vater: sichtbar, erlebbar, physisch greifbar, hörbar. Tränen der Freude und Tränen des Schmerzes mischen sich. Das frühe Fortgehen meines leiblichen Vaters spiegelt meine Gott-Entfernung. Doch die unsichtbare Führung ist da. Die tiefe Aussage Jesu meines Konfirmationsspruches: "Du weist mir den Pfad des Lebens" erreicht mein Bewusstsein zu jener Zeit noch kaum. Die dunkle Gegenenergie des "Sterbenwollens" gewinnt die Überhand und verstärkt sich im Laufe der Jahre. Ein Selbstmitleidsgefühl findet nahrhaften Boden und eine nach außen projizierte Abhängigkeit wird zu einer mich lähmenden Gewohnheit. Trübe, träge, blockierende Energie.

In der Außenwelt bin ich eine normale, angepasste Sozialarbeiterin, Mal- und Kindertherapeutin, Erziehungs- und Erwachsenenberaterin - zuerst im Angestelltenverhältnis, später freiberuflich. Das Äußere ist jedoch nicht das, was mich glücklich macht. Abwechslungen, Ereignisse, Wohnungswechsel bringen nicht, wonach mein Inneres sucht, ruft, hungert. Was "Leben" genannt wird erscheint mir fahl, düster, verschwommen, sinnlos. Schmerzvoll erkenne ich immer deutlicher, wie sehr ich mit den erworbenen Etiketten in überheblichen Helfer-Anspruch geraten bin.

Die Seele weint, sie findet nicht, was sie braucht. Sie weiß, es gibt irgendwo etwas, das mehr ist - doch wo, wo?

Um weiter zu existieren, flüchte ich in eine Traum- und Phantasiewelt und hoffe dort ein wirklicheres Leben zu finden. Diese Illusion vermehrt nur meinen inneren Gestrüpp-Garten. Mit Hilfe einer Therapie bearbeite ich Ängste, Fluchtgedanken, Schattenprojektionen - doch die innere und äußere

Welt bleiben getrennt, ich kann die beiden Seiten nicht zusammenfügen. Schuldgefühle entstehen und verstricken mich zusehends im Kreislauf der Ego-Gefangenschaft.

Babaji löst den Knoten von Leben oder Nichtleben wollen. Seine liebevolle, strenge, unermüdliche Führung bringt mir meine selbstgewählte Aufgabe in Erinnerung: den männlich-aktiven Teil wieder verantwortungs- und vertrauensvoll selber anzuwenden. Babajis hohe Lichtvibration vertreibt meine Finsternis und die ersehnte Schwingungsänderung findet statt. Die Worte Jesu sind nun für mich unumstößliche Gewissheit!

Wohl finde ich in den Jahren vor Babaji in Gesprächen mit einem älteren Physiker-Astrologen Zugang zu Heiligen wie Ramakrishna, Ramana Maharshi und christlichen Mystikern. Mein inneres Hungergefühl findet auf diese Weise geeignete Nahrung. Über einen Traum finde ich zu den Büchern des Meisters Sant Kirpal Singh. Das Gesetz von Ursache und Wirkung wird mir bewusster und ich sehe, wie ich in einem Netz von selbstkreierten Schöpfungen lebe. Die Meister sprechen von Karma, das abgetragen werden muss, jetzt oder in späteren Daseinsformen. Mir wird schwindelig bei dem Gedanken, endlos immer wieder in diesen Irrgarten von Verstrickungen zurückkehren zu müssen. Doch sie sprechen auch unmissverständlich von einem Ausweg aus der eigenen Gefangenschaft. Ein lebender Meister hat die Fähigkeit, den Kreislauf zu durchbrechen. Er kennt den Weg in die Freiheit und kann durch seine geistige Kraft, die jenseits von gut und böse ist, den Karma Auflösungsprozess beschleunigen, abkürzen. Der Weg führt jedoch durch alle selbstgebastelten Illusionen wieder zurück. Die Verknotungen müssen Punkt für Punkt aufgelöst werden. Die Möglichkeit, aus dem Chaos herauszufinden, verstärkt meinen Wunsch, einen lebenden Meister zu finden. Als Vorbereitung beginne ich sofort vegetarisch zu essen und lasse den mir allzu lieb gewordenen Wein beiseite.

Die ersehnte Antwort auf meine Frage, wann ich zu Sant Kirpal Singh fahren könne, zerstört meinen ganzen Hoffnungsschimmer: "Er habe seinen Körper verlassen, ich solle etwas warten bis sein Nachfolger da sei!" Sollte ich doch keinem Meister begegnen? - Ich gehe meinen Weg weiter.

Um wieder auf den wahren, klaren Pfad zu gelangen, spüre ich tief innen die Notwendigkeit, eingeweiht zu werden. Da erscheint in einem Traum deutlich der Name MILAREPA. Das Buch über diesen großen tibetischen Yogi bringt meinen kleinen Gottesfunken erneut zum Brennen. Dass er keine Einweihungen gemacht habe, beruhigt mein inneres Wissen um diese für mich notwendige Handlung nur vorübergehend.

Es folgt ein langes Jahr der Ungewissheit: habe ich allein weiterzugehen? Ist das meine Bestimmung? Ich ringe um Bewusstwerdung meiner westlich-christlich gewählten Inkarnation.

Im Frühjahr 1978 erschüttert Babajis Ruf mein ganzes Wesen. In der Zeitschrift "Esotera" lese ich eine Buchankündigung: "Christus Yogi im Himalaya."[57] Im Herbst werde das erste Taschenbuch über ihn erscheinen. Die drei Worte "Christus" - "Yogi" - "Himalaya" wirbeln meine Gedanken und Emotionen völlig durcheinander, - das ist zu viel auf einmal! Da ist ein lebender Meister! Wird er mich aus den Verstrickungen herausführen können? - Ja! Ich will hinauf in den vermeintlichen Himmel, doch Babaji bringt mich auf die Erde!

Eine Freundin liest mir am Telefon aus dem Büchlein vor. Auf einmal rufe ich: "Hör auf, hör auf, ich weiß, ich muss gehen, jetzt habe ich ihn gefunden!" Oder besser mit dem heutigen Verständnis: Ich habe es zugelassen, dass er mich finden kann. Schlagartig beginnen die Lektionen. Am liebsten würde ich sofort losfahren, doch mein Schütze-Temperament lernt warten! Meinen Brief, ob ich im Februar komme könne bringe ich, erleichtert über den ersten Schritt, zur Post. Vor dem Eingang höre ich deutlich in mir sagen: "Wenn du den Brief abgegeben hast und wieder an diese Stelle kommst, weißt du das Datum." Augenblicklich umhüllt mich der Schleier des Vergessens. Doch als ich auf die erwähnte Stelle trete, höre ich deutlich: "20. April!" Erschüttert bleibe ich stehen: "Oh, das Datum,... was, erst am 20. April? Ich wollte doch früher fahren!" Und schon rebelliert mein Ego.

Warten! Geduld haben! Äußerlich kommt keine Antwort auf meine Anfrage. Wie ich später höre, wurde geschrieben, doch der Brief sollte mich nicht erreichen. Babaji weist mich unmissverständlich darauf hin, auf meine innere Stimme zu hören und zu vertrauen, äußere Abhängigkeit loszulassen und Verantwortung für mein Leben zu übernehmen. Da ich zweifle, erzähle ich diese Begebenheit fragend einer Babaji Schülerin. "Wenn du nicht fährst, stehst du nicht zu dir selber" ist ihre klare Antwort.

Nach geraumer Zeit bin ich erneut unruhig: "Wenn er mich nicht annimmt, wenn er mich wegschickt, wenn ich doch nicht zum richtigen Zeitpunkt bei ihm bin?"

Geduld und Vertrauen werden mit dem Hin- und Herverschieben des Reisedatums erneut geprüft. Dann folgt mein erster langer Flug. Die Maschine schwankt einige Male. Angst überkommt mich, denn ich weiß um die Wichtigkeit dieser entscheidenden Begegnung und ich bitte: "Lass mich bis zu dir gelangen, nachher ist es gleich, wenn ich sterbe." Ich bin mir des tieferen

---

[57] Babadschi, Botschaft vom Himalaya, Reichel Verlag

Sinns dieser Gedanken nicht bewusst. Einen Meister der Wahrheit zu sehen heißt wirklich sterben. Sterben des Egos, Auflösung der Dunkelheit, der Unwissenheit, des Unwahren, aller Illusion und Masken, Sterben der tausend Bindungen an vergängliche kleine Dinge. Sterben alles Kranken, aller Schuld und aller Macht, aller Angst und aller Widerstände, eine totale Auflösung aller alten Gewohnheiten, die so tief sitzen und automatisch wirken. Welch große Sterbehilfe vollbringt doch ein Meister!

Wir landen in Delhi. Ich betrete indischen Boden und mein Herz jubelt. Ich ahne Großes! Mit dem ersten Bus fahre ich bis Haldwani. Das beinah erreichte Ziel lässt alle äußeren Mühseligkeiten vergessen. Meine erste Wanderung durch das Flusstal ist reiner Balsam: das klare Wasser, die pastellfarbenen Steine, die reine Luft, die strahlende Sonne und die Energie, die immer stärker wird. Es ist der 19. April. Mein ganzes Wesen vibriert, als ich durch den Ashram eintretend Babaji im Garten stehen sehe. Einige Schritte zurückgehend lege ich meine Handtasche auf den Boden. Alles geschieht ohne viel Überlegung, eine aus weiter Ferne auftauchende Energie lässt mich diesen Rest meines "Gepäcks" weglegen, um so wie ich eben bin zu seinen Füßen zu sinken. Mein Bewusstsein ist ausgelöscht. Ein Bonbon, das mir seine Hand entgegenstreckt, bringt mich zurück und heißt mich aufzustehen. Er hat mich angenommen! Welche Süße, welche Liebe durchströmt mich!

Es ist Mittagszeit, wir sollen essen. Kopfschüttelnd schaue ich auf meinen vollgeschöpften Teller und sage zu meiner Nachbarin: "Wie kann ich essen, jetzt, wo ich im Himmel bin?" Babaji steht etwa zwei Meter von mir entfernt und schaut mich lange an. Es ist für mich keine Frage, ich stehe vor einem Gotteswesen! Ein späteres Gespräch mit einem Inder in Haidakhan bestätigt mir mein unmittelbares Wissen: "Weißt du, wer Babaji ist?" "Ja", antworte ich. "Weißt du, dass du einem Gottmenschen begegnet bist?" "Ja". "Weißt du, dass dir nichts geschehen kann, auch wenn neben dir eine Atombombe herunterfällt?" "Ja", antworte ich.

Babaji sagt, dass das Universalmantra Om Namah Shivay[58] stärker ist als Atombomben. Unermüdlich weist er auf das Wiederholen eines Mantras, eines Gebets, eines der Namen Gottes hin. Das sei die einzige Sicherheit in unserer unsicheren Zeit. Die hohen Vibrationen dieses Sanskrit-Mantras oder jedes anderen Namen Gottes verfeinern den groben, stofflichen Körper, und seine dadurch erhöhte Schwingung ermöglicht eine bessere Assimilation höherer Strahlungsfrequenzen. Das Mantra lässt mich immer deutlicher er-

---

[58] Manduka-Upanischad: kein Symbol ist mächtiger als die Silbe OM. OM, dieses ewige Wort ist alles: was war, was ist und was sein wird. Die Buchstaben weisen Korrespondenzen mit den Mächten des Kosmos und mit den Organen des Körpers auf. Das Universum wird als tönend begriffen, wie es auch Substanz und Form aufweist.

fahren, wie die dunkle verwirrende, träge Energie durch die konzentrierte Anrufung der höchsten Licht-Energie - N O T in T O N - transformiert, Blei in Gold verwandelt. Singendes, tanzendes, fließendes Om Namah Shivay bringt mich unweigerlich in eine weitere allumfassendere Bewusstseinsdimension. Es ändert meine chaotische Gedankenfülle und bringt innere und äußere Ordnung in mein Leben. "Alles kann mit Om Namah Shivay" erreicht werden", sagt Babaji. Das Gleichgewicht in und um uns kann mit dem Mantra wieder hergestellt werden.

Mit fünfundzwanzig Jahren habe ich mich erneut mit den Themen "Krankheit", "Tod" "Jenseits" zu befassen. Meine leibliche Mutter geht in eine für mich noch unsichtbare, doch stark fühlbare andere Welt. Fragen von Diesseits und Jenseits, von Sichtbarem und Unsichtbarem, Geburt und Tod beschäftigen mich viele Jahre. Doch zu jener Zeit weiß ich noch nichts von diesem hilfreichen Mantra. Ich verstricke mich deshalb in Vergangenheitsgrübeleien oder Zukunftsillusionen - die Gegenwart finde ich unwichtig.

Babaji verändert mein ganzes Denken. Mein Hin- und Hergerissensein zwischen zwei Polen wird in seiner Gegenwart vorerst intensiviert: Indien-Europa, Ost-West, Himmel-Erde, männlich-weiblich. Eines Tages wird mein Wunsch, in Indien zu bleiben auf die Probe gestellt. Babaji verkündet offiziell "Everybody can stay"[59]. Verwirrung und Pläne schmieden entsteht in den einzelnen Gemütern. Nun habe ich die frei Wahl. Und doch spüre ich einen Schmerz, wenn ich daran denke, die Schweiz ganz zu verlassen. Ich frage, ob ich bleiben könne: "Everybody can stay permanently" ist seine Antwort. Wortwörtlich übersetzt heißt es: "Jeder "Körper" kann ständig bleiben". Meine Gefühlswelt ist für einige Zeit noch mehr durcheinander, bis eines Tages das Extrem erreicht ist und Babaji die beiden Pole in sein Herz zurückfließen lässt. Er kommt allein die lange Treppe herunter, ich warte unten auf ihn und leicht zitternd frage ich, wo mein Platz sei, hier oder in der Schweiz. Babaji schaut mir tief in die Augen und antwortet: "Here ist your place!"[60] und führt seine Hand zu seinem Herzen. Dann hüpft er wie ein Lausbub weg, schaut sich kurz um und fragte. "O.K.?" Aha, nicht hier und nicht dort, sondern im Zentrum des großen Herzens, im Zentrum des NIEMAND und NICHTS .(Babaji sagt von sich, er sei Niemand und Nichts.) Im Zentrum seiner großen Energie, die beide Seiten in sich vereint. Später beim Lesen der Sternenbotschaft[61] wird mir sein Hinweis verständlicher.

Das permanente In-der-Gegenwart-bleiben verbindet mich mit meinem göttlichen Funken, und ich beginne zu verstehen, dass ich nur in der Gegenwart

---

[59] Jeder kann bleiben
[60] Dein Platz ist hier
[61] Sternenbotschaft, Carey, Ch. Falk Verlag

Gott erleben kann - gerade jetzt, nicht gestern und auch nicht morgen oder im Jenseits, sondern HIER in diesem meinen Körper. Babaji sagt in Haidakhan: "Die neue Welt beginnt hier, von hier aus geht die Veränderung über die ganze Erde." Hier, damit verstehe ich sowohl den Ort Haidakhan, wie auch hier in der Gegenwart. Sobald ich mich vom Vertikalen in das Horizontale verliere, entstehen Unsicherheit, Durcheinander, Angst. Eine horizontale Verbindung mit dem Göttlichen gibt es nicht.

Mit einer kleinen unscheinbaren Geste zeigt mir Babaji, wie die göttliche Kraft und Macht alles übernimmt, wenn ich bereit bin, mein "Gepäck", meinen angestauten Inhalt Gott zu überlassen. Einige von uns warten vor seinem Eingang unter dem Bodhibaum. Es ist heiß, - Babaji kommt von der anderen Flussseite. Innerlich gibt er mir zu verstehen, ich solle ihm ein Erfrischungstüchlein bringen. Er öffnet die Hülle und bringt mit einer schwungvollen, eindeutigen Bewegung das ungeöffnete Tüchlein auf seinen Rücken. Die leere Hülle steckt er mir hinters linke Ohr. An der Energie merke ich, dass etwas Wichtiges geschehen ist. Doch mein Intellekt blockiert mich, den vollen Sinn augenblicklich zu verstehen um sofort loslassen zu können. So frage ich eine Inderin, was wohl mit dem linken Ohr gemeint sei. Ihre Antwort lautet: "It just happens" - es ist einfach geschehen, ihr Westler wollt immer alles analysieren, nimm es, wie es ist."

Babaji hat Geduld mit meinem langsamen Verstehen. Ich brauche ihm nicht über mein Leben zu erzählen. Er sieht die Knoten, die gelöst werden müssen, um von der Vergangenheit befreit zu sein. Er weiß, dass dieser Auflösungsprozess in die Verbindung mit Gott sowohl psychische wie physische Schmerzen bereitet. Seine mich umhüllende Liebesstrahlung ist so stark, so kraftvoll, gleichzeitig verbunden mit einer sanft-zarten beruhigten und Geborgenheit vermittelnden Vibration. Die Wellen des "wenn und abers" werden geglättet, alles Fragen wird überflüssig, alles Reden verstummt. Worte sind zu grob und einseitig, um diese Schwingung in Begriffe zu kleiden. Babaji lässt mich zuerst lange Zeit in einem wunderbar leichten Zustand. Sein lichtes göttliches Wesen hilft mir zum Vertrauen.

Dann beginnt die Shiva-Liebes-Energie mit ihrem Auflösungsprozess! Babaji lässt nichts Altes, Gewohntes bestehen. Alles wird durch seine immer stärker werdende Lichtenergie gereinigt. Sanft und liebevoll, wenn ich loslassen kann; hart und zerstörerisch erscheinend, wenn ich die seit Jahrtausenden eingespielten Muster festhalten will. Empfinde ich das gespiegelte Bild identisch mit wunden, kranken, verwirrten Stellen in mir, erlebe ich diese Seite verstärkt und der liebe Gott-Vater wird zum Angst einflößenden, autoritären Herrscher. Allmählich erkenne ich, wie nur meine eigene Wahrnehmungshaltung bestimmend ist, welcher Energie ich den Vorrang geben will.

Trotz intensiver psychologischer Arbeit erschüttert mich das Thema Vater-Kind jedes Mal heftig, wenn Babaji kleine Kinder auf seine Knie nimmt. Es hilft nichts, wenn ich mir einrede, dass er alle Kinder, groß und klein gleich lieb hat. Das einprogrammierte Muster von "Ich bin ein Armes ohne Vater zu sein" wirkt automatisch. Es dauert einige Zeit, bis ich dem Spiegel emotionslos Stand halten kann. Im Moment meiner inneren Haltungsänderung überschüttet mich Babaji äußerlich und innerlich mit väterlicher Zuwendung.

Babajis Mahasamadhi bringt abermals das Thema "Verschwinden des Vater" ins Rollen. Ich falle in eine verschlingende dunkle Passivität zurück bis Babaji mich durch Shri Muniraji[62] erneut zu sich ruft. In seiner Barmherzigkeit gewährt mir Babaji einen kurzen physischen Darshan, so dass sich seine unsterbliche Kontinuität als erlebte Tatsache in mir festigen kann.

Mein Gottesbild, also mein Bild von meinem eigenen höheren Selbst ist zuerst diffus und neblig. Er, der Herr, sitzt irgendwo im Himmel, weit weg und seine Hilfe, seine Gnade ist nur durch strenge Askese, Buße oder frommes, braves Angepasstsein zu erreichen. Ich bin einseitig. Ich wage nicht, ich selbst zu sein, aus Angst nicht mehr akzeptiert zu werden. Ich bin abhängig von Meinungen und Ratschlägen. Babaji lässt mich erahnen, was hinter tausend Hüllen verborgen sein könnte. Im Moment, als er mir den neuen Namen gibt, ist der innerste Kern angesprochen. Ich spüre etwas, was ich vorher nie spürte, etwas lebt, etwas das erkennt und etwas, was neu belebt wird. Ein unbeschreibliches Glücksgefühl durchströmt mich "Ich bin, ich darf sein, ich habe das Recht auf Leben". Er nennt mich Jayanti. Es bedeutet: "Die Siegreiche". Siegreich ist das Gegenteil von Niederlage und setzt Kampf, Durchsetzungsvermögen und zielgerichteten Willen voraus.

Der bereits erwähnte Wunsch einer Einweihung wird nach meinem inneren Loslassen zu einem späteren Zeitpunkt erfüllt. Die anfängliche Freude, nun endlich eine Yogini zu sein, um mich mit aller Erlaubnis des Meisters zurückziehen zu können, wird sogleich durch die Erweiterung meines Namens mit Puri[63] und die erfahrene Wortbedeutung schockartig gebremst und damit in eine andere Schwingung versetzt. Fertig mit dem asketischen Einsiedler-Denken! In die Stadt zu gehen ist mein Los! Ein vorerst recht unverdaubarer Gedanke. Die diesbezüglichen Verwirrungen werden so lange gespielt, bis ich endlich loslassen und dank Babaji's unermüdlichen Hinweisen zu einem erweiterten Verständnis von "Stadt" finden kann. Nach und nach begreife ich, dass es um meinen eigenen Körper geht - ein Thema, das mir schwer fällt, da ich, wie ich heute weiß, über mehrere Leben mich nur ungern mit den Erden-

---

[62] seinen engsten noch lebenden Schüler
[63] indische Pilgerstadt

energien verbinden möchte. Heute verstehe ich: lehne ich meinen Körper ab, fällt es mir auch schwer, die Welt zu akzeptieren.

Ein Inder übersetzt die Bedeutung des Namens Puri mit: "Eine Yogini in der Stadt". Natürlich heißt dies nicht "Stadt" im üblichen Sinne. Im Geistigen ist unser Körper eine heilige Pilgerstadt, nur in diesem Körper, in dieser Stadt können wir alles erfahren, äußere Pilgerorte zerfallen mit der Zeit. Da es für mich eine zentrale Lebensaufgabe ist, mich mit meinem Körper zu versöhnen, in ihm zu leben, ihn nicht zu negieren, sondern ihn anzunehmen ohne ihn zu überwerten, ist dieser zweite Name wirklich eine Erweiterung und Vertiefung, damit sich mein Bewusstsein dieses lebendigen Tempels, dieser lebenden Stadt gewahr, bewusst wird.

Was sonst viele Inkarnationen gedauert hätte, wird mit Babajis Auflösungsprozess in kurzer Zeit durchlaufen. So bewegt er gleich beim ersten Aufenthalt in Haidakhan meine fixe Idee eines von der Welt und Menschen getrennt lebenden Yogis, wirbelt mich durcheinander, bis ich allmählich auf einer neuen Ebene zu einem der heutigen Zeit entsprechenden Yogi erwache. Die Knoten-Entwirrung findet auf einer zehntägigen Himalaya Tour statt. Während dieser Reise durch die Himmels-Berg-Welt gehe ich durch sehr viel körperliches Unbehagen, durch viel Übelkeit. Nebst kurzen schönen Momenten erlebe ich vor allem mit nachträglichem Staunen, wie viel ich, d.h. mein Körper fähig ist, zu ertragen. Ohne Zweifel schleust mich Babaji in diesen Tagen durch ein sehr intensives Yogi-Training.

Die beiden Energien weiblich und männlich sind in meinem Grundhoroskop in Spannung. Babaji bewegt und klärt diesen Punkt in mir auf die verschiedenste Art und Weise. So löst er bei meiner Bluse rechts und links die Verknotungen der Schulterbändel und bindet sie in der Mitte zusammen. Bald darauf fragt er: "Was bist du, Frau oder Mann?" Mein Kopf denkt: "Oh, diesen Test kann ich wohl bestehen". Ich weiß aus der langjährigen psychologischen Arbeit, dass wir beides sind, also sage ich: "Both". Babaji reagiert kaum darauf, und ich wiege mich innerlich in einem selbstzufriedenen "Gewusst-haben". Doch wenige Tage vergehen und erneut kommt diese Frage: "Was bist du?" Nun werde ich unsicher, was soll das? Stotternd sage ich: "Eine Frau", weil ich meine, er wolle mich auf mein Frausein hinweisen. "Nein", ist seine Antwort, "You man", nein, du bist ein Mann. Das Spiel dauert über Wochen. Meine Maya (Unwissen, Illusion der Welt) verschleiert mich. Noch einmal kommt die Frage, diesmal sage ich laut und deutlich: "Eine Lady", doch oh weh, Babaji tritt ganz nah an mich heran, schupst mich und flüstert: "No, you man!". (Nun bewegt sich etwas, mir dämmert, er meint nicht Mann, sondern Mensch! Ich erkenne.)

Das Spiel ist zu Ende, die Saat hat Wurzel gefasst, nun ist es an mir, sie zu begießen, damit sie wachsen kann.

Ritualen gegenüber bin ich recht ambivalent eingestellt: wie ein zwanghaftes "Machen-müssen", um den lieben Gott zufrieden zu stellen bis zu einem ablehnenden, angstbesetzten Gefühl. Es fehlt mir anfänglich Einsicht und Mut, den Widerstand zu durchbrechen. Statt dessen flüchte ich mich in Halsweh und Husten, um ja nicht mitsingen zu müssen. Rückerinnerungen klären diese diffusen Gefühle. Mein Verständnis für Andachten hat sich geändert, und heute kann ich den tiefen Sinn dieser Handlung, die Inneres und Äußeres, Jenseitiges und Diesseitiges in eine Einheit verbindet, als wertvolle Hilfe auf dem Weg verstehen. Sie bringt mich meiner Aufgabe, meiner Berufung, einem eigenen inneren Gott näher, sie verbindet. Meine einerseits offene Einstellung anderen Religionen gegenüber, andererseits meine allzu starre, rechthaberisch-dogmatische Seite wird durch Babajis Gegenwart zuerst verstärkt, um dann einer toleranteren, wertfreien Geisteshaltung Raum zu geben. Der Meister aktiviert das freiere Fließen: Ich gehe an einem durch Regenfälle gestauten Wasserablauf vorbei, bis ich von ihm zurückgerufen werde. Er zeigt mir liebevoll wie die Stauung behoben werden kann.

Mein Wunsch eines eigenen Hauses wird mit Babajis Segen erfüllt. Für mich ist es von Anfang an ein "Baba-Haus", ein kleines Zentrum. Da mir Babaji mit einem gemalten Bild deutlich zeigt, dass das Om namah Shivay auf die Erde, in den Körper, in die Materie gebracht werden soll, stürze ich mich in meinen Garten. Ich studiere biologische Bücher, setze wohlriechende Jauche an, ernte Beeren, freue mich über blühende Büsche, pflanze Apfelbäume und jäte, jäte stundenlang und beschäftige mich mit einem liebevollen, laut bellenden Hund und zwei Katzen.

Nach einem Jahr denke ich, es wäre an der Zeit, wieder nach Indien zu reisen und schreibe Babaji. Doch seine Antwort lautet: "No, you should die instead"[64]. Hätte mir das ein Mensch gesagt, wäre ich wohl in ein tiefes "Loch" gefallen, doch der Meister kennt mich durch und durch. Mit einer Zielsicherheit sticht er in die schwärende, gärende Beule meiner noch nicht ganz gestorbenen "Sterben-Wollen"-Gedanken. Ich akzeptiere. Ich lege mich hin und sage zu meinem Hund, dass ich jetzt versuchen werde zu sterben. Es geht aber nicht. So pflanze ich weiter Salat, pflücke Beeren, vertreibe Schnecken und versuche mein Ego abzubauen.

In dieser Zeit lese ich Satprems Buch "Der Mensch hinter dem Menschen". Ich lese die halbe Nacht hindurch. Da ist etwas, was mich zutiefst anspricht. Die Mutter/Aurobindo beschreibt ihren körperlichen Transformationsprozess. Mein Verständnis für Babajis Lehren lichtet sich. Da ist ein Weg bereitet, ein Durchgang in "diese den Menschen noch unbekannte Einheit" von welcher Babaji spricht, "die nur durch tiefe Einsicht zu gewinnen ist." Ich sauge das

---

[64] Nein, du solltest lieber sterben

Buch in mich hinein. Ich verstehe mit dem Kopf, mein Intellekt hüpft, doch meine Muster, den Körper nicht weniger wichtig zu nehmen und nach oben hinaus zu streben blockieren getreulich weiter.

Immerhin verändert sich da etwas in meinem Denkschema: wie Babaji weist auch die Mutter auf die Materie hin, - sie zu verstehen, sie zu erleben, zu beleben, eine Sicht-Änderung. Früher suche ich mein Heil im "Jenseitigen Paradies", lebe jedoch in der "diesseitigen Hölle". Ich kann Aktivität nicht mit entspannter Ruhe verbinden, entweder das eine oder das andere. Ich will krampfartig das "Höhere" erreichen und vom "Niederen" fliehen. Mein Wunsch ist: dieses Leben möge das Letzte sein! Babaji bricht auch hier den wunden Knoten: "Go, take your luggage and you will never come again!"[65].

Ein weiteres Jahr vergeht, bis mir Babaji grünes Licht zum Kommen gibt. Ich fahre wieder zu ihm. Als erstes sagte er: "You died and you came again"[66]. Ich bin überwältigt. Doch habe ich gar nicht den Eindruck, dass mein Ego gestorben ist.

"Wer einmal zu mir gefunden hat, braucht nichts anderes mehr" sagt Babaji. So holt er mich unermüdlich zurück, wenn ich von der Senkrechten in die waagerechte Achse zurückfalle. Oder, "Jeder von euch soll bereit sein, alles zu opfern, um eins mit sich selbst zu werden." Die Lektüre von Niklaus von der Flüe's Leben lässt in meinem Inneren diesen Ausruf des Göttlichen der totalen Selbsthingabe verstärkt widerhallen. Der schon seit einiger Zeit gärende Gedanke reift: alles aufzugeben. Da ich immer noch den "Himmel" erstürmen will, nützen mir weder Haus, Garten, Tiere, noch Blumen oder selbstgemalte Ölbilder. Also löse ich mich davon. Es fällt mir leicht, den Beweis zu erbringen, dass ich nicht an äußeren Dingen hafte. Innerhalb von vierzehn Tagen ist das ganze Wunschgebäude aufgelöst. Der asketische Yogi gewinnt nochmals frohlockend die Oberhand. Milarepa hat viel Häuser aufgebaut und wieder abgerissen. Ich schleppe zum Teil eigene, aber doch vorwiegend den Hausrat meiner Eltern über Jahrzehnte mit mir von einem Wohnort zum anderen. Das Gefühl von äußerem, vergangenem Ballast befreit zu sein, ist unbeschreiblich. Beschwingt fliege ich wieder nach Indien.

Ich bin immer noch nicht geheilt vom Wunsch, dort zu verweilen. Muniraji spielt nun anstatt von Babaji das Spiel des "to stay for ever"[67] weiter. Er weiß genau um alles, was Babaji in Bewegung gesetzt, was jedoch noch nicht ganz realisiert ist. Er sticht mit Worten oder inneren Bildvibrationen genau so treffsicher in die zum Platzen bestimmten Luftballons. So werde ich auf dem Höhepunkt meines "Meinens" sanft liebevoll, mir jedoch brutal und ver-

---

[65] Geh. Nimm dein Gepäck und du wirst niemals zurückkehren
[66] Du bist gestorben und doch bist du wieder gekommen
[67] Spiel des „für immer bleibens"

ständnislos erscheinend, nach Europa zurückgeschickt. Was nun? Wohin? Nach einiger Überwindung und mich langsam in die neue Situation ergebend, miete ich mitten in der Stadt Zürich eine kleine Wohnung am Predigerplatz in einem ehemaligen Kloster im Haus "Zum blauen Himmel". Deutlicher geht es nicht mehr. Da offenbar nach einiger Zeit die Kloster-Knoten dem Ende entgegengehen, wird mir die Wohnung gekündigt wegen Eigenbedarf.

Ich habe mich wieder niedergelassen, eingerichtet. Die neuen Gegenstände suche ich mit sehr viel Liebe aus: es sind helle, lichte Gefährten, eine neue Schwingung durchpulst meinen jetzigen Wohnraum. Allmählich finde ich meinen eigenen Ton.

Mit meinem Mond im Krebs habe ich die Tendenz zu sammeln. Weniger Gegenstände, als Gedanken, Ideen, Begriffe, Überzeugungen. Jahrelang beschäftige ich mich mit dem astrologischen Krebszeichen, dieser liegenden 6 und 9, Venus und Mars, weiblich und männlich, Yin und Yang. Das Zeichen ist ein ewiger Kreislauf von Geburt und Tod. Im I Ging sind nur diese beiden Zahlen der Wandlung unterworfen. Es beinhaltet sowohl Wasser (Mond) als auch Feuer (Sonnenlauf). Liegt das Zeichen waagerecht, bleiben Ursache und Wirkung im dreidimensionalen Zeit-Karma-Geschehen. Steht das Zeichen in der Vertikalen zeigt es auf den ganzheitlich wirkenden Menschen, den Karma-Yogi, der beide Pole oder Shiva und Shakti in sich vereint.

Noch vor der Hausauflösung höre ich eines Tages die innere Aufforderung, all meine Notizen über dieses Zeichen zu vernichten. Zuerst lehne ich mich dagegen auf, viel Arbeit ist damit verbunden, meine ich. Doch die innere Stimme wird so drängend, dass ich es tue. Eine große Erleichterung leuchtet in mir auf, all das vermeintliche Wissen vernichtet zu haben. Vermutlich gehört es bald der Vergangenheit an. Babaji malt mir ein Bild: ein weißer Mond und viele violette Sterne. Es ist Nacht. Mit der weißen neutralen, „reinen „Farbe malt er in den Mond ein OM. Die Konturen des Mondes sind bewegt wie kleine Blütenblätter. Mit dem Ur-Ton OM löst er den alten karmischen endlos sich wiederholenden dreidimensionalen Mutteraspekt auf. Die senkrechte vierte Dimension belebt sich, wird Realität. Das Mutter-Prinzip erhält unabhängiges selbstleuchtendes Eigenlicht. Der seitwärts horizontal gehende Krebs wandelt sich in den aufrichtig stehenden Christus. Das Sanatana Dharma, das göttliche, ewige Gesetz hat allein Gültigkeit. So kann ich heute "aufbauende Arbeit" verstehen. Ich erkenne, was ich in mir, in meinem Körper heile, heile ich für die Welt, für die Erde. Es ist eine Wechselseitigkeit.

Babaji wandelt mein Verständnis von Liebe, die zuerst erwartend, fordernd, selbstbestrahlend ist, in eine freiwillig gebende, bedingungslose, ausstrahlende Liebe. Ich erfahre, wie in der kontinuierlichen Liebeausstrahlung gleichzeitig Erhalten eingeschlossen ist. Ja, sogar noch mehr. Babaji sagte einmal:

"You give me five, I give you 10[68]. Liebe ist Atomkraft, die ausstrahlt, Licht-Materie. So lehrt mich Babaji inneres und äußeres Geben, innere und äußere Demut, innere und äußere Andacht. Beide Seiten sind auf dem Weg wichtig.

Es sei üblich, einem Meister ein Geschenk mitzubringen, etwas, was einem sehr lieb ist, wird mir vor der ersten Indienreise gesagt. Für mich ist das ein kleines selbstgemaltes Ölbild, das die Maria symbolisiert. Es kostet mich einige Überwindung, mich von dem Bild zu trennen. In Indien übergebe ich Babaji das eingepackte Gemälde. Er öffnet das Päckchen nicht. Die Projektion, die mir jahrelang viel Schmerz und Leid verursacht, existiert nicht mehr. Die Opfergabe ist im Nichts aufgelöst. Ein andermal verehre ich Babajis mütterlich-göttlichen Aspekt mit einem selbstgestrickten blauen Marienschal. Babaji trägt ihn einmal, dann, ein zweites Mal. Er bleibt vor mir stehen, bis ich sein gespiegeltes Bild tief in mir aufgenommen habe. So lehrt mich Babaji Weichheit, Zärtlichkeit, ohne Berührung, in der Energie. Die mütterliche Seite wird belebt, hervorgerufen, zum Erwachen gebracht. Die männliche Energie in mir wird weicher.

Vor meiner Begegnung mit Babaji male ich all meine Sehnsüchte, die bei einem menschlichen Gegenüber nie Erfüllung finden können, auf Leinwände. Ich male stundenlang, tagelang, jahrelang, ich führe ein richtiges Malerleben in Paris. Wenigstens etwas in mir findet dadurch zeitweise Ruhe und Frieden, ein Ahnen von Eins-Sein, ein Gebet. Das Malen ist eine große Hilfe und wohl meine nächste und deutlichste Verbundenheit zu meinem höheren Selbst. Doch zwischen diesem inneren Erleben und der äußeren Wirklichkeit klafft ein bodenloser Abgrund. Ich suche weiter das wirkliche Leben, die wirkliche Realität, die Wahrheit.

Mit der Begegnung Babajis hört nicht nur die sogenannte berufliche Tätigkeit auf, sondern auch das Malen. Zur Zeit ist dies Letztere noch ein Fragezeichen. Gedankliche Überlegungen führen zu nichts. Ich lerne weiterhin Geduld haben mit mir.

Babaji heißt mich zwar auch malen und zeigt mir, wie ich mit dem Malpinsel sorgfältiger und liebevoller umgehen soll. Oft bin ich zu hastig. Dann nimmt er mir den Pinsel aus der Hand und zeigt mir wie ich arbeiten soll. Er hat Zeit. Mir kommt es lang vor - doch sind es nur Sekunden. Es ist die Intensität, die Qualität, die mich ewige Zeit erahnen lässt. Ich kann keine Stufen überspringen. Ich habe mit jeder Form, mit jeder Art von Materie verantwortungsvoll umzugehen. Als Mensch habe ich den Himmel, die Wahrheit, in die Erde, in meinen Körper zu bringen, in jede Handlung, in jede Bewegung und jede Arbeit als gleichwertig anzuerkennen. Die kleinsten Dinge sollen beachtet werden, auch die kleinste Zeit ist wichtig. So lässt er mich einmal die

---

[68] Gibst mir fünf, gebe ich dir zehn

Malsachen nochmals auspacken und sagt: "Two minutes more" (Noch zwei weitere Minuten)." Eine vertikale Zeit, neu in jeder Sekunde". (Zitat: Der Mensch hinter dem Menschen, Satprem).

Die göttliche Seligkeit verstehe ich lange Zeit falsch. Ich habe Angst vor Bewegung, vor neuem Karma und bleibe deshalb passiv in Babajis Herz sitzen. So in Meditation versunken, stößt er mich am Arm und fragt: "Nice?" Ich antworte glückselig: "Yes, Babaji" und schon ist der habenwollende Zustand entwischt.

Babaji zeigt den Schlüssel, den Code. Die Zellen werden durch das Mantra Om namah Shivay oder durch die Anrufung eines anderen Gottesnamen umprogrammiert. Je mehr ich die Lichtenergie dieser Namein in meinem Körper wirken lasse, je weniger brauche ich äußere Dinge. Je mehr ich meinen eigenen Code, meine individuelle Aufgabe innerhalb des Ganzen erkenne und zulasse, dass sich mein unsichtbares, vollkommenes Sein wieder in meinen Körper verbindet, je weniger fühle ich eine getrennte, Kräfte verzehrende Einsamkeit. Das Suchen hat sich zu einem permanenten Üben verändert. Das Leben ist lichter und froher.

Literaturempfehlung: "Die Antwort der Engel", Mallasz, Daimon Verlag

Erlebnisse in Haidakhan

Hans-Joachim Kalk, Deutschland

Bei meinem ersten Besuch bei Babaji kam ich in Haidakhan an, nach dem ich nach mehreren Monaten des Aufenthaltes in Sri Lanka ca. 3000 Kilometer mit der Eisenbahn bis in den Himalaya gefahren war. Babaji saß unterhalb des Ashrams in einer Hütte, in der Tomaten gelagert wurden. Ein italienischer Schüler hatte mich von der Kleinstadt Haldwani durch das Flusstal nach Haidakhan gelotst und bedeutete mir nun, dass ich jetzt vor Babaji mein Pranam (Verbeugung) machen dürfe. Ich war gegenüber dieser Geste mit einer ablehnenden Haltung eingestellt, nachdem ich in Sri Lanka mehrfach Verbeugungen vor buddhistischen Mönchen beobachtet hatte. Trotzdem verneigte ich mich, allerdings ziemlich unbeholfen, vor Babaji, wenn auch mit gemischten Gefühlen. Babaji sah mich kurz an und sagte: "Morgen gehst Du weg!" "So", dachte ich, "da fährst du nun einmal quer durch den Subkontinent, brauchst dazu fünf Wochen, und der schickt dich einfach wieder fort." Was für eine Frustration! Mir wurde von anderen Schülern gesagt, dass ich ja abends nach dem Arti noch einmal darum bitten könnte, zu bleiben, was ich dann auch nach einer erneuten Verbeugung tat. Babaji verwickelte mich in einen Dialog: "Wo kommst Du denn her?" "Aus Deutschland." "Wann bist Du aus Deutschland abgereist?" "Vor fünf Monaten." "Warum bist Du nicht gleich zu mir gekommen?" "Ich bin gereist." Das stimmte nur zum Teil. Ich hatte in Shri Lanka intensiv Buddhismus studiert und Meditation geübt, aber als er mich so direkt fragte, fiel mir das im Moment überhaupt nicht ein: "Dann reise weiter, ich mag keine Herumreisenden!" Ich beteuerte aus der Tiefe meiner Seele: "Aber ich bin doch hier am Ziel angekommen, ich brauche nicht mehr herumzureisen!" Er fragte: "Was machst Du in Deutschland?" "Ich studiere Medizin." "Du kannst bleiben!" Ich blieb fast zwei Monate.

Mit der Verbeugung vor Babaji hatte ich als Europäer ziemliche Schwierigkeiten. Nach etwa drei Tagen Aufenthalt in Haidakhan wollte ich Babaji außerhalb der offiziellen Sprechzeiten etwas fragen. Er erwiderte reichlich grob: "Jetzt ist keine Fragestunde!" Solch eine Antwort war auch eine Antwort, die einen Sinn ergab, und ich ging daraufhin auf das Feld, wo an diesem Nachmittag Steine geschleppt wurden, um eine Mauer gegen das Hochwasser zu bauen. Am nächsten Tag fragte Babaji mich unvermittelt: "Was ist JETZT Deine Frage?" Ich hatte aber zu diesem Zeitpunkt gar keine Frage und hörte mich nur völlig verdutzt sagen: "Ich gebe meine Widerstände gegen Babaji auf!" Er sagte kurz: "Okay". Seitdem war es für mich eine wahre Wonne, mich vor ihm verneigen zu dürfen, wenn er mir dazu eine Gelegenheit gewährte. Oft fühlte ich mich danach geradezu befreit und erleichtert von irgendwelchen Gedanken. Hatte ich mir vorher gedacht, ihn anschließend etwas zu fragen, war dies irgendwie in dem Moment wie aus meinem Sinn gelöscht, und mein Vorhaben fiel mir erst hinterher wieder ein. Dafür begegnete mir oft danach merkwürdigerweise irgend jemand in Haidakhan, und während eines Gespräches ergab es sich, dass diese Person dann spontan die Antwort auf meine Frage parat hatte, ohne davon zu wissen, mit was für Gedanken oder Problemen ich mich gerade herumschlug.

Als ich sieben Tage im Ashram war, ging Babaji für etwa fünf Wochen auf eine Reise, und alle Besucher wurden fortgeschickt. Wer bleiben wollte, musste Babajis Erlaubnis einholen. Ein Italiener hatte mir erzählt, dass es hoch oben im Himalaya, in Chilianaula, einen weiteren Ashram Babajis gab mit wunderbarem Blick auf die Kette der Siebentausender, und im März/April würde es dort frühlingshaft warm sein und alles blühen. Jetzt war es Mitte Februar, zu dieser Jahreszeit lagen die Temperaturen dort um den Gefrierpunkt, deshalb überlegte ich mir, dass der günstigste Zeitpunkt zu einem Aufenthalt dort die Woche vor Babajis Rückkehr sein würde. Wer länger als eine Nacht in Chilianaula bleiben wollte, musste Babajis persönliche Zustimmung bekommen. Da ich so meine Erfahrungen mit Fragen an Babaji gemacht hatte, beschloss ich, vorsichtig zu sein und das Thema "Ashramurlaub im Gebirge" fallen zu lassen. Stattdessen wollte ich lieber nur eine einzige Frage stellen, nämlich, ob ich während seiner Abwesenheit in Haidakhan bleiben dürfe. Ich verneigte mich also vor ihm und kündigte an: "Babaji, ich habe eine Frage!" "Zwei Fragen" verbesserte er mich mit tiefer Stimme. Das Ergebnis war, dass ich in Haidakhan bleiben durfte, und als ich wegen der einen Woche in Chilianaula um Aufenthaltserlaubnis bat, sagte er: "Du kannst JETZT gehen!" Was für eine Freude und zugleich welch ein Schreck! Aber ich fuhr noch am gleichen Tag dorthin, war dort neben den vier ständig anwesenden Indern, die die Anlage funktionsfähig hielten, der einzige Ausländer, fror ziemlich viel, aber erlebte dort eine wunderbare Woche mit tiefen inneren Erfahrungen.

Zurückgekehrt nach Haidakhan gingen die Tage schnell vorbei und Babaji kam aus Bombay zurück. Inzwischen hatte sich der Ashram wieder etwas gefüllt, es waren etwa vierzig Person anwesend. Babaji betrat die Kirtanhalle, wo Bhajans, religiöse Lieder, gesungen wurden, stellte sich mitten in den Gang und lächelte. Da traf mich aus seiner Richtung her eine Art Stoßwelle wie ein Schlag von außen gegen die Brust und ein nicht gekanntes Glücksgefühl durchflute meinen ganzen Körper von der Brust ausgehend. Irgendwie vibrierte dazu die ganze Kirtanhalle einschließlich der Luft dazu. Babaji stand immer noch da und lächelte. Diese Vibration hielt ungefähr eine halbe Minute an. Dann entfernte sich Babaji.

Etwa zehn Tage später musste ich wieder nach Deutschland zurückreisen, da mich berufliche Termine drängten. Ich hatte im Ashramladen für meine beiden Brüder je einen hübschen Schal als Geschenk gekauft, mich aber gescheut, diese von Babaji segnen zu lassen... (zu viele Fragen). Alles war gepackt, mein alter Koffer, der an den Ecken schon Löcher hatte, da während der vielen Eisenbahnfahrten in engen Abteilen die Eckkappen abgefallen waren, war auf einem Maulesel auf dem Gepäcksattel festgeschnallt. Der Treiber trank nur noch seinen Tee zu Ende, wir befanden uns am Fuß der Treppe, die in den Ashram führt, direkt am Flussufer. Dieser Fluss, der Gautama Ganges, wird als heiliger Fluss betrachtet. Babaji kam jetzt gerade zu seinem morgendlichen Gang über die Felder zu der Baustelle mit einigen Begleitern die Treppe herunter. Was für ein Glück. Ich konnte mich noch einmal vor ihm verneigen! Dann heißt es aufbrechen. Das Maultier machte drei Schritte in die Furt, der gesamte Sattel fiel kopfüber ins Wasser, denn der Treiber hatte vergessen, den Sattelgurt anzuziehen. Babaji, der inzwischen auf einen Elefanten gestiegen war, kam gerade in diesem Moment vorbeigeritten, lachte und hob segnend die Hand, als er die unglückliche Szene sah. Dann trottete der Elefant langsam auf die andere Seite des Flusstals. Jemand, der den Vorfall beobachtet hatte, fragte mich, was denn da im Koffer gewaschen werden musste. Mir fielen sofort die beiden Schals ein. Als ich den Koffer öffnete, um die Sachen zu inspizieren, stellte ich fest, dass der gesamte Inhalt einschließlich meiner Bücher, Papiere und Kunstdrucke trocken geblieben war, nur die beiden Schals waren nass geworden, da das Wasser an den Ecken durch die Löcher eingedrungen war!

Reise zum Selbst

Kinnari, Deutschland

Das Neue Jahr begann und ich fragte mich wie immer zu Jahresbeginn, was es mir bringen würde. Ich war zu diesem Zeitpunkt 39 Jahre alt. Rückblickend interessierte ich mich seit etwa fünfzehn Jahren für spirituelle Literatur und hatte alles gelesen, was mir in die Hände gefallen war. Eines Tages meinte ich, genügend Hintergrundwissen gesammelt zu haben und wollte nun meine eigenen Erfahrungen sammeln. Ich beschloss, einen Meditationskurs zu besuchen.

Mit aller Konsequenz und der dazugehörigen Disziplin meditierte ich nun regelmäßig morgens und abends. Dabei machte ich Erfahrungen wie zum Beispiel, dass die Kundalinikraft blitzartig aus dem untersten Chakra durch die Wirbelsäule nach oben stieg und sich in Form eines bläulichen, hellen Lichtes durch das oberste Chakra im Kopf offenbarte. Dabei wurde mir sehr heiß. Ich war auch ziemlich erschrocken, anderseits aber hochbeglückt, da ich doch nun endlich wusste, dass diese Kraft, über die ich schon so viel gelesen und gehört hatte, tatsächlich existierte und sich in mir dank der Meditation offenbarte. Das gab mir Anreiz genug, nun intensiv meine Übungen fortzusetzen. Mit der Zeit bemerkte ich, dass mir meine Meditationen außerordentlich gut bekamen. Ich fühlte mich gesünder und leistungsfähiger. Und im Laufe der Zeit kamen die eine oder andere Erfahrung hinzu. Einmal fühlte ich mich wie eine Pflanze, die sich im Wind hin und herwiegte und ihre Blüte der Sonne entgegenstreckte. Es war eine außerordentliche, beglückende Erfahrung, und ich lernte dadurch, mich in Pflanzen einzufühlen. Ein andermal wurde ich zu einer Schlange, bewegte mich und zischte wie sie. So folgten die verschiedenartigsten Erfahrungen und führten mich weiter auf meinem Weg, bis mir eines Tages bewusst wurde, dass mir trotz all der Übungen und Erlebnisse etwas fehlte.

Die Meditationstechnik stimmte, Erfahrungen subtiler Art hatte ich auch. Also was war es? Ich fühlte, dass es mehr geben musste, etwas, dem ich mich öffnen konnte, dem ich mein Innerstes darbringen konnte.

So ging ich auf die Suche nach einem Meister. Ungefähr drei bis vier Monate nach dieser Erkenntnis fiel mir das Büchlein "Babadschi, Botschaft vom Himalaya" in die Hände. Ich war fasziniert und beschloss, nach Indien zu reisen. Und nun geschah etwas Unfassbares. Kurz nach dem gefassten Entschluss dorthin zu reisen, hatte ich einen Traum. Babaji stand ein paar Meter entfernt vor mir und schaute mich an. Er breitete seine Arme aus und ich bewegte mich wie verzaubert auf ihn zu. Ich lehnte meinen Kopf an seine Brust und fühlte eine zeitlose, unendliche Glückseligkeit in mir aufsteigen. Ich war "nach Hause" gekommen. So war Babaji in mein Leben eingetreten, noch bevor ich ihm physisch begegnet war. Wie betäubt und ganz beglückt erwachte ich. Noch immer befand ich mich in diesem unglaublichen Zustand der Glückseligkeit, den ich bisher nicht gekannt hatte. Vier Wochen später reiste ich nach Haidakhan.

Während der Zeit meiner Studien einschlägiger spiritueller Literatur hatte ich auch über den wundertätigen Guru Sai Baba gelesen. Mich faszinierte seine Wundertätigkeit und irgendwann so hatte ich vor, wollte ich zu ihm fahren, um mich von seinen Materialisationen beeindrucken zu lassen. Nun aber hatte ich mich für Babaji entschieden und diese Entscheidung sollte mir im Laufe der Jahre Babajis Wundertätigkeit vor Augen führen. Durch seine "Magie" wurden meine inneren Augen geöffnet, mein inneres Hören wurde geschult und unzählige, wundersame Dinge geschahen und geschehen tagtäglich. Ohne seine Gnade und seine Führung wäre es mir nicht möglich gewesen, Dinge zu sehen und zu hören, die mir erlauben, in mein eigenes Selbst zu tauchen, mich selbst kennen zu lernen und aus dieser Selbsterkenntnis heraus wiederum andere Menschen und die Natur besser zu verstehen und anzunehmen.

Babaji war in physischer Form drei Jahre mein Lehrer und heute spüre ich seine Präsenz in den alltäglichen Vorkommnissen und es bedarf auch keiner Materialisationen eines wundertätigen Meisters mehr, um mich zu beeindrucken, denn die innere Umwandlung und damit die große Veränderung meines Lebens ist für mich das größte Wunder.

Die innere Umwandlung des Menschen ist der spirituelle Weg, denn eine Erleuchtung geschieht in den allerwenigsten Fällen in einem kurzen Zeitraum von Stunden oder Tagen. Vielmehr ist es ein langer und mühseliger Weg, gepflastert mit vielen leidvollen Erfahrungen, denn fast nur über Leid lässt der Mensch von den geliebten, alten Mustern los. Das Sanatana Dharma, von dem Babaji sagte, dass er es wieder aufrichten wolle, ist der für jeden Menschen innewohnende Weg zur Gottesverwirklichung. Als er noch auf Erden anwesend war, führte, leitete und korrigierte er jeden einzelnen auf seine wunderbare und geheimnisvolle Art und Weise. Jeder machte genau die Erfahrungen, die zum richtigen Zeitpunkt in der richtigen Form in sein Bewusstsein drangen. Die daraus resultierenden neuen Erkenntnisse veränderten das Bewusstsein unmerklich aber sehr beständig. Wer den Anfangsstadien dieser Schule entwachsen ist und gelernt hat, sich zu beobachten, in sich hineinzuhören und seine Umwelt in einer gewissen Art wahrnimmt, wird erstaunt und beglückt feststellen: Babaji ist zwar nicht mehr in seinem physischen Körper anwesend, aber seine Führung ist weiterhin da. Man bemerkt es an den täglichen Dingen des Lebens, wie sie sich ergeben, wie scheinbar alles sich fügt und geregelt wird. Wünsche gehen in Erfüllung. Dinge, die chaotisch erscheinen, glätten sich plötzlich. Diese Art der Führung ist die wunderbare, angenehme Seite, in der Gott sich uns mitteilen kann. Sie beglückt, nimmt uns alle Zweifel an der Richtigkeit unseres Tuns und Handelns und lässt uns mit neuem Mut unseren Weg des Dharma weitergehen. Aber es gibt auch die weniger angenehme Art der Führung.

Wir stürzen in dunkle Löcher, sind verzweifelt, frustriert, leiden unter Depressionen, Existenzängsten usw. Es gibt Tage, an denen wir glauben, die Führung habe sich uns entzogen, wir sehen kein Licht mehr am Horizont. "Wo", so schreien wir in unserem Schmerz "bist Du? - Mutter, Gott, Babaji, so hilf doch!" Und wenn wir uns an dem Punkt der äußersten Verlassenheit befinden, an dem Punkt, an dem wir unsere völlige Hilflosigkeit erkennen, eine Hilflosigkeit, die auch eine völlige Aufgabe des "Ichs" bedeutet, dann haben wir eine energetische Ebene in uns betreten, die Auslieferung bedeutet. Auslieferung an das "Dein Wille geschehe, o Herr", oder "Om namah Shivay". Auf dem spirituellen Wege ist das "Dein Wille geschehe, o Herr" ein unglaublich wichtiger Faktor im Vorwärtsschreiten auf dem Weg zurück zu Gott. Ohne diese völlige Aufgabe des "Ichs" oder unseres Willens werden wir in alten Mustern und vorgefassten Meinungen stecken bleiben. Deswegen sind diese "dunklen Löcher" so wichtig für uns und sie werden uns durch Babajis Liebe zuteil. Wir müssen solche Tiefen überwinden, damit wir auf Gottes Stimme hören, der uns zuflüstert: "Lass es doch los, übergib dich mir! Sieh her, du kannst diese Situation, diesen Schmerz nicht ändern. Übergib dich mir, habe Vertrauen!"

Nach einer solchen Erfahrung werden wir mit Erstaunen feststellen, wie sich das "dunkle Loch" in Licht und Leben und Freude und Glück verwandelt. Wir können es kaum glauben, der Schmerz und das Leid verwandeln sich ins Gegenteil. Und in diesem Moment fühlen wir die göttliche Führung, wir hatten sie nur nicht erkannt. Welch eine ungeheure Erfahrung, die uns aber zeigt, dass unser Weg richtig ist und dass die dunklen Seiten des Lebens ganz wichtig sind, um das Vertrauen zu Gott in unserer Seele zu stärken. Das Mantra "Om namah Shivay" beinhaltet genau die Schwingung der totalen Hingabe an Gott. Diese Schwingung soll in uns Fuß fassen durch das ständige Wiederholen des Mantras. Und irgendwann wird uns diese Schwingung so zu eigen, wird ein Teil von uns, transformiert die Gegenschwingung des "Ich-will-aber" in uns, dass wir gar nicht mehr anders können, als alle Dinge des täglichen Lebens als von Gott gegeben zu erkennen. Wir haben dann gelernt, einen Teil unseres Egos zu meistern. Nun fließen wir mit dem "Fluss des Lebens". Wir kämpfen nicht mehr gegen das Fließen an. Wir treiben hierhin und dorthin, aber immer dem Ziel, dem Ozean des Lebens, entgegen.

Diese großartige innere Wandlung zeigt mir im täglichen Leben erstaunliche Resultate. Mit der Praxis der regelmäßigen Meditation wurde meine Wahrnehmungsfähigkeit deutlicher. Zu Beginn zeigte es sich in der Art, dass meine Träume klarer wurden. Und so begann ich mich für die richtige Auslegung dieser Informationen aus dem Unbewussten zu interessieren. Lange Jahre führte ich ein Traumtagebuch. Durch das Aufschreiben der Träume traten Dinge, die ich als nebensächlich betrachtete, deutlicher ins Bewusstsein und oft verhalfen gerade sie mir zum vollkommenen Verständnis eines Traumes. Ich lernte über die Symbolik und die Lehre von den Archetypen nach C.G. Jung meine Träume zu deuten. Die unterschiedliche Qualität und Aussagekraft der Träume ließ mich bald wissen, in welchen Bereichen ich mich während des Träumens befand. Lichtverhältnisse und Farben zeigten, ob eine Botschaft aus einem dunklen, noch nicht angenommenen Teil meines Selbst stammte oder ob die göttliche Führung mir direkte oder aber auch verschlüsselte Botschaften zukommen ließ.

Die Arbeit mit mir selbst begann intensiver zu werden. Die Archetypen meiner Schattenseiten zeigten sich furchterregend. Ich wachte oft nach Hilfe rufend und schweißgebadet auf. Jeder Traum, in dem sich ein dunkler Aspekt meines Unbewussten mit deutlicher Gestalt zeigte, war so nachhaltig eindrucksvoll und deshalb meinem Wachbewusstsein stets gegenwärtig. Stolz, Hochmut, Ärger, Eifersucht, Machtstrukturen und noch eine ganze Palette anderer Schattenseiten standen mir, - fühlte ich sie auch nur andeutungsweise - gleich als Persönlichkeiten vor meinem geistigen Auge. Durch die Schrecklichkeit ihres Äußeren, zu dessen Ansehen ich ja in den Träumen gezwungen wurde, erfuhr ich auch die "Schrecklichkeit" meiner momentanen emotionalen Gefühle und ich wusste, dass ich diesen Wesenheiten aus ihrem Schattenbereich heraus helfen musste. Ich hatte sie mit der dunklen Macht meines Denkens und meiner Emotionen in vielen Leben geschaffen und war nun an einen Wendepunkt gelangt. Dadurch, dass sie sich mir als konkrete Wesenheiten im Traum zeigten, wurde mir bewusst, dass es meine durch falsches Denken erzeugten Schöpfungen waren und dass nur ich sie auch wieder erlösen konnte. Das geschah und geschieht durch das Annehmen und Erkennen dieser Schatten als einen Teil meines Selbst. So geschieht es, dass ich im Umgang mit anderen Menschen entdecke: hier ist wieder in mir so eine negative Gefühlsregung. Ein innerliches, vom anderen unbemerktes Innehalten und Registrieren dieser Emotionen macht sie mir voll bewusst. Sehr oft lässt es der Moment nicht zu, sich weiter damit zu beschäftigen, doch zu einer anderen Zeit, einer Zeit der Ruhe oder Meditation, nehme ich dieses Thema wieder auf, gehe nochmals alle Einzelheiten durch und lasse mich in diese, als Schattenseite erkannte, Emotion fallen. Wieder können diese Gefühle mächtig Besitz ergreifen und dennoch muss man sich letztendlich eingestehen, dass auch durch das Bewusstmachen und nochmalige Hineingehen, sich diese Gefühle nicht ausmerzen lassen. Babaji zeigt uns aber auf eine einfache Art, Schatten zu transformieren. Das Mantra "Om namah Shivay" beinhaltet eine Schwingungsfrequenz, die - setzt man sie in einer solchen Situation ein - , die niedrige Schwingung in uns in eine höhere verwandelt. Das Bewusstmachen unserer negativen Seiten und das bewusste Annehmen dieses Teils unserer Persönlichkeit, so wie die bewusste Transformation oder aber, was das gleiche bedeutet, die Übergabe oder "Hingabe" an Gott durch das Mantra, lösten die negativen Energiemuster auf. Der Schattenbereich wird von Licht durchdrungen und verschwindet oder verändert sich nach und nach aus unserem Leben. Die Lebensqualität verändert sich. Dinge, welche gestern noch voller Bedeutung für uns waren, erscheinen nun in einem ganz anderen Licht. Über die Erfahrung des Schattenbereiches verändert sich der Umgang mit den Menschen unserer Umgebung. Mehr Toleranz macht sich bemerkbar. Auch ein gewisser Gleichmut, nicht zu verwechseln mit Gleichgültigkeit, wird erfahrbar. Toleranz und Gleichmut sind für eine Partnerschaft, in der Harmonie vorherrschen soll, von unschätzbarem Wert. Das machtvolle Licht der Transformation, das Om namah Shivay, erfüllt uns oder auch gerade die Arbeit mit uns selber.

Den Schattenbereich zu erkennen, anzunehmen und zu transformieren mit der einfachen Methode des Übergebens: "Herr, Dein Wille geschehe" oder "Om namah Shivay" ist eine Möglichkeit, näher an das gesetzte Ziel zu kommen. Ob man dieses Ziel nun mit Begriffen umschreibt wie: "Ins Vaterhaus zurückkehren", "Einswerden in Gott", die "Liebe verwirklichen wollen" oder einfach bewusst und freudig sein, das Ziel ist immer dasselbe, auch wenn es verschieden formuliert wird.

Eine andere und zusätzliche Möglichkeit, bewusster zu werden, ist die konkrete Erfahrung der inneren Ruhe oder das Schweigen des Geistes. Durch Meditationsübungen lässt sie sich am einfachsten realisieren. Dazu schreibt Satprem in seinem Buch "Sri Aurobindo oder das Abenteuer des Bewusstseins": Es gibt eine Zone unseres Seins, die zugleich die Quelle einer bedeutenden Schwierigkeit und einer großen Macht ist. Eine Quelle der Schwierigkeit, weil sie alles, was die Außenwelt oder das höhere Selbst uns vermitteln, in Unordnung bringt, in dem sie sich mit stürmischer Wucht unseren Bemühungen, den Geist zum Schweigen zu bringen entgegenstemmt; sie hält das Bewusstsein auf der Ebene der Kleinigkeiten fest, von denen es beansprucht oder völlig in Besitz genommen wird und beeinträchtigt eine Reise in andere Bereiche. Und eine Quelle der Macht, weil sie der Sitz der großen Kraft des Lebens in uns ist."

Um also den Gedankenfluss zum Schweigen zu bringen, bedient man sich der Meditationsübungen. Es gibt viele Techniken, aber alle haben eins gemeinsam: das Fixieren des Geistes oder die Konzentration auf ein "Hilfsmittel", um über diese Technik zu Gedankenfreiheit zu gelangen. Babajis Mantra "Om namah Shivay" ist ebenfalls ein Hilfsmittel. Setzen wir uns nun mit geschlossenen Augen hin und versuchen mit dem Aufnehmen des Mantras sogleich in die Zone des Schweigens zu gelangen, so müssen wir feststellen, dass wir zuerst von einem wilden Gedankenstrom überflutet werden. Voller Erstaunen und vielleicht verzweifelt werden wir gleich aufgeben wollen. Hier hilft nur eins, versuchen und nochmals versuchen mit viel Geduld und Hartnäckigkeit. Je öfter wir unser Mantra wiederholen, umso größer wird seine Macht und eines Tages werden wir feststellen, dass wir unversehens in einen Bereich gelangten, in dem wir tatsächlich gedankenfrei waren. Zuerst glauben wir vielleicht, dass wir geschlafen haben. Der Unterschied zwischen Schlaf und Transzendenz lässt sich aber sehr einfach feststellen, indem man seine Sitzhaltung überprüft. Schläft man während der Meditation ein, so sackt der ganze Körper in sich zusammen, der Kopf fällt nach vorne, der Rücken wird krumm, wir schlafen! Haben wir aber die Transzendenz erreicht, d.h. die völlige Gedankenfreiheit, wo werden wir an unserem geraden Rücken und der gestreckten Kopfhaltung erkennen können, dass unsere konsequente Übung nun vom ersten Erfolgserlebnis gekrönt wurde. In diesem ersehnten Zustand der Gedankenfreiheit erfolgt nun die totale Regeneration von Körper, Seele und Geist. Unsere Bemühungen werden aufgegriffen durch eine "Gnade von oben", von dem, worauf man seine innere Sehnsucht gerichtet hat und bald merkt man, dass diese Zustände der Gedankenfreiheit außerordentlich bekömmlich sind.

Die nächste Möglichkeit, den unsteten Geist umzuformen, ist die ständige Wiederholung des Mantras, eine Übung, zu der Babaji stets geraten hatte. Durch die ständige Erinnerung an einen der Namen Gottes werden die diesem Namen eigenen Schwingungen denen unserer Gedanken entgegengesetzt. Die nötige Hingabe und der Glaube an das Göttliche vollenden die Wirkung. "Der Glaube", so sagte Sri Aurobindo einmal, "ist eine Intuition, die nicht nur darauf wartet, von der Erfahrung bestätigt zu werden, sondern zu der Erfahrung führt."

Ein unverkennbares Zeichen, dass man sich "auf dem Weg" befindet, stellt sich nun ein. Die Arbeit mit sich selber und den Schattenbereichen beginnt intensiver zu werden. Man bemerkt auch eine gewisse Überempfindlichkeit an sich selber gegenüber den Ereignissen in der Welt oder im Umgang mit anderen Menschen. Bestimmte Dinge fallen von selbst von einem ab, wie z. B., rauchen, das Verlangen nach Fleisch oder Alkohol. Alle Dinge unterliegen einer Wandlung. Sogar die Lust auf Sex unterliegt einer gewissen Umformung.

Nach meiner ersten Begegnung mit Babaji konnte ich im Laufe der Jahre vielerlei größere und kleinere Veränderungen an meiner Persönlichkeit feststellen. Sri Aurobindo sagte: "Diese Veränderung erfasst unsere ganze Natur, in dem sie einen Teil nach dem anderen bearbeitet. Sie verwirft, was zu verwerfen ist, verfeinert, was zu verfeinern ist und erschafft, was zu erschaffen ist. Sie macht uns ganz und stellt den Einklang mit uns selbst und unserer Umwelt wieder her."

Transformation des persönlichen Gottes

Nachdem ich nun Babaji als meinen Meister erkannt hatte, war ich so erfüllt von ihm, dass ich mich gedanklich ständig mit den Dingen beschäftigte, die er mit mir getan hatte oder die er mir sagte, oder die durch Beobachtung seiner Persönlichkeit in mein Bewusstsein gedrungen waren. Babaji hatte voll und ganz Besitz von mir ergriffen. Er war in all meinem Tun mir stets im Geiste gegenwärtig. Ich meditierte mit ihm, ich arbeitete mit ihm und ich unterhielt mich sogar in meiner Phantasie mit ihm. Das schönste Geschenk für mich waren die jährlichen Besuche in seinem Ashram in Haidakhan. Babaji war für mich alles, Vater, Mutter, Bruder, Geliebter, Kind, König, und er spielte alle diese Rollen mit mir. Sie beinhalteten die verschiedenen Ausdrucksformen der menschlichen Liebe. Der Tag kam, an welchem ich die Nachricht erhielt, dass Babaji nun seinen Körper verlassen hatte. Als ich mich in den darauffolgenden Stunden beobachtete, stellte ich fest, dass ich zwar traurig war darüber, dass er nun nicht mehr in körperlicher Anwesenheit zu erfahren war, aber ich merkte auch, wie etwas in mir sich unter eine Glasglocke begab und die Traurigkeit nicht so eigentlich an sich heranließ. Dazu schaltete ich auch meinen Intellekt ein, der mir fleißig einsuggerierte: Babaji ist nicht tot, er hat nur seinen Körper verlassen, in seinem Geiste aber ist er ja bei dir. Warum also traurig sein?

Einige Jahre vermied ich es, nach Haidakhan zu fahren. Was sollte ich dort, Babaji war ja persönlich nicht mehr anwesend. Meine spirituellen Übungen setzte ich fort und irgendwann dachte ich, dass es gut wäre, sich mal wieder mit neuer Energie aufzuladen. Die Navaratri-Feiertage in Indien schienen dafür besonders geeignet. Also reiste ich nach Indien. Dieses Mal nicht nach Haidakhan, sondern an einen anderen heiligen Ort, nach Chilianaula, einen wunderschön gelegenen Ort im Vorgebirge des Himalaya. Das Ende der Feierlichkeiten zeichnete sich ab, und ich spürte den immer dringlicher werdenden Wunsch, auch Haidakhan einen Besuch abzustatten. Irgendetwas in mir zog mich magisch an diesen Ort vergangener glücklicher Tage mit Babaji. Ein anderer Teil in mir empfand etwas wie Furcht vor der dann unweigerlich erfolgenden Konfrontation mit mir selbst. Aber ich packte meine Sachen und bald tauchte das vertraute Bild des Flusstales und der Tempelanlage auf. Obwohl es heiß war, die Sonne schien, die Vögel zwitscherten und der Gautma Ganga sich in altbekannter Weise durch das Tal schlängelte, nahm ich nur eine Dunkelheit in mir wahr und eine starke Beklemmung in der Brust. Alles, was mich zuvor bei meinen Haidakhan Besuchen mit Freude erfüllt hatte und meine Schritte schneller werden ließ, erdrückte mich nun auf eine dunkle Art. Fast schon wollte ich umkehren, gleichzeitig aber spürte ich eine große Wichtigkeit und einen Zwang, der mich weitergehen ließ.

Mein erster Gang führte im Ashram zur Begräbnisstätte von Babaji. Ich bete vor dem Grab und nun bemächtigte sich meiner eine mir bisher unbekannte Trauer. Es wurde "dunkel" in mir. Jede Freude war verschwunden. Die Luft erschien mir schwer und dick. Ich glaubte, nicht mehr atmen zu können. Dann, in der Kirtanhalle, beim abendlichen Singen der heiligen Lieder, der leere Sitz Babajis... Ich begann, den mühsam zurückgehaltenen Tränen freien Lauf zu lassen. Ich weinte drei Tage und Nächte, sprach mit niemandem und beobachte gleichzeitig innerlich das Ausmaß meiner Traurigkeit. Nie hätte ich gedacht, so traurig sein zu können. Mir wurde bewusst, dass in den vergangenen Jahren ein Verdrängungsmechanismus stattgefunden hatte. Natürlich stimmte es, Babaji war und ist in seiner Präsenz stets gegenwärtig, nur war diese Tatsache für mich zu diesem Zeitpunkt keine wirkliche Erkenntnis gewesen, sondern mehr ein intellektuelles Verständnis, ein angenommenes Wissen. Nun zeigte mir diese Traurigkeit, dass ich eine Blockade in meinem Emotionalkörper errichtet hatte, die durch das mehr oder weniger bewusste Hineingehen in nicht bewältigte Geschehnisse aufbrach und durch die Tränen fortgespült wurde. Je mehr ich weinte, desto freier und leichter fühlte ich mich, ich nahm die Sonne wieder wahr, hörte die Vögel singen, den Fluss rauschen und konnte feststellen, wie sich meine Traurigkeit langsam auflöste. Das über Babajis Grab erbaute Monument verlor seine Anziehungskraft und ich bemerkte, dass meine Zeit in Haidakhan beendet war. Ich verließ den Ashram und wusste, dass es mir erst jetzt möglich sein würde, in einem bestimmten Bereich meines spirituellen Wachstums mich weiter zu entwickeln. Die unbewusste Traurigkeit hatte verhindert, Babaji wirklich in seiner feinstofflichen Präsenz zu erfahren.

Von nun an fuhr ich in ziemlich regelmäßigen Intervallen nach Indien und merkte, dass Haidakhan kein Ort von Traurigkeit mehr für mich war. Ich bemerkte aber noch etwas anderes. Ganz subtil hatte es sich eingeschlichen. Muniraj übte eine große Anziehungskraft auf mich aus. Ich tat alles, um meiner Hingabe an seine Persönlichkeit Ausdruck zu verleihen. Und das begann damit, dass sich mir Muniraj in einem besonders gesegneten Augenblick als vollkommener Kanal Babajis offenbarte. Ich war sehr berührt davon und wieder weinte ich, aber dieses Mal mehr aus Freude und Überraschung. Es gab im Laufe der Zeit noch viele Zeichen, innerlich wie äußerlich, die mir sagten, Babaji arbeitet durch Muniraj genauso individuell mit jedem einzelnen von uns, wenn es von uns gewünscht würde. Offensichtlich brauchte ich diese "Persönlichkeit" Babajis, wie sie durch Muniraj zum Ausdruck gebracht wurde, noch immer. Je mehr ich aber danach verlangte, im äußeren Bereich die Aufmerksamkeit Munirajis zu bekommen, welche ich von Babaji gewohnt war, um so weniger beachtete er mich. Und ich fragte mich ständig: "Warum". In meinen Träumen hingegen erschien mir Muniraj sehr häufig und immer waren diese Träume mit Belehrungen verbunden und langsam begriff ich: Muniraj wollte und konnte den begonnenen Ablösungsprozess vom "persönlichen Gott" hin zum "unpersönlichen Gott" nicht im Wege stehen. Es bedurfte noch einiger Zeit, bis ich mit Sicherheit wusste, dass dieses Gefühl richtig war. Nun änderte sich meine Beziehung zu ihn. Ich hatte keine Schwierigkeiten mehr, Muniraj dabei zu beobachten, wie er mit anderen freundlich war. Und indem dieses Gefühl des Losgelöstseins von seiner Person sich mehr und mehr verdichtete, nahm ich viel intensiver seine Ausstrahlung von Liebe und Frieden wahr. Und es geschah noch ein kleines Wunder. Muniraj begann damit, mich hin und wieder anzusprechen.

Im vergangenen Frühjahr reiste ich nochmals nach Haidakhan. Eines Tages arbeite ich im Garten unten am Fluss. In einem besonderen Moment überkam mich ein großes Glücksgefühl, wie ich es bisher noch nie gefühlt hatte. Ich hielt mit meiner Arbeit inne, schaute um mich und bemerkte, dass alles, was ich sah leuchtete. Kleine, schmutzige indische Mädchen kamen den schmalen Pfad des Gartens entlang gegangen. Ich schaute sie an und sie lächelten. Da bemerkte ich dieselbe leuchtende Energie, die ich schon in den Pflanzen und Steinen und im Wasser des Flusses und in allen Dingen, die ich ansah, wahrgenommen hatte. Große Freude fühlte ich in mir und ich wusste, diese Energie, die mich durchströmte und die ich in allen Dingen wahrnahm... sie war göttlich! Ich hatte eine Erfahrung des unpersönlichen Gottes gemacht. Langsam verblasste dieser paradiesische Zustand in mir, aber die Erinnerung daran ist stets gegenwärtig und mein Ablösungsprozess von Babaji als Person war damit beendet. Etwas Neues konnte beginnen.

Maya

Maya wird von Harish Gohari in "Lila, das kosmische Spiel" folgendermaßen beschrieben: "Die Welt der Erscheinungen ist die Welt von Maya. Maya dient als Bühne für die Tragikkommödie des Menschen. Maya stellt dem Menschen Situationen und Verhaltensmuster zur Verfügung, die subtile Hinweise für das Begreifen der eigenen Natur anbieten. Die einzige Aufgabe, mit der der Mensch konfrontiert ist, besteht darin, zu realisieren, dass er ein "Spieler" ist und dass das Gefühl von Trennung, das er hat, eine Illusion ist."

Eines Tages, es war ein wunderschöner lieblicher Sommertag in Haidakhan, ging ich zu meinem Lieblingsplatz im Flusstal und setzte mich in den Schatten eines Baumes. Das Navarati-Fest war vorbei. Alle Menschen, die daran teilgenommen hatten, waren abgereist und nur ein kleines Häuflein von

"Haidakhandis" war geblieben. Meine Abreise war für den kommenden Tag geplant. Nun saß ich unter diesem wunderbaren, alten Baum mit seinen mächtigen Wurzeln und Ästen. Ein Seitenarm das Gautama Flusses rauschte in meiner Nähe vorbei. Es war in der Mittagszeit und kein Laut war zu hören, außer dem Geräusche der Blätter des Baumes, die sich im Wind wiegten, dem Rauschen des Flusses und dem Zwitschern der Vögel. Gleißendes Sonnenlicht erfüllte das Tal. Eine unerklärliche tiefe Traurigkeit erfasste mich. Die vergangenen Tage waren für mich erfüllt gewesen von den Erfahrungen großer Freude und eines Gefühls von Offenheit allen Menschen gegenüber, die mir begegnet waren. Nun saß ich hier und sann darüber nach, wie schnell und wechselhaft sich das Leben zeigt. Gestern noch hatte ich diese große Freude in mir gefühlt, und heute diese Traurigkeit. Plötzlich mündete dieses Gefühl in eine visionäre Schau. Ich sah mich hier unter dem wunderschönen Baum sitzen wie auf einer Bühne. Alle Menschen, denen ich in den letzten Tagen begegnet war, agierten wie Schauspieler auf dieser Bühne und brachten in mir ein Gefühl der Freude hervor. Dann waren sie plötzlich alle fort. Was gerade noch gewesen und mich glücklich gestimmt hatte, war vorbei. Eine andere Minute, eine andere Stunde, ein anderer Tag begann und das Spiel änderte sich und brachte das Gefühl von Traurigkeit mit sich. Ich begriff in meinem Herzen, dass nichts von Dauer ist. Alles fließt. Nichts können wir festhalten. Was heute ist, ist morgen nicht mehr, alles erweist sich letzten Endes als Illusion. Mir strömten Tränen über das Gesicht und ich fragte Babaji in mir, warum das nur so sei und fast im gleichen Moment wurde mir die Antwort zuteil: "Die Welt der Maya oder Illusion besteht zum einen in mir: in meinem Emotionalkörper und in meinem "falschen" Denken, und zum anderen in der Außenwelt. Alle Geschehnisse werden sozusagen in mir erschaffen und die Außenwelt spiegelt mir nur mein Inneres wieder. Es gibt kein Entrinnen aus diesem Auf und Ab, aus dieser Welt der Illusion, außer, dass es mir aus eigenem Wollen und Bemühen und der unendlichen Gnade Gottes gelingen würde, die Gegensatzpaare in mir zur Einheit zu verschmelzen. Diesen ruhenden Punkt, die Einheit, der auch Frieden in mir und mit mir selbst bedeutet, diesen ruhenden Punkt zu erreichen galt mir nun einzig und allein als erstrebenswert. Und ich fühlte, dass dieses Ziel gleichbedeutend mit Liebe war. Das Überwinden der Qualität oder der Gegensätze in mir würde das Eintauchen in die Liebe Gottes bedeuten. Keine Maya würde für mich mehr bestehen, denn der Friede in mir würde es nicht mehr zulassen, eine Gefangene der Illusion zu sein.

Die Erkenntnis, welche ich aus dieser visionären Schau ziehen durfte, war wunderbar tröstlich. Ich wusste nun, dass alle Geschehnisse um mich herum sozusagen arrangiert worden waren, und noch immer werden, weil mein höheres Selbst oder Babaji es so wünscht, damit ich meine eigene Natur begreifen lerne. Die Illusion ist also unerlässlich und beinhaltet durch Überwindung die Einheit mit mir selber.

Eine Lektion, die er mir zuteil werden ließ, als er noch in seinem physischen Körper war, zeigte dieses illusionäre Geschehen ganz deutlich auf: ich hatte einen schlechten Tag in Haidakhan, fühlte mich körperlich und seelisch gar nicht wohl und wollte nun, es war Mittag, essen gehen. Dazu aber musste ich an einem Ort vorbei, von dem ich wusste, dass dort Babaji anwesend war. In diesem Zustand aber wollte ich ihm nicht so gern begegnen und so wählte ich einen kleinen Umweg. Aber es nutzte mir nicht viel, denn ich hörte von Ferne Babaji meinen Namen rufen. Natürlich eilte ich schnell zu ihm. Er saß im dämmerigen Hintergrund einer kleinen indischen Hütte und bedeutete mir, mich gleich an der Tür hinzusetzen. Nun saß ich dort und wartete der Dinge, die da kommen sollten, während sich Babaji mit den anwesenden Indern unterhielt. Nach einiger Zeit bedeutete er mir, nun aufzustehen und zwei bis drei Schritte in seine Richtung zu tun. Dann gab er Anweisung, wieder auf dem Boden Platz zu nehmen, was ich mit Verwunderung tat. Mein Erstaunen wurde noch größer, als er diese "Zeremonie" wiederholen ließ, also aufstehen, zwei Schritte in seine Richtung tun und dann wieder setzen. Als ich auf diese Weise bei ihm angelangt war, ging mir sogleich der Sinn und Zweck dieser "Übung" auf. Babaji hatte mir auf seine unvergleichliche Art gezeigt: "Siehe, das Leben ist ein Auf und Ab, du befindest dich in der Illusion von "Höhen" und "Tiefen", aber jede "Höhe" und jede "Tiefe" beinhaltet einen Schritt zu mir. Und am Ende wirst du bei mir angelangt sein. Und obwohl ich mich vorher nicht sehr gut gefühlt hatte, ließ die Freude über diese wundervolle Belehrung sofort alle Beschwerden vergessen und ich hatte noch einen sehr schönen Tag.

Irgendwann schenkte mir Babaji ein geknicktes Streichholz. Er hielt es plötzlich in seinen Händen, spielte in beiden damit, um es anschließend in der Mitte zu knicken. Ich hatte ihn dabei beobachtet, aber dies Tun als "selbstvergessene" Spielerei betrachtet. Dann aber schenkte er mir dieses geknickte Hölzchen. Ohne die geringste Idee, was dieses kleine Geschenk wohl bedeuten könnte, legte ich es zu anderen Dingen. Aber es ließ mir keine Ruhe zu ergründen, was diese Geste nun für mich zu bedeuten hatte. So vergingen Monate und Jahre und ich war noch immer nicht im Klaren darüber, was das Streichholz zu bedeuten hatte. Ich holte es hervor und betrachtete es oftmals, aber es behielt sein Geheimnis lange Zeit für sich. Einmal aber dachte ich darüber nach, wie sich doch mein Wissen und meine Vorstellung von Erleuchtung gewandelt hatten. Am Anfang meines spirituellen Weges hatte ich die Vorstellung von einer blitzartigen Erleuchtung, die dem Menschen geschehen würde, irgendwann einmal in diesem oder in einem anderen Leben. Mit dieser Vorstellung von blitzartiger Erleuchtung waren so wunderbare Dinge verbunden wie: gleichzeitig in den Besitz allen Wissens zu kommen, jenseits des "Bösen" sich zu befinden und gleichzeitig in einem ekstatischen Zustand immerwährender Verzückung zu sein. Während ich noch darüber nachsann, wurde mir bewusst, dass mein Weg mit dieser Vorstellung nichts Gemeinsames hatte. Ich wusste, eine blitzartige Selbstverwirklichung mag manchem Menschen beschieden sein, ich aber hatte meine Erleuchtung mühsam zu erarbeiten. Und an diesem Punkt meines Denkens kam mir das geknickte Streichholz in den Sinn. Jetzt erst war der Tag und die Stunde gekommen, um erkennen zu können. Das Streichholz! Es wird an der Schachtel gerieben und entflammt plötzlich! Aber ich bekam ein geknicktes Hölzchen, es war nicht mehr zum plötzlichen Entflammen zu gebrauchen. Eine plötzliche "Erleuchtung" wird nicht stattfinden.

Die Erfahrungen und Erkenntnisse der letzten Jahre zeigten mir zudem: die Arbeit mit sich selber ist ein unendlicher Prozess. Auf jede Hürde die genommen wird, folgt eine neue andere Art. Aber diese Erfahrungen beinhalten letzten Endes immer die große Freude, die man empfindet, wenn man wieder einen Sieg über sich selbst errungen hat. Sie beinhalten auch die Gewissheit, dass Gott bei dir ist, dass du geführt und geleitet wirst durch Höhen und Tiefen und das alles nur zu dem einen Zweck, zu erkennen wer du bist. Wie sagte Babaji doch: "Ich bin Du!"

Der Wendepunkt meines Lebens

Robert Geib, England

Babaji kam in mein Leben an einem Zeitpunkt, wo mir nur eines klar war - irgendetwas musste sich ändern, irgendetwas musste geschehen! Ich litt damals sehr an Depressionen über den Zustand der Welt. Alles in mir und um mich herum fiel in Stücke. Nach langem Ringen traf ich eine Entscheidung. Ich setzte mir ein Datum, an dem ich ein neues Leben beginnen wollte. Allerdings hatte ich keine konkrete Vorstellung, wie das aussehen sollte.

Als der Tag meiner Entscheidung, dem ich mit innerer Spannung entgegensah, dann endlich dämmerte - draußen formte sich gerade ein Regenbogen -, kam am Vormittag ein unerwarteter Telefonanruf. Ein alter Freund war von seiner Reise aus Indien zurückgekehrt und wollte am nächsten Tag vorbeikommen. Er sagte am Telefon, er hätte viel zu erzählen. Als ich den Hörer aufgelegt hatte, griff eine unwiderstehliche Kraft nach meinem Herzen und nahm mir den Atem. Ich wusste nicht wie mir geschah und dachte zunächst, ich hätte einen Herzanfall. Ich taumelte keuchend in den Garten. Mein Kopf drehte sich, und ich konnte keinen klaren Gedanken fassen. Todesangst überfiel mich. Tief in meinem Inneren jedoch sagte mir eine leise Stimme: "Es ist noch nicht Zeit zu sterben." Dann kroch eine Ahnung in mir hoch, dass dies alles mit der Ankunft meines Freundes aus Indien zu tun hatte.

Als Birshan, wie er sich nun nannte, am folgenden Tag in der Wohngemeinschaft, in der ich wohnte, ankam, wurde ich augenblicklich des verwandelten Wesens meines Freundes gewahr. Ich fühlte mich von dem unsichtbaren Licht, das ihn umgab, stark angezogen. Er strahlte eine friedvolle Kraft aus und sein großes, freudiges Lächeln war wie Balsam für mein wehes Herz. Etwas in mir öffnete sich und wollte erfahren, was mit meinem Freund geschehen war.

Die nächsten Tage verbrachte ich fast ausschließlich in seiner Nähe und hörte somit das erste Mal von Babaji. Es war mir, als würde er von Jesus Christus erzählen, zu dem ich schon von klein auf eine Herzensbeziehung empfunden hatte, und der mir einmal in einem sehr apokalyptischen Traum eines Sommers erschienen war. War es möglich, dass jemand wie er auf der Erde weilte?

Birshan, der ein Zimmer im Haus bezogen hatte, sagte nach ein paar Tagen zu mir: "Das nächste Mal, wenn ich nach Indien fahre, möchte ich gern, dass du mich begleitest. Ich fühle, dass du Babaji begegnen musst." Freudig antwortete ich von ganzem Herzen: "Ja."

In dieser Nacht träumte ich zum ersten Mal von Babaji. Im Traum liefen Birshan und ich auf eine einfache Hütte im Dschungel zu. Es war recht dunkel, ich konnte aber erkennen, dass wir beide geschorene Köpfe hatten und Tücher um die Hüften geschlungen. Als wir die Hütte erreichten, öffnete ich die Tür und betrat einen einfachen, weiß gestrichenen Raum. Aus den Augenwinkeln konnte ich auf der rechten Seite ein etwas erhöhtes Bett ausmachen. Dort saß Babaji mit verschränkten Beinen, angetan mit einem weißen Gewand. Er winkte mich lächelnd zu sich und bedeutete mir, auf dem Bett neben ihm Platz zu nehmen. Birshan setzte sich auf den Boden. Sofort fing Babaji an mit mir zu spielen, er schubste mich auf scherzhafte Weise. Er lachte und kicherte. Ich fühlte mich etwas verlegen und wusste nicht recht, wie ich mich verhalten sollte. Dann erzählte mir Babaji von Dingen, die ich als Junge sehr gern getan hatte. Ich war voller Wunder und fühlte mich dann auch allmählich wie ein kleiner Knabe. Als dieses Gefühl immer stärker wurde, hob Babaji plötzlich seine Hände auf Kopfhöhe und fing an, eine unsichtbare Flöte zu spielen. Die Musik, die ich vernahm, kann ich mit Worten nicht beschreiben. Sie war nicht von dieser Welt. Ich war so überwältigt, dass ich mit heftig schlagendem Herzen erwachte und mich aufrecht sitzend auf meinem Bett wiederfand. Es war kurz nach vier Uhr morgens.

Babaji erschien mir noch zwei Mal im Traum, bevor ich dann endlich nach Indien reisen konnte.

Als ich dann in Indien zum ersten Mal früh morgens vor Sonnenaufgang Babajis Gemach zur Chandan-Zeremonie betrat, erkannte ich das Zimmer meines ersten Traumes wieder. Babaji saß auf seinem Bett und winkte mich lächelnd zu sich und machte mir das Zeichen Krishnas auf die Stirn - Krishna der göttliche Flötenspieler. Er beschenkte mich dann auch gleich noch mit einer gelben Kurta und einem weißen Lungi, indische Kleidungsstücke. Ich fühlte mich überwältigt von dem Wiedererkennen. Dieses Erlebnis und viele die folgten, raubten mir sehr schnell alle Zweifel, dass ich in die Hände eines lebendigen Gottmenschen gefallen war. Es war wunderbar und zugleich erschreckend. Während mein Herz die unbedingte Wahrheit seiner Gegenwart vernahm, erschrak mein falsches Selbst vor der Gewissheit seiner allmählichen Auflösung. Die Arbeit an mir selbst war, nun der Stimme des Herzens zu folgen.

Die Zeit mit Babaji hat mir gezeigt, dass alles im Leben möglich ist. Mit Gedanken und Herzen auf Gott gerichtet, können wir uns selbst und diese Welt verändern, können wir hinwachsen zur Menschlichkeit - können wir das Himmelreich auf Erden errichten.

Babaji hat einmal zu mir gesagt: "Sei dankbar, glücklich und lass mich dich durchdringen und dann lass die Welt daran Anteil haben."

Darauf fragte ich ihn: "Wie kann ich mich dir am besten öffnen?" Er entgegnete: "Singe, singe, singe die heiligen Namen Gottes!"

Das Singen der heiligen Namen Gottes[69] ist nun seit Jahren meine hauptsächliche spirituelle Disziplin zu Hause geworden. Es ist auch meine Arbeit draußen in der Welt, und hat durch seine heilsame Wirkung schon vielen Menschen geholfen und tiefe Freude bereitet. Durch dieses Karma Yoga habe ich auch meine Frau Ambika kennen gelernt, die durch ihre wundervolle Stimme sehr zum Erfolg unserer Arbeit beigetragen hat. Wir fühlen uns sehr gesegnet und dankbar, dass wir diese Arbeit ausführen können, und dass Babaji uns und unsere Kinder dadurch ernährt.

Durch seinen Willen und seine Kraft bewegt sich das Rad unseres Lebens harmonisch in der Mitte, gibt uns immer wieder Kraft und Mut, an uns selbst zu arbeiten und unseren Kindern, unseren Brüdern und Schwestern und unserer Mutter Erde einen liebevollen Dienst zu erweisen. Auf dem Weg zu Gott machen wir alle Fehler, lernen aber durch sie. Babaji ist der unverzerrte Spiegel, in dem ich meine Verfehlungen sehr schnell erkenne, um dann an ihnen arbeiten zu können. Babajis Liebe zeigte mir, dass ich trotz meiner Fehler geliebt werde, dass Schuldgefühle und Angst die größten Hindernisse zur Glückseligkeit sind. Diese Gewissheit ermöglicht es mir, mehr und mehr loszulassen von falschen Vorstellungen und schlechten Gedanken und Gefühlen. Sein lebendiges Beispiel und seine göttliche Gnade ermöglichen es uns allen in Wahrheit, Einfachheit und Liebe zu leben.

[69]entsprechende Kassetten beim Verlag erhältlich

Erfahrung eines neuen Lebens

Turkantam Sorrentino, Italien

Es war ein lauer Sommerabend. Ich lebte mit meiner Frau Chantal und meiner einjährigen Tochter Chiara in Croce di Cava, Italien und hatte gerade ein Platten-Album mit meiner Musikgruppe beendet. In den nächsten Wochen sollte die Promotion meiner Schallplatten im Radio, im Fernsehen und in Konzerten stattfinden. Doch es kam anders. An diesem Sommerabend besuchte uns ein Freund, der mir so nahe wie ein Bruder stand. Es war Kali Shani. Er war gerade aus Indien, genauer gesagt aus Haidakhan, zurückgekehrt. Während er uns die fesselnde Geschichte über Shri Babaji erzählte, schaute ich in seine Augen und um alles genauestens zu verstehen, ließ ich ihn einige Male Teile seiner Geschichte wiederholen. Dann begriff ich: Shri Babaji hatte sich wieder verkörpert!

Ich kannte seinen Namen seit der Lektüre der "Autobiographie eines Yogi". Im Frühling 1974 hatten Kali Shani und ich einige Monate in dem von Yogananda gegründeten Ashram in Ranchi verbracht. Dort hatte sich auch der erste Kontakt zu Gott entwickelt.

Nach dem Gespräch mit Kali wurde mir bald durch die tägliche Arbeit mit meiner Musikgruppe klar, dass ich mich entscheiden musste. Ich konnte entweder als Rock Star leben oder musste - wollte ich einen anderen Weg beschreiten - Konsequenzen ziehen, zu denen ich bisher nicht bereit gewesen war. Während dieses inneren Konfliktes verbrachte ich viele Nächte vor meinem kleinen Altar, den ein Babaji Foto zierte, das mir Kali Shani geschenkt hatte. Oft bat ich indem ich sein Bildnis anschaute: "Wenn du wirklich Mahavatar Babaji bist, dann möchte ich Dir begegnen und Dir mein Leben in die Hände legen."

Das Gebet wurde erhört, denn einen Monat später beendete ich das Arbeitsverhältnis mit der Musikgruppe, ich verkaufte meine Geräte, mein ganzes Arbeitsmaterial etc. und Chantal, Chiara und ich flogen mit Kali Shani als Reiseleiter nach Indien. Wir hielten uns einige Tage in Delhi auf, damit sich Chantal an die veränderten Lebensbedingungen anpassen konnte und machten uns danach auf den Weg nach Haidakhan.

Am Abend erreichten wir die Kleinstadt Haldwani. Dort riet uns Shri Muniraji, mit unserem Haidakhan Besuch noch ein paar Tage zu warten. Der zu überquerende Fluss sei zur Zeit zu reißend und trage zu hohe Wassermassen. Nach drei oder vier Tagen war das Wasser so weit gesunken, dass wir die Fortsetzung unserer Reise wagen konnten. Wir fuhren mit einem Auto zur

Damsite, stiegen dann auf Pferde um und folgten hoch zu Ross dem Fluss nach Haidakhan. Kurz bevor wir den Ashram erreichten, erblickten wir zur Linken die neun Tempel, eine große Freitreppe, und auf der anderen Seite einige Häuser und einen Tempel. Wir waren im Ashram angekommen.

Es dauerte nicht lange, bis wir Shri Babaji erblickten. Er saß umgeben von vielen Dorfbewohnern und Ausländern auf einem Mäuerchen. Kali Shani stellte uns vor während einer nach dem anderen unseren "Pranam" machte.

Am selben Abend nahmen wir am Arti teil, und ich erinnere mich meiner Gedanken. Ich glaubte etwas Außergewöhnlichem, etwas Unbeschreiblichem beizuwohnen. Ich befand mich in einer Atmosphäre, die heilig und zugleich lebendig und anziehend war. Nach wenigen Tagen wurde mir klar, endlich "zu Hause" angekommen zu sein. Ich machte "Mundan" und ließ, während meine Haare fielen, sieben Jahre meines Lebens hinter mir.

Dann rief mich Babaji eines Abends beim Arti zu sich: "Wie heißt du?" "Matteo", antwortete ich. Babaji lachte und entgegnete: "Nein, dein Name ist Turkantam!" Dann fragte er erneut: "What ist your name?"[70] Ich wiederholte sogleich: "Matteo".... "Ahh" sagte er und hob dabei seine rechte Hand, so als wolle er mir einen Klaps geben... "Turkantam, Turkantam" antwortete ich schnell, worauf Babaji zu lachen begann. Erst viel später bin ich mir der Bedeutung dieses Namens klar geworden. "Om Turkantam" ist ein Mantra. Es wird während einer Zeremonie benutzt, die zu Ehren verstorbener Verwandter abgehalten wird. Sie wird "Shrad" genannt. Dieses Mantra begleitet die Seelen während der Stunde ihres Hinübergehens. "Om Turkantam" bedeutet: sei glücklich und zufrieden...

Am nächsten Morgen nach dem Arti empfing Babaji uns und andere auf seinem Vorhof auf dem sich sein Dhuni befand, sein Badezimmer und ein Raum, in dem er sich gewöhnlich aufhielt. Alle blieben ein wenig bei ihm - in dieser kurzen Zeit geschahen viele Dinge ringsum und in uns - bis dann gegen neun oder neun Uhr dreißig alle zum Arbeiten auf die andere Seite des Flusstales, der sogenannten Gufa-Seite[71], gingen.

Die Gufa, die Höhle, in der Babaji von einem Dorfbewohner gefunden wurde, liegt unterhalb der neun Tempel am Fuße des Kailash Berges, dem Wohnsitz Shivas. Von diesem Platz aus hat man einen wunderschönen Blick auf das von Bergen umgebene Tal, durch das sich der Gautami Ganga Fluss windet. Ganze Horden von Affen schwingen sich in den Bäumen von Ast zu Ast und lösten, während sie die abschüssigen, steinigen Hänge überquerten, Steinlawinen aus, die prasselnd niedersausten.

---

[70] Wie heißt du?
[71] Gufa – Höhle, in der Babaji gefunden wurde

Auf dieser Seite des Tales arbeiteten wir. Unsere Arbeit bestand darin, einen Berg abzutragen, um Platz zu schaffen für einen Garten, einen Havankund[72], Gästehäuser, Ställe für die Pferde und Kühe.

Babaji war überall anwesend. Er zeigte uns, welchen Stein, welche Pflanze, welches Stück Holz wir bewegen und fortschaffen sollten. Mein Gott! Wie viele Steine habe ich bewegen müssen... und erst heute begreife ich, warum!... Die inneren Steine waren verknüpft mit den äußeren, die ich in den Händen trug.

Nach getaner Arbeit, am Abend, wurde Babaji dann zum tanzenden Shiva, zur schrecklichen, alles verschlingenden Kali-Gottheit, zur Göttin Saraswati, die mit ihren Kindern spielt und spricht. Er war Liebe, Zartheit, Strenge und jedem hatte er eine Lehre zu vermitteln. Er war der Spiegel unseres Selbst und benutzte ihn anhand von Worten oder angedeuteten Gesten, voller Zärtlichkeit und Tiefe. Zu jener Zeit wusste ich noch nicht, dass ich mich von Angesicht zu Angesicht mit einer göttlichen Inkarnation, eines Gottmenschen, befand. Dies begriff ich erst auf meiner Reise nach Palia mit ihm.

In Palia hatten die dort ansässigen Schüler ein riesiges Festzelt errichtet, das täglich den Tausenden zum Darshan Heranströmenden Platz und Schutz bot. Wir Schüler aus dem Westen hatten die Aufgabe, in der Menschenmenge für Ruhe und Ordnung zu sorgen und den Besuchern behilflich zu sein. Eines Nachmittags dann fand das Ereignis statt, das mich innerlich vollkommen durcheinander schüttelte, mich aber gleichzeitig dazu brachte, mich Babaji vollends zu übergeben.

Die meisten der Anwesenden hatten sich gesetzt. Von Zeit zu Zeit trafen noch Nachzügler während des Gesanges und der Rezitation aus den Heiligen Büchern, zum Darshan ein. Auf einmal kam auf Babaji langsam ein offensichtlich besessener Inder zu, der im Gehen mit zuckenden Bewegungen seine Kleidung zerriss. Wir, die wir nahe bei Babaji standen, blickten uns fragend und hilflos an: "Was sollten wir tun, wenn der Verrückte Babaji im Wahn angriff?" Besorgt beobachtete ich Shri Babaji und wartete auf den leisesten Wink, um einzugreifen. Doch er verzog keine Miene, sondern blieb in der Pose sitzen, die ich so an ihm liebte: angewinkelte Beine, die Arme hinter dem Kopf verschränkt, von Kissen gestützt, ausgesprochen still und ruhig. Er schaute dem jungen Mann entgegen wie er auf ihn zukam, so als wollte er sagen: "Komm nur, komm, ich warte schon auf dich!" Der Besessene schritt weiter auf Babaji zu. Speichel tropfte aus seinem Mund, und die Menschen um uns herum verstummten. Wir waren zum Sprung bereit, doch nichts geschah... Endlich sah ich wie Yogi Jalendra Nath sich näherte und den armen Mann bei den Schultern packte und ihn zum anderen Ende des

---

[72] Feuergrube

Zeltes geleitete. Dort sackte er in sich zusammen. Die Geräusche, das Gemurmel von Stimmen nahmen wieder zu und alles nahm seinen gewohnten Lauf. Nur in meinem Kopf hatte sich etwas verändert. Es herrschte ein großes Durcheinander. Wozu diente dieses Schauspiel? Warum wurden Menschen zu solchen Handlungen benutzt? Um sich Schüler anzueignen? Benötigte er sie dermaßen?....

Während mir diese Gedanken durch den Sinn gingen, bemerkte ich eben jenen Mann, der aufgelöst in Tränen, zusammen mit seiner Frau und seinen Kindern, denen ebenfalls die Tränen über die Wangen liefen, sich vor Babaji niederwerfen. Voller Demut und Hingabe überreichten sie ihm Prasad[73]. Als ich diese Szene beobachtete, empfand ich tiefe Scham vor meinen eigenen Gedanken und reuevoll wischte ich mir nun die Tränen aus dem Gesicht. Die anderen um mich herum hatten wohl ähnliche Gefühle, denn auch sie trockneten ihre Gesichter. Irgendwie war eine Blockade in uns aufgelöst worden... Ich versuchte Babaji anzublicken, doch er saß noch immer in der gleichen stillen Pose wie zuvor. Sein Blick kreuzte den meinen, doch konnte ich der Intensität nicht standhalten und schlug die Augen nieder. Seit diesem Erlebnis habe ich niemals wieder an Babaji und seiner Energie gezweifelt.

Zurück in Haidakhan verbrachten wir wunderschöne Tage. Sie enthielten manchmal harte Lehren, die uns aber im positiven Sinne innerlich wachsen ließen. Oft spielte Babaji mit unserer Tochter, die er "Ciao bolo" nannte. Es dauerte lange bis Chantal und ich seine Arbeit annehmen konnten, die er an unserer Tochter leistete. Sie hatte wohl eine ganze Menge negatives Karma abzuarbeiten... Wie können wir ihm jemals dafür danken?

Auf der Talseite, auf der sich die Höhle befindet, lebte Prem Baba, der Wächter des Ortes, an dem Babaji erschienen war. Auch er hatte eine wunderschöne Ausstrahlung. Er lehrte mich bestimmte Techniken, die ich bereits seit meiner Jugend praktiziert hatte. Damals war es mir durch meine Unwissenheit nicht vergönnt, mehr aus ihnen zu machen. Durch Prem Baba wurden mir, während ich seinen Mantren lauschte, im Kerzenlicht unglaubliche Erfahrungen zuteil. Er war ein liebevoller Lehrer. Karma Yoga war seine Lehre und er lehrte mich, ein wahrer Mensch zu werden und somit die schlechten Ernten meines Karmas zu verbrennen.

Die Musik war und ist seit meinem neunten Lebensjahr mein ganzes Leben. Und schnell beförderten mich die rhythmischen Gesänge, die ich morgens und abends in Haidakhan hörte, in andere Gefilde, sie ließen mich die Einfachheit des Ausdrucks erkennen, den unerschöpflichen Reichtum der Harmonien und öffneten mein Herz der sich manifestierenden, aufsteigenden Energie.

---

[73] Früchte oder Süßigkeiten, die gesegnet werden sollen

Ich hatte meine Gitarre mitgebracht. Jeden Abend musste ich sie zu Babajis Füßen niederlegen, damit er darauf spiele. Ich werde niemals den Tag vergessen, an dem er mich beim Arti in der Kirtanhalle zu sich rief und mich bat, die Gitarrenhülle zu entfernen, um ihm zu zeigen, was sie verbarg. Ich enthüllte das Musikinstrument und legte es in seine Hände. Babaji begann sofort darauf zu spielen und imitierte unverkennbar einen gelenkigen Gitarristen der heutigen Szene... Unglaublich!... Er kopierte mich!...

Auch werde ich nie vergessen, wie er mich bat, das Mantra Om namah Shivay zu spielen. Damals war ich noch unerfahren, kannte die indischen Rhythmen nicht und spielte kurzerhand einen Samba. Nach wenigen Akkorden - auf ein Zeichen von Babaji hin - begannen alle zu tanzen... und da anscheinend meine Unterhaltung gut gelungen war, erhielt ich zwanzig Rupien als Belohnung! ...

Ich war so erfüllt von Babajis Energie, dass ich auf seine Bitte hin mehr und mehr spielte. Eines Abends während dieser bezaubernden Momente sagte er: "Turkantam, mantri music he!" Aber versunken im Rhythmus, achtete ich nicht auf seine Worte. Schade, denn erst später begriff ich, so wie ich auch erst viel später die Bedeutung meines Namen erfasst hatte, was diese Worte bedeuteten: Turkantam ist der Meister der Musik.

Niemals in meinem Leben hätte ich zu hoffen gewagt, einen Gottmenschen als Vater anzusehen. Ich, der ich in jungen Jahren als Anarchist durch die Welt ging und für den Gott eine absolute Abstraktion war!

Als ich das erste Mal um vier Uhr in der Früh die vielen Ashram-Stufen zum Fluss hinabstieg, um darin zu baden, glaubte ich, zumindest einen starken Schnupfen zu bekommen, aber zu meiner Überraschung war das Bad ein Erlebnis. Ich ließ mich von den kühlen Fluten umschmeicheln, dann waschen und plötzlich durchflutete mich ein herrliches Gefühl gereinigt zu sein. Doch der Höhepunkt des Tages in Haidakhan waren für mich die frühen Morgenstunden, in denen Babaji in seinem kleinen Raum Chandan gab und sich dann anschließend zur Feuerzeremonie an sein Dhuni setzte. Wollte man daran teilhaben, musste man ihn abends zuvor um Erlaubnis bitten: "Shri Maha Prabhuji, me chandan ke lye?" Manchmal antwortete er mit einem leichten Nicken seines Kopfes, manchmal mit einem festen "Nein". Während ich früh im Dunkeln auf seiner Terrasse auf das Öffnen seiner Tür wartete, lauschte ich den verschiedensten Geräuschen, und manchmal durchfuhr mich ein so kühler Windzug, dass er mir den Atem zu nehmen schien. Spürte ich dann aber Babajis Finger auf meiner Stirn, war alles vergessen. Der Duft der Paste aus Sandelholz und Kampher hüllte mich ein und versetzte mich in andere Welten. Die Magie des Morgens setzte sich fort in einem Spiel aus Licht und Schatten zwischen den Flammen des Dhunis und den Silhouetten der anderen, die rund um das Feuer saßen. Vor uns zelebrierte Babaji die Puja... es war Shiva, der seine Puja ausführte! Welche Kraft, welche Macht!... Man fühlte sich geborgen.

Nicht immer lief alles rosig oder so poetisch wie eben beschrieben für mich ab. Manchmal ließ mich das göttliche Spiel die höchste Wonne des Himmels erfahren, dann wiederum fiel ich bis ins Bodenlose, starb in den tiefsten Abgründen meiner selbst, um nach langem Ringen neugeboren wieder aufzuerstehen. So ging ich durch eine Periode, in der ich nicht am Arti teilnahm, ich wollte Babaji nicht mehr anblicken, aber noch weniger wollte ich abreisen. Unbeweglich schaute ich dem Kampf von Matteo, dem Denkenden und Turkantam, dem neuen Menschen zu. Während dieser Periode des Ringens blieb ich die ganze Zeit über bei Prem Baba in der Höhle, Tag und Nacht, ich sonderte mich ab zum großen Kummer von Chantal und von Shani. Täglich stieg Shri Babaji die Ashramstufen herab, überquerte das Tal, Prem Baba kündigte seine Ankunft mit seiner Trompete an, alle strömten herbei, um Babajis Darshan zu erhalten und ich, was tat ich? Ich versteckte mich in der Höhle! Unbeweglich sah ich, wie Babaji sich der Höhle näherte, seinen Kopf durch den Spalt des Einganges steckte und ohne nach mir zu schauen, ein einfaches: "Hallo" hineinrief. Wie groß war seine Geduld und Liebe mit mir und wie viele Male habe ich in der Zwischenzeit diese verlorene Zeit bedauert. Mein einziger Trost ist das Wissen, dass Turkantam den Kampf gegen Matteo gewonnen hat. Windend ließ er ihn am Boden zurück. Das Ego war bereit zu sterben.

Sechs Monate blieben wir das erste Jahr bei Babaji. Diese Zeit half uns, die Vergangenheit zu klären, die innere Suche nach uns selbst aufzunehmen und zu verstehen, wie wichtig die Begegnung mit Babaji für den Rest unseres Lebens war.

Zurückgekehrt nach Europa, arbeitete ich zwei Monate in England. Groß war unsere Freude, als sich während dieser Zeit ein Baby ankündigte. Chantals großer Wunsch war, dieses Kind in Haidakhan, in der Nähe seines spirituellen Vaters auszutragen.

Zum zweiten Mal erreichten wir Delhi in den frühen Morgenstunden und ohne diesmal Zeit zu verlieren, fuhren wir mit dem ersten Bus nach Haldwani. Erst am Abend des selben Tages konnten wir uns im Hotel von Ramji von der anstrengenden Reise erholen. Am nächsten Morgen fuhren wir zur Damsite, Chantal mit dem ungeborenen Baby und Chiara bestiegen ein Pferd, während ich sie zu Fuß durch das Flusstal begleitete. Die Strömung des Flusses war niedrig, er floss ruhig dahin.

Babaji saß bei unserer Ankunft in dem kleinen Garten, der später "Company Bagh" genannt wurde und in dem sich heute das Shakti Dhuni und die Häuser der Yogis und Fakire befinden. Babaji begrüßte uns mit einem herzlichen

Lächeln, und wir waren innerlich tief bewegt. Der Ashram hatte sich seit unserer Abreise sehr verändert, alles schien leichter zu erfassen zu sein. Die Tage flogen dahin. Jeden Abend spielte ich mit den anderen in der Kirtanhalle, und ich komponierte mehr und mehr. Ich wurde "reiner", menschlicher, ich wagte mich näher an Babaji heran und suchte ihn am Ufer des Gautami Ganga auf. Manchmal wusch ich sogar seine Kleidung, seine Langotis. Und immer, wenn ich seelisch ein wenig aufgemuntert werden musste, erhielt ich ein kleines Geschenk von ihm. Ich war glücklich.

Nach drei Monaten lief unser Visa ab. Wir waren uns vollkommen sicher, dass Babaji einer Verlängerung zustimmen würde, damit unser Kind in Haidakhan geboren werden konnte. Eines Morgens nahm ich die Gelegenheit wahr und sprach Babaji beim Darshan daraufhin an. Ohne mich anzuschauen besprach er - so schien es mir - dieses Thema mit Gaura Devi, dann wandte er mir seinen Kopf mit einem halben Lächeln zu und sagte kategorisch: "No! Tomorrow you go Italy!"[74] Chantal, etwas abseits stehend, stürzte beim Klang "Italy" wie von der Tarantel gestochen auf Babaji zu und schrie: "Nein, das ist dein Kind!" Babaji lachte laut auf und gab uns sein Einverständnis. So hatten wir drei weitere Monate gewonnen.

In dieser Zeit arbeitete ich im Garten und bei den Ställen auf der Gufa-Seite. Morgens, wenn ich nicht schon unten an der Treppe wartete, rief Babaji: "Turkia... Hare Turkia...! und ich kam seinem Rufe folgend, schnell herbeigelaufen... Manchmal stieg er auf meine Schultern und spielte einen Reiter.

Ohne Unterlass wiederholte er: "You clean all, big stones, small stones, you in charge, you clean all!"[75] und meinte damit nicht nur die äußeren Dinge.

Langsam wuchsen neue Häuser aus dem Boden. Die Zeit drängte, denn es näherte sich das Shivratri- und das Novaratri-Fest. Die angestellten Arbeiter in Haidakhan wurden von Chimanandiju und von Shri Babaji beaufsichtigt. Jeden Morgen war er anwesend und sagte, er wolle 108 Tempel errichten. Ein großes Haus war fertiggestellt, und die Grundmauern eines anderen kleines Hauses standen bereits, als die Arbeiter eines Morgens damit begannen, die Außenmauern hochzuziehen. Babaji führte mich in das halbfertige Haus und fragte: "You like?[76]" "Yes" antwortete ich. "This ist your house for the new baby. You like?"[77] Ich war innerlich sehr bewegt, als ich seine Worte hörte und bedankte mich mit einem Pranam.

---

[74] Nein! Morgen reist ihr nach Italien
[75] Bereinige alles, die kleinen und die große n Steine, du bist verantwortlich. Bereinige alles.
[76] Gefällt es dir?
[77] Dies ist das Haus für das neue Baby. Gefällt es dir?

Innerhalb weniger Tage war das Haus vollendet und dort wurde Turkan Singh, unser zweites Kind, ein Sohn, bei Kerzenlicht geboren. Am Morgen unseres Einzugs ist Babaji zu uns in das Haus gekommen. Wir hatten ihm einen Sitz hergerichtet und ihm getrocknete Früchte in einer Schale angeboten. Während die Begleiter draußen vor der Tür warteten, gab er allen Anwesenden davon und auch denen, die er ins Haus eingeladen hatte.

Das Shivratri-Fest begann. Am Morgen und am Nachmittag arbeitete ich im Garten, am Abend half ich Leheru, dem Küchenchef, bei der Herstellung von Chapattis, dem Fladenbrot. Feierlichkeiten in Haidakhan beinhalteten nicht nur Gebete, besondere Reinlichkeit, sondern noch mehr Tüchtigkeit als zu anderen Tagen, und die Bereitschaft, rund um die Uhr zu Diensten bereit zu stehen. Die ankommenden Menschen mussten zu jeder Zeit, während des Tages oder der Nacht verpflegt werden können und einen Schlafplatz finden. Während dieser Zeit hatte ich eines Tages eine heftige Auseinandersetzung mit einem jungen Schüler, der auf der Gufa Seite wohnte. Am Abend hörte sich Babaji die Beschwerden beider Seiten an. Ohne zu sprechen, wies mich Babaji mit einer Geste an, drei Monate zu schweigen. Der andere musste am folgenden Tag den Ashram verlassen. Die Erfahrung des Schweigens war tiefgehend und wühlte mich auf. Zum ersten Mal in meinem Leben musste ich meinen Mund halten, und diejenigen, die mich kennen, können sich vorstellen, wie schwer es mir fiel. Zumindest dachte ich das damals. Die ersten Tage waren wirklich nicht leicht, ich musste ja mit Chantal sprechen. Zu diesem Zeitpunkt, kurz vor der Entbindung, durfte sie nach indischen Sitten, zu ihrem eigenen Wohl und dem des zu erwartenden Babys, nicht das Haus verlassen, bzw. keinen Kontakt mit Außenstehenden haben.

Bald jedoch gefiel mir dieser Zustand. Er war einfach ideal. Ich konnte den Menschen zuhören oder nicht zuhören, und auf die eine oder andere Weise greift man nicht in das Geschehen ein. Das Schweigen ist ein phantastisches Sadhana[78], denn irgendwann gelangt man an den Punkt, an dem keine Gedanken an unnötige Dinge verschwendet werden, sondern an dem sich der Geist nur mit dem Mantra Om namah Shivay beschäftigt. Die Erkenntnis reift, dass beim Sprechen nur Töne aus unserem Mund strömen und diese Töne meistens keinen tieferen Sinn haben.

Die Tage vergingen. Babaji reiste nach Kalkutta. Unser Kind sollte am 14. März geboren werden. Es erblickte aber erst das Licht der Welt nach der Rückkehr von Babaji am 7. April.

Unsere Tage waren gezählt. Nach Ablauf des Visums nahmen wir am 22. April Abschied von Babaji. Trauer verschleierte unsere Gesichter und wir waren kurz davor, in Tränen auszubrechen. Babaji segnete uns mit einem:

---

[78] Buße

"Jai Maha Maya ki Jai!"[79] und auch wir glaubten, einen kleinen Zug der Trauer in seinen Augen zu erblicken. Chantal fragte, ob wir bald wieder zurückkehren könnten, und Babaji antwortete, dieses Mal würde es länger dauern.

So sind wir nach Europa zurückgekehrt und noch immer versuchen wir, nach der selben Disziplin wie in Haidakhan zu leben.

Eines Tages dann, am Dienstag, den 14. Februar 1984, als ich gerade auf der Schweibenalp war, erhielten wir einen Anruf aus Deutschland, dass Shri Babaji diese Erde verlassen habe und der Schmerz wühlte mich ganz auf. Mein Geist und mein Herz verschlossen sich. Viele weinten um mich herum. Ich konnte nicht weinen, mein Herz war wie versteinert. Es war schwer, über die Anhaftung an Babajis Gegenwart und seiner physischen Gestalt hinwegzukommen.

Heute lebe ich mit Chantal und meinen drei Kindern auf dem Lande in Frankreich in einem kleinen Häuschen und wir versuchen, so getreu wie möglich nach Babajis Lehren zu leben: Karma Yoga, Dienst an anderen und unseren Kindern, ein Leben in Wahrheit, Einfachheit und Liebe. Wollen wir wirklich eine neue Welt schaffen, eine gesündere, harmonischere, fröhlichere und gerechtere Welt, für uns und unsere Kinder, dann müssen wir zur Tat schreiten und unser spirituelles Leben von allen Knoten befreien.

Wir danken Dir, Babaji, dass Du uns diese außergewöhnliche Erfahrung vermittelt hast und uns alle Mittel des inneren Wachstums in die Hände gelegt hast. Om namah Shivay.

---

[79] Ehr und Preis der großen göttlichen weiblichen Energie

Das Ende der Suche

Bo Wahlström, Schweden

Seit langem wünschte ich mir intensiv, einem Vollendeten zu begegnen. Als ich bewusst damit begann, mein Leben zu ändern und mich auf die Suche nach der Wahrheit begab, wurde dieses Verlangen immer stärker. Gab es denn nirgendwo jemanden, der ohne Neurose mit der ganzen Kraft seiner Gefühle, mit Humor und Aufrichtigkeit der Welt zeigen könne, wie es ist, voll bewusst, also in ständiger Erleuchtung, zu leben? Ihn suchte ich, den vollkommenen Meister. Als ich dann später die Bücher von Carlos Castaneda las, war ich von der Beschreibung des Don Juan und von Don Genaro fasziniert. Ihre Persönlichkeiten haben mich mehr beeindruckt als jede mögliche in Büchern enthaltene Theorie. Existierten sie wirklich oder waren sie ein Produkt der Phantasie? Konnten wir ihnen begegnen. Im selben Augenblick als ich mir diese Fragen stellte, endstand in mir ein spiritueller und ein psycho-emotionaler Konflikt. Der, der einen spirituellen Weg beschreitet, wird uninteressant und langweilig für die anderen, denn er denkt nur an die Sünde und fühlt sich mitschuldig an der Kreuzigung von Jesus. Oder man wird zu einem Menschen, der ständig in Lotusposition das Mantra OM murmelt und sich vom Leben abwendet, weil es Illusion ist. Keiner dieser beiden Menschentypen sprach mich an, und so suchte ich weiter durch Therapien und Meditation. Mir begegneten auf diesem Weg Lehren, die mir keine große Hilfe waren, denn sie waren nicht vollkommen in sich selbst. Wie hätten sie es auch sein können? Sie waren von Menschenhand gemacht.

1977 hörte ich das erste Mal von Bhagwan Shri Rajneesh, der sich später Osho nannte, und ich wollte ihn in Indien aufsuchen. Ich versprach mir viel von dieser Begegnung, denn er verband Therapie mit Religion. Im folgenden Jahr, als ich dann den Ashram in Poona betrat, begegneten mir viele Menschen in orangenfarbenen Gewändern mit seinem Foto an einer Gebetskette hängend um den Hals. Natürlich waren auch andere Besucher so wie ich anwesend, aber sie waren Ausnahmen. Einige die dazu gehörten erwähnten, dass sie bei ihrem ersten Besuch die gleichen Gedanken und Gefühle hatten, sie sich aber durch das Tragen der Kette mit Abbild und der orangenfarbenen Kleidung wie ein Wunder auflösten. Sie fühlten sich nun der Gruppe zugehörig und wollten die Kleidung, solange sie in Poona waren, nicht mehr ablegen. "Mach Dir keine unnötigen Gedanken" rieten sie mir. Das schien mir verrückt. Welche Art von Freiheit war das? Nichts anderes als ein neues Aussehen... ein neues Spielzeug... Und so nahm ich ohne große Begeisterung an einigen Kursen der "Dynamischen Meditation" teil, war aber dennoch neugierig, Meister Rajneesh zu begegnen, denn ich hatte ein Buch von ihm gelesen, das mir sehr gefallen hatte.

In einem großen Garten, umgeben von hohen Mauern wartete ich mit anderen auf die Begegnung mit ihm. Eine andere Person, ebenfalls in orangefarbener Kleidung, richtet das Wort an uns Wartenden. "Sobald Bhagwan eingetreten sei, dürfe niemand fortgehen, nicht einmal husten." Mein Gott, wen erwarteten wir da? Alle fingen an, sich vor Eintritt des Meisters die Kehle zu räuspern... Endlich trat er zu uns Wartenden ein. Er war eine schillernde Persönlichkeit, hielt sich gut und scherzte zwischendurch, aber seine Person berührte mich innerlich nicht. Ich verweilte nicht länger und verließ Poona kurz entschlossen.

Zurückgekehrt nach Hause, hungerte ich immer noch nach Therapie, als Leonard Orr, der Vater der Rebirthing-Atem-Methode, zum ersten Mal nach Schweden kam. Sein Kopf war glattrasiert, und er sprach voller Enthusiasmus von einem Yogi im Himalaya namens Babaji. Leonard Orr hatte eine charismatische Ausstrahlung und ich schloss mich seiner Rebirther Gruppe an, die mir viel gab, insbesondere das Mantra Om namah Shivay. Ich kannte die Bedeutung dieses Mantras nicht und kam mir ein wenig dümmlich vor, als ich es sang. Dennoch hatte es die Kraft, sich in meinen Geist einzugravieren. Später, allein in meiner Wohnung, fuhr ich fort, das Mantra zu wiederholen und einen Monat danach flog ich in die Vereinigten Staaten.

Während meines Aufenthaltes bei Leonard, hörte er nicht auf, von Babaji zu erzählen, wer er war, was er machte, was er sagte. "Er ist der Meister des Universums, der Große Herr, ohne menschliche Form". Waooouh! Diese Worte waren schwer zu verdauen, aber meine Hoffnung, Babaji zu begegnen wuchs von Tag zu Tag.

Wieder befand ich mich in Indien und erklomm die hohen Berge im strömenden Regen. Wegen des Monsunregens war es unmöglich, den kürzeren und leichteren Weg entlang des Flusses zu nehmen, und als ich dann fünf Stunden später in Haidakhan eintraf, war ich so pitschnass, als wäre ich dorthin geschwommen. Ich machte mich daran, die 108 Stufen zu erklimmen. Auf halbem Wege hielt ich inne und schaute auf das obere Ende der Treppe. Dort stand Babaji und machte Anstalten, die Stufen hinabzusteigen... Mein Herz begann schneller zu schlagen... Wie soll man den Herrn empfangen, wenn man ihm das erste Mal begegnet? Unbeweglich blieb ich seitwärts mit gefalteten Händen stehen, als er auch schon mit blitzenden auf meinen Bauch gerichteten Augen vor mir stand. Dieser kleine Augenblick brachte mich ganz durcheinander. "Ja, er ist es, dem ich immer zu begegnen hoffte. Aber wer ist er? Niemals hatte ich jemanden wie ihn gesehen. Sein Körper ähnelte dem eines Kindes: die gleiche Weichheit, die gleiche freie, fließende Energie. Dennoch war der Körper der eines Erwachsenen. Erstaunlich. Er schien mir so vertraut, dass ich ihn einfach fragen musste, ob er in einem anderen Leben schon einmal mein Meister gewesen sei. "Ja", antwortete er mit fester Stimme.

In den folgenden Jahren bin ich drei Mal zu ihm gefahren. Selbstverständlich hatte ich seine Lehren gelesen, aber es waren seine Handlungen, die zur großen Quelle meiner Inspiration wurden. Sie waren so gewaltig und dennoch so subtil. Jeden Abend setzte ich mich mit Respekt und Furcht in den Tempel und beobachtete, was um mich geschah.

Babaji pflegte einen ungezwungenen Umgang mit allen Anwesenden und hatte zu jedem eine persönliche Beziehung. Von einem Moment zum anderen konnte er seine Stimmung ändern. Während er im Tempel anwesend war, wurden Lieder der Hingabe gesungen, Kinder und Hunde spielten zwischen den Singenden. Hier würde sich niemand über einen Hustenanfall aufregen! Babajis Gesten und seine Handlungen zu beobachten waren eine der größten Freuden und ihn im Sitzen mit seinem Oberkörper in Ekstase tanzen zu sehen war unbeschreiblich...

Bei einigen Gelegenheiten zeigte er mir, dass er Gedanken lesen konnte. Ich fragte mich einmal, wie man sich fühlen würde, wenn man zu denen gehörte, die immer neben ihm stehen durften. Sie schienen seine erhöhte Aufmerksamkeit zu bekommen. Und wer wünschte sie sich nicht in Haidakhan? Kaum hatte ich ausgedacht, als er auch schon ohne zu zögern meine Augen suchte und mir bedeutete, an seine Seite zu treten. Neben ihn stehend, fühlte ich eine sanfte Energie, die meinen Körper durchfloss, und mein Geist wurde leicht und klar. Unterdessen fuhren die Menschen fort, sich vor ihm zu verneigen und ihm ihre kleinen Gaben zu überreichen. An einem Punkt ließ er plötzlich alle Gaben zu Boden fallen. Jedes Mal hob ich sie auf und es dauerte eine ganze Weile, bis ich verwirrt innehielt. Er schaute mich an und bedeutete mir auf eine zarte Art und Weise, einigen Neuankömmlingen Tee zu servieren. Während ich mich an diese Arbeit machte, wurde mir langsam seine Lehre klar und was er mir sagen wollte: Näherst du dich Gott, dann ist es nicht genug, sich seiner Gegenwart zu erfreuen. Sei umsichtig, diene ihm und den anderen Mitmenschen mit der größtmöglichen Aufmerksamkeit. Diese kleine Lehre, so zart vermittelt, hat sich tief in mir eingegraben. Kein Buch wäre dazu imstande gewesen. So waren seine Methoden. Nur ein Gottmensch kann so handeln: mit Freude, Humor, unermüdlicher Arbeit, Inspiration, aus dem vollen Leben heraus. "Ihr seid auf die Erde gekommen, um zu leben, nicht um zu sterben. - Was ich von euch möchte, ist Aktion!" Aktion oder Handlung ist gleichzusetzen mit Karma Yoga und ist Gott geweiht.

1982 verbrachte ich eine längere Zeit in Babajis Ashram. Meine Arbeit bestand zuerst aus Steine schleppen für eine Mauer, die zum Schutz von Gartenflächen gegen den zur Monsunzeit anschwellenden, reißenden Fluss errichtet wurde. Es war mein zweiter Aufenthalt hier. Zwischen meinem ersten Besuch und dem jetzigen hatte ich eineinhalb Jahre jeden Montag gefastet. Babaji hatte mir dazu geraten und, ich hielt mich streng an seine Anweisung. Ich dachte, es wäre ihm wohlgefällig, wenn ich seinen Willen ausführte. In Indien fiel mir das Fasten in der Hitze und besonders bei der ungewohnten körperlichen Arbeit schwer. Ich verlor fiel Flüssigkeit und hatte keinen Fruchtsaft als Ersatz. Bald wurde ich so schwach, dass ich fortwährend Pausen einlegen musste. Am Dienstag und am Mittwoch war ich so krank, dass ich das Bett nicht verlassen konnte. Und nach einigen Tagen war wieder der nächste Montag da, der meinen Willen herausforderte. Ich dachte, ein etwas wenig anstrengender Job im Schatten wäre geeigneter für mich und so besprach ich diese Angelegenheit mit demjenigen, der die Arbeiten zuwies. Vergebens. Nach wenigen Worten stritten wir uns. So beschloss ich, Babaji direkt wegen dieser Sache anzusprechen. Während ich Babaji meine Bitte um eine leichtere Arbeit wegen meines Fastens vortrug, schaute er mich mit sanften Augen an und mit den mütterlichen Worten: "Iss", langte hinter sich und überreichte mir eine riesige Tüte mit Erdnüssen. Ich war ganz verwirrt, als ich die Tüte entgegennahm und sehr erleichtert. An einem Montag zu essen war mir niemals in den Sinn gekommen. Diese Lösung meines Problems war zu einfach und passte nicht in mein strenges spirituelles Entwicklungs-Konzept. Den ganzen Tag über dachte ich, es sei Dienstag - so jedenfalls fühlte sich mein gefüllter Bauch an. Die Arbeit ging mir gut von der Hand und ich war froh, nicht zu hart mit mir sein zu müssen. Am nächsten Morgen beim Darshan blickte mir Babaji abermals in die Augen und händigte mir wiederum eine riesige Tüte mit Erdnüssen aus. Wir lächelten einander zu, und ich erinnerte mich einiger Worte in einer seiner Reden: "Karma Yoga steht an erster Stelle, alle anderen Yogas (wie Fasten) sind zweitrangig."

Die Mauer aus Stein wuchs und wuchs und sah bald sehr beeindruckend aus. Wir hatten mehrere Wochen daran gearbeitet und alle schienen stolz auf ihr Werk zu sein. Zumindest ich. Dann kam Babaji eines Tages wie üblich herüber, um unsere Arbeit zu begutachten. Doch diesmal begnügte er sich nicht damit, das Wachsen der Mauer in Augenschein zu nehmen, sondern zog mit seiner Hand eine imaginäre Linie, die fünf Meter weiter von der Mauer entfernt lag. "Bewegt sie hierhin!" sagte er kurz und ging fort. Bei seinen Worten wurde ich schrecklich wütend. Welche ein Verschwendung von Zeit und Energie! Wir fingen an, die Mauer von vielen Tausend Kilos Steinen niederzureißen, die wir so sorgfältig aufgeschichtet hatten. Voller Wut machte ich mich an die Arbeit. Es war gut, all meine Aggression ausleben zu können, - es beruhigte meinen Körper, aber mein Geist konnte diese Anweisung nicht akzeptieren. Was war der Grund? Es dauerte Tage bis ich begriff, dass die Errichtung der Mauer eigentlich keinem physischen Zweck diente, sondern eine Lehre war: wir sollten die Nichtanhaftung lernen an das, was man in der

Physis schafft. Man sollte nicht nur Gott alle Handlungen weihen, sondern ebenfalls die Früchte seiner Arbeit. In dieser Einstellung liegt eine enorme Freiheit; und diese Lehre half mir später oft in meinem täglichen Leben. Diese Arbeit hier war kein Zeit- oder Energieverlust. Es war ein gesegneter Akt, um uns von aller Anhaftung zu befreien. Und das Gefühl der Befreiung stellte sich bei mir oftmals nach diesem "Lila"[80] ein.

Die Arbeit in den Steinen war hart und nicht immer erfreute ich mich daran. Babaji jedoch ermutigte uns, noch härter und härter zu arbeiten. Er wollte, dass ich einen starken Körper bekomme. Einmal deutete er auf einen riesigen Felsblock, schaute mich mit feurigen Augen an und sagte: "Jetzt diesen Felsen - aber nur zu Zweit!" Ich bat jemanden, mir zu helfen, aber trotz größter Anstrengung konnten wir ihn keinen Zentimeter bewegen. Wieder und wieder bemühten wir uns, aber vergebens. Schließlich gaben wir auf. Babaji schien unberührt zu sein. Es schien, als freue er sich über unsere Anstrengungen, das Unmögliche zu versuchen. Und auch ich fühlte mich befriedigt. Ich hatte für Gott gearbeitet, und da spielte es keine Rolle, ob ich erfolgreich war oder nicht. Ist das etwa keine Freiheit?

Danach machte mir diese Arbeit mehr und mehr Freude und nach sechs Wochen war ich bereit, Babaji um eine andere Arbeit zu bitten. Dieses Gefühl stellte sich ganz natürlich ein, es entsprang nicht der Faulheit oder dem Wunsch, mich zu drücken. Und so beschloss ich, Babaji beim Darshan zu fragen. Nach der Tagesarbeit badete ich im Fluss und erklomm die Stufen, die zum Ashram hinaufführen. Am Tor begegnete ich einem Schüler, der mir sagte, Babaji wolle, dass ich als Pujari für die neun Tempel, gelegen auf der Talseite der Höhle, arbeite. Welch eine Freude! Ich dankte Babaji innerlich und besonders dafür, dass er meine unausgesprochene Frage auf diese Art und Weise beantwortete.

Nach langer Zeit kam der Tag, an dem ich glaubte, verrückt sein zu müssen. Was tat ich hier mit geschorenem Kopf und dazu noch an einem Ort, der mir wie ein Asyl erschien? So viel war in mir geschehen, viele alte Muster waren durchbrochen worden, ich wusste nicht mehr, wer ich eigentlich war. Und zum ersten Mal hinterfragte ich Babaji. Er saß ruhig und in aller Einfachheit draußen vor der Kirtanhalle. Nur ein indischer Besucher war bei ihm, und es schien als spreche dieser endlos über weltliche Probleme. Babaji hörte ihm geduldig zu, während ihm zwei Sikh-Knaben tolpatschig die Füße massierten. Ich setzte mich etwa fünf Meter entfernt von ihm auf den Boden. Er blickte mich kurz an und fuhr fort, den anderen zuzuhören. Ich beobachtete Babaji kühl mit kritischen Augen. Keine Hingabe war in mir. Ich schaute nur und suchte nach Fehlern an ihm. Die Sekunden wurden zu Minuten. Mein

---

[80] göttliches Spiel

Herz begann unruhig zu schlagen und mir wurde innerlich heiß. Aber obwohl ich Babaji durchdringend anschaute, konnte ich kein Ego entdecken, keine Unvollkommenheit. Ab und zu warf er mir einen Blick zu und ich wusste, dass die Energie, die ich ausstrahlte, nicht die angenehmste war. Babaji sah so einfach aus, wie er so dasaß. Er war Bhole Baba... nicht ein Shiva Mahavatar oder ein großer Meister. Er war einfach und bescheiden ohne jeglichen Fehler. Er versteckte oder verteidigte nichts. Und er erlaubte mir, meine Skepsis auszuleben. Dann - nach einer gewissen Zeit - hob er die Hand und bedeutete mir zu gehen. Es war ein Wunsch, kein Befehl. So erhob ich mich und ging fort, zufrieden mit dem, was ich geschaut hatte.

Nach wenigen Tagen stieg eine neue Verrücktheit in mir hoch. Eine ungeheuere innere Energie schien mich zerreißen zu wollen, und ich wusste nicht, wie ich mit ihr umgehen sollte. So setzte ich mich in mein Zimmer, nahm die Lotushaltung ein und begann rhythmisch zu atmen. Ein enormes Energiepotential machte sich bemerkbar, vielleicht war es die erwachende Kundalini, aber ich fühlte keine Harmonie. Es war furchterregend. Was sollte ich tun? Angst stieg in mir hoch. "Babaji - ich muss Babaji finden", dachte ich. Wie ein Verrückter rannte ich nach draußen und fand Babaji außerhalb des Ashram gegen eine Mauer gelehnt. Erleichtert warf ich mich ihm zu Füßen und verharrte reglos. Als ich dann zu ihm aufschaute sah ich, wie er mit stillem Gesicht seine Hand außergewöhnlich langsam über meinen Rücken gleiten ließ. "Geh zur Höhle" hörte ich ihn sagen. Ob ich diese Worte mit meinen physischen oder meinen inneren Ohren vernahm, weiß ich nicht. Auf jeden Fall war ich in Windeseile in der Höhle. Vollkommen allein wurde ich wieder Herr meiner Sinne. In der Dunkelheit kroch der Geruch der Steine in meine Nase und die dichte, geerdete Energie öffnete meinen verspannten Körper. Ich sah Babaji mit geschlossenen Augen, wie er seine Hand mit langsamen Bewegungen über meinen Körper gleiten ließ und beruhigte mich. Keine intellektuellen Einsichten waren nötig.

Als ich wieder ins Freie trat, fühlte ich mich wie neugeboren. Es war, als sehe ich meine Umwelt zum ersten Mal. Wer war ich jetzt? Ich musste Babaji um einen Namen bitten. Das würde mir helfen, einen neuen Ansatzpunkt in meinem Leben zu finden, einen Hinweis zu bekommen.

Beim Abenddarshan näherte ich mich ihm und fragte nach einem Namen. Seine Augen glitten über meinen Körper von oben nach unten, so als wolle er herausfinden, wer ich jetzt war. Mit einem Lächeln sagte er dann "You are the son of a fakir"[81]. Er sagte diese Worte etwas undeutlich auf Englisch, so dass ich verstand: "You are the son of a fucker"[82] Was war das für ein Spaß?

---

[81] Du bist der Sohn eines Fakirs
[82] Du bist der Sohn eines Hurenbocks

Ich lachte und wollte gerade den Mund öffnen um zu entgegnen: "Alle außer Jesus und Du sind Hurenböcke", als ein Holländer, der neben Babaji stand, mein Missverstehen bemerkte. "FAKIR" sagte er laut und deutlich. Alles war so spaßig und die Dankbarkeit, die ich fühlte, war ohne die übliche Würde und Ernsthaftigkeit. Babaji gab mir dann einen neuen Namen. Als ich eine Inderin um die Übersetzung bat, sagte sie: "Es bedeutet jemand zu sein, der unterscheiden kann, was Gold ist und was nicht... einer der auf seinem Gebiet ein Experte ist." Ich dankte Babaji innerlich für seine Anerkennung. Ich lasse mich bei diesem Namen nicht rufen, sondern bewahre ihn als kostbaren Schatz in meinem Herzen.

Einige Monate vor Babajis Mahasamadhi[83] fuhr ich wieder nach Haidakhan. Aus irgend einem Grunde war dieser Besuch nur kurz, denn ich verbrachte Weihnachten in Südindien. Ich hatte vor, Babaji dann vor meiner Rückreise nach Schweden aufzusuchen. Es war Mitte Februar. Ich befand mich in Rajastan auf der Rückreise nach Vrindaban, wo Babaji Anfang März erwartet wurde. In meinem Hotelzimmer führte ich vor Babajis Foto eine Puja aus. Mich verlangte so sehr nach seiner Nähe. Plötzlich fuhr ein Schock durch meinen Körper, dass ich beinahe in Ohnmacht fiel. Wieder und wieder versuchte ich, eine Verbindung zu ihm herzustellen, aber das gleiche Gefühl der Abgeschnittenheit war da. Alles war so merkwürdig, und ich konnte mir nicht erklären warum. Später in Vrindaban erhielt ich die Antwort. Kein Babaji... nur Hunderte von Menschen in tiefster Trauer um Babajis Verlust... Diese Atmosphäre war zu stark, ich musste fort und fuhr nach Haidakhan. Doch dort war alles noch schlimmer. Die Leute spielten verrückt, es herrschte ein großes Durcheinander, es gab keine Harmonie. Es war unerträglich. Nach drei Tagen reiste ich ab. Die Gaben, die ich ihm aus Südindien mitbrachte, legte ich auf sein Grab. Sein Tod war zu viel für mich. Ich flog nach Hause zurück.

In Schweden versuchte ich, seinen Geist und seine Anwesenheit wach zu halten, aber der Ort Haidakhan verlor mein Interesse. Erst als ich meine Frau kennen lernte, kam mir die Idee, dorthin zurückzufahren. Es dauerte aber drei Jahre, bis ich zurückkehrte, und dieses Mal wollte ich dort zur Weihnachtszeit heiraten. Haidakhan war so friedvoll, harmonisch und wunderschön. Ich war so glücklich dort zu sein, obwohl ich Babaji unbeschreiblich vermisste.

Eines Tages meditierte ich an seinem Grab. Es war jetzt in einen Tempel verwandelt worden mit einer Eingangstür und einer Matte davor. Ich setzte mich nieder und wunderte mich über sein letztes Lila. Warum hatte er seinen physischen Körper verlassen? Viele Erklärungen waren mir gegeben worden. Einige hatte ich annehmen können, andere wiederum nicht. Gefühlsmäßig

---

[83] bewusstes Verlassen seines physischen Körpers

war ich gefangen. Warum hast du uns verlassen? Alles war so unendlich traurig. Während ich so dasaß, umflog mich eine Biene, stieß gegen meinen Kopf und landete auf der Matte. Sie kroch ein wenig hin und her und lag dann still mit dem Kopf in Richtung des Grabes. "Welch nette Ehrbezeugung", dachte ich. Als sich die Biene für eine lange Zeit nicht bewegte, berührte ich sie mit meinem Finger. Sie fiel zur Seite. Sie war tot. Meine Augen weiteten sich und mein Geist wurde ganz wach. "Babaji spielt noch immer seine Spiele mit uns. Sie nehmen kein Ende," dachte ich... Binnen kurzem verwandelte sich meine Traurigkeit in ein Gefühl der Annahme und ich hörte Babajis Stimme in mir sagen: "Mein Tod war so einfach wie dieser hier. Lass gehen. Ich bin immer mit dir! - Sei nicht traurig, sei glücklich und erfülle freudig deine Pflicht!" Voller Enthusiasmus stand ich auf und ging fort.

Ich bin so dankbar, dass ich Zeuge der Anwesenheit Babajis und seiner Lehren werden durfte. Endlich habe ich meinen perfekten Meister gefunden, und meine alten Konflikte zwischen der Spiritualität und der Freiheit meiner Gefühle haben sich ganz und gar aufgelöst. Babaji ist die Quelle meiner Inspiration geworden. Was mir jetzt noch fehlt, sind zwei oder drei andere Leben, um all das zu verwirklichen und zu beherrschen, was er lehrte.

Und seine Spiele nehmen kein Ende.

Eine wahre Geschichte

Chandra, Deutschland

Ich war 13 Jahre alt als ich Babaji zum ersten Mal begegnete. Ein ganz normaler Teenager, der mit Religion nicht so viel am Hut hat. Irgendwann als sich herauskristallisierte, dass mein Bruder und ich uns zu ziemlich verwöhnten und selbstsüchtigen Menschen zu entwickeln drohten, beschlossen meine Eltern uns mit nach Indien zu nehmen. So sahen in jedem Fall die Motive meines Vaters aus, der ein sehr logischer Mensch ist und jemand, der sich ganz bestimmt niemandem unterordnet. Meine Mutter bewegten wohl andere Gedanken. Sie war jahrelang Schülerin von Yogananda und lebte 10 Jahre in seinem Ashram in Los Angeles, Kalifornien. Durch einen „Zufall" verlief ihre Lebensplanung aber ganz anders, als geplant. Bei einem kurzen Aufenthalt in Deutschland traf sie meinen Vater, kurze Zeit später kam ich. Meine Mutter gab ihr altes Leben auf und begann ein neues. Wir Kinder wurden niemals von der religiösen Neigung meiner Mutter beeinflusst. Sie sprach nie mit uns über ihre Zeit im Ashram, wir wussten das lange Zeit nicht mal und wurden mehr oder weniger katholisch erzogen. Was soviel heißt, dass wir nicht jeden Sonntag in die Kirche mussten. Aber mein Großvater war ein großer Kirchenmann, so kannten wir jede Kirche in München und Umkreis. Er verfügte über die Gabe, das Thema Religion äußerst interessant und geheimnisvoll zu vermitteln, ohne strenge Doktrinen. Seltsamerweise war er dennoch ein Mensch, der jeden Katholiken über einen Evangelisten stellte. Lange Rede kurzer Sinn. Meine Mutter machte das ziemlich gut. Wir verstanden Gott als universelles Wesen, der sich in allem offenbart. In jedem Menschen, in jedem Glauben, in jeder Kultur auf individuelle Art. Wir glaubten also, dass es da etwas gibt, sozusagen ein höheres Wesen.

Meine Mutter traf Babaji schon ein Jahr zuvor, 1979. Zusammen mit meiner Großmutter und meinem Onkel hatten sie sich auf die Reise gemacht. Wir wussten, dass meine Mutter in Indien war, aber wir gingen eigentlich davon aus, dass sie dort im Urlaub war. Meinen Vater bewog neben unserer sozialen Bildung noch ein ganz anderer Grund nach Indien zu reisen. Er wollte den „Schurken" schlichtweg „entlarven," wie wir kurze Zeit später feststellen sollten. Im August 1980, während des Monsuns, flogen wir also nach Delhi um dort einen ausgewachsenen Kulturschock zu erleben. Das Indien der 80er war arm, bitterarm. Schon damals gab es unglaublichen Reichtum, aber die meisten Menschen hatten fast nichts. Wir wohnten im YMCA Hotel, für uns Kinder eine echte Katastrophe. Dann machten wir uns auf den Weg nach Haldwani, dort sollte sich das Hotelerlebnis noch mal steigern. Wir schliefen auf Feldbetten und teilten uns beim Frühstück mit 8 weiteren Gästen drei

Messer und vier Teller. Inzwischen hatte uns meine Mama aufgeklärt, dass wir unterwegs nach Haidakhan seien und dort einen sehr weisen Mann besuchen wollten. Nun ja, wir haben das Ganze eigentlich nicht groß hinterfragt, der Urlaub war ja unglaublich spannend. Mit Maultieren machten wir uns auf den sieben stündigen Weg über Okadunga.

Da fing eigentlich schon das erste kleine Wunder an. Ich habe nämlich eine Tierhaarallergie. Bis heute kann ich nicht mal 5 Minuten neben einem Pferd, Esel, Maultier, Hund, einer Katze etc. stehen. Nur ein Kamel wäre in Frage gekommen, gab es aber nicht. Der Weg war gefährlich, irgendwann blieb mir nichts anderes übrig als zu reiten. Es passierte nichts. Stunden später kamen wir endlich an. Wir erreichten ein steiniges Tal, durch das der Ursprung des Ganges fließt. 108 Stufen muss man erklimmen bis man die Tempelanlage vor Augen hat. Wir standen ganz unten und sahen eine bunte Kolonne auf uns zukommen. Ein Sonnenschirm in der leuchtenden Farbe von Hibiskusblüten stach mir sofort ins Auge. Eine Frau in einem gelben Sari hielt ihn über einen Mann, den man nur schemenhaft erkennen konnte.

Wir blieben stehen bis uns die Gruppe erreichte. Meine Mutter verbeugte sich vor dem seltsamen Mann und warf sich auf den Boden. Augenblicklich schossen mir tausend Gedanken durch den Kopf. „Die spinnt doch," dachte ich im ersten Augenblick. „Die kann sich doch nicht einfach so auf den Boden werfen, das ist ja total übertrieben. Also, ich mach das nicht. Ich kenn den Typen ja gar nicht, und überhaupt wieso sollte ich das tun?" Einen Augenblick später traf mich der Blick des Mannes und ich kann nur sagen, dass ich noch nie in solche Augen geblickt hatte. Augen, die alles wussten, die in mir lasen wie in einem Buch. Zukunft, Vergangenheit. In einer Sekunde wusste ich, dass ist kein normaler Mensch. Irgendetwas zog mich, tief nach unten, ich kann nicht erklären was es war, ich musste mich einfach verbeugen, auf den Boden gehen. Meine Hand berührte eher versehentlich die Füße des Mannes und in einem einzigen Moment, und ich bin wirklich nicht der Typ für übersinnliche Dinge, war alles hell, ein gleißendes, heißes Feuer war um mich, in mir – nahm mich gefangen.

Babaji half mir hoch und fragte mich nach meinem Namen: „Ich sagte Sandra." Er sagte nein, Chandra." Dann sah er mich an und sagte: „I will give you a new skin." Genau das hat er getan, aber das ist eine andere Geschichte. Wir blieben 4 Wochen und meine Welt hatte sich grundsätzlich verändert. Wir kamen noch 4 weitere Male und jedes Mal ereigneten sich tausend Wunder, an die man als Realist kaum glaubt, die mir aber gezeigt haben, dass es sehr viel mehr gibt, als der menschliche Geist erahnt und dass jeder, der mit offenen Augen durch die Welt geht, seine eigenen Wunder erfährt. Meines war Babaji und er wird es bleiben. Für alle Ewigkeit. Denn für mich impliziert seine Lehre all das, was auf dieser Welt erstrebenswert ist. Man mag es

Buddha nennen, Jesus Christus oder Mohammed – jeder Mensch, der sucht, wird seine Antwort finden. Und hat man die gefunden, muss man keinen großen Zauber veranstalten oder andere bekehren. Nur eines ist meiner Ansicht nach wesentlich: Seinen Glauben zu leben. In Liebe, Einfachheit und Wahrheit.

Ach ja und noch zu meinem Vater: Er hat den „Schurken" nie entlarvt. Er landete ebenso auf dem Boden der Tatsachen wie ich.

Wunderwege

Tura Ganti, Deutschland

Mein Schwager und ich. Wir beide hatten „Botschaft aus dem Himalaja" von Gabriele Wosien gelesen. Der Name Babaji war uns bereits aus der „Autobiographie eines Yogi" von Paramahansa Yogananda bekannt. Als jahrelange Yogananda Schüler ließ uns die Idee nicht mehr los. „Kann es sein, dass es sich um den gleichen Babaji handelt? Dass er unter uns ist?" Wir mussten Gewissheit haben. Als wir erfuhren, dass Babaji 10 Tage lang in Brindaban sein wird, entschlossen wir uns der Sache auf den Grund zu gehen. Ehrlich gesagt, hätten wir uns schon ein wenig früher vergewissern können, aber mein Schwager, ein Ingenieur, Geologe und Beamter war eher häuslich und ein wenig bequem. Eine Reise nach Haidakhan kam für ihn nicht in Frage, dort gab es 1979 ja nicht einmal Elektrizität, dazu weder Toiletten, noch ein Dusche oder ein vernünftiges Bett. Das wollte er sich nicht antun, im äußersten Fall vielleicht einmal, wenn er pensioniert wäre. So verschlug es uns nach Brindaban.

Die Geschichte, die ich erzählen möchte, ereignete sich dort in einem kleinen Tempel, der maximal Platz für 200 Leute bot. Dort saßen wir zusammen mit über 400 weiteren Menschen und sangen Kirtans, während pausenlos noch mehr Menschen in den Tempel strömten. Dann auf einmal kam Babaji herein. In Yoganandas Ashram hatte ich während einer Meditation ein sehr schönes Erlebnis mit ihm gehabt. So dachte ich mir: wenn es der Babaji ist, von dem Yogananda gesprochen hat, dann müsste er dich eigentlich erkennen. Babaji begab sich auf den für ihn wunderschön geschmückten Platz und es dauerte keine 5 Minuten und er winkte uns aus der Menge heraus.

Als wir endlich vor ihm standen sagte er, sehr zur Freue meines Schwagers: „Ihr kommt mit mir nach Haidakhan." Wir hatten genau noch 4 Tage bis zu unserem Rückflug. Das Zeitfenster war gerade groß genug für den Besuch in Haidakhan. Als ich kurze Zeit später wieder in der Menge saß und meine Augen schloss, stand Babaji plötzlich neben mir in einem Raum. Dort befanden sich viele Kartons, die verstreut am Boden lagen. Er machte sich gleich daran Ordnung zu schaffen und diese auf einander zu schichten.

Mit dem Nachtzug fuhren wir nach Haldwani, dieser war so voll, dass wir nicht einmal einen Sitzplatz ergattern konnten. So saß ich auf meinem Koffer und versuchte dort ein wenig Schlaf zu finden. Leider vergebens. Vor meinem inneren Auge öffnete sich auf einmal ein wunderschönes orientalisches

Tor, das über und über mit silbernen Ornamenten beschlagen war. Babaji saß auf einem prächtigen Sessel und winkte mir zu.

Am Vormittag kamen wir an und aßen eine Kleinigkeit bei einem Babaji Schüler. Kurz darauf, brachen wir mit der ganzen Gruppe auf, alle hatten Pferde und Träger für das Gepäck. Ausgerechnet unsere 2 Pferde, inklusive der Träger fehlten. Babaji's Arbeit an uns fing wohl schon an. Wir mussten gehen statt reiten und auch als einzige unser Gepäck selber tragen. Ich trug leichte Sandalen und war damit perfekt für den Marsch durch die Wildnis gekleidet. Wir folgten dem Lauf des Gautama Ganges und zu meiner großen Begeisterung durften wir das reißende Wasser nicht nur einmal, sondern gleich mehrere Male durchqueren. Beim ersten Versuch, den Fluss zu überqueren versuchte ich meinen Koffer über Wasser zu halten und verlor dabei letztendlich auch noch meine Schuhe. Ich konnte also barfuss über die glitschigen Steine balancieren. Meine Füße taten schon ordentlich weh, da ritt Babaji an mir vorbei und warf mit einen prüfenden Blick zu. Er ließ einen Schüler, der ein Schweigegelübde abgelegt hatte, mit uns zurück.

Der Weg über die glitschigen Steine gestaltete sich zunehmend schwieriger für mich, auch wurde ich immer erschöpfter, schließlich hatte ich die ganze Nacht kein Auge zugetan. Mein Schwager sah, dass der Schüler ein paar Mal mit einem silbernen Stock in meine Richtung schlug. Erstaunlicherweise fiel mit der Weg auf einmal immer leichter, die Steine schmerzten nicht mehr, ich fühlte mich voller Energie und wäre, glaube ich, noch ewig weitergelaufen. Erst mein Schwager erzählte mir, dass es Babaji's Stock gewesen war, mit dem der Schüler in meine Richtung geschlagen hatte.

Als wir endlich ankamen, war es bereits dunkel. Babaji stand am Fuß der Treppe und sagte, dass wir uns ausruhen sollen. Wir schliefen mit sechs anderen Männern in einem Raum auf dem blanken Boden. Gora Devi brachte uns zwei Decken. In der Nacht hatte mein Schwager einen seltsamen Traum. Er war in einem Turm gefangen, durchschlug mit der Faust die Wand des Turmes, bekam plötzlich große Schwingen, wie ein Adler und flog hinaus ins All.

Babaji hatte mich mehrmals gefragt: „Bleibst du hier bei mir? Spontan hatte ich sofort ja gesagt. Doch er fragte mich erneut. Da erwiderte ich: „Tue was du für richtig hältst." Schließlich hatte ich ja einen Mann und Kinder. Er nickte und sagte: „Yes, you are mine."

Am nächsten Tag lief Babaji mit uns den „alten Weg" und nahm uns mit in seine „Höhle", in der er entdeckt worden war. Als wir durch den engen Eingang krochen, erinnerte ich mich als Kind in Fieberträumen immer genau in diesen Eingang gekrochen zu sein. Er war mir so vertraut. Im Inneren der

Höhle brannten Kerzen. Prem Baba hatte sie angezündet. Baba setzte sich – mein Schwager saß an einer Seite, ich an der anderen.

Baba sagte zu ihm: „Schätze, wie hoch die Höhe der Decke ist!" Während mein Schwager ungefähre Schätzungen veranstaltete, atmete Babaji tief ein und legte die Hand auf meinen Kopf. Schlagartig fühlte ich wie dieser sehr heiß wurde. Ich hörte unglaubliche Musikchöre, sie durchfluteten mich in einer Welle. Dann atmete Baba wieder aus. Genau zu diesem Zeitpunkt hatte mein Schwager die ungefähre Deckenhöhe ermittelt. Darauf schickte ihn Baba in einen anderen Winkel um auch dort die Höhe der Decke festzustellen. In der Zwischenzeit strich Babaji mit der Hand über meine Backe und rieb seine Backe an meiner. Mein Schwager hatte seine Messung beendet und wir verließen die Höhle. Draußen umarmte mich Prem Baba – während mir das Tal und das Flussbett unglaublich vertraut erschienen. Bilder kamen in mir hoch. Ich, wie ich Kochgeschirr reinigte und Feuerholz zusammentrug. Ich wusste, ich war schon einmal hier gewesen und es war eine glückliche Zeit, die erfüllt war von großer innerer Freiheit.

Als der letzte Tag kam und wir am Spätnachmittag gehen mussten, war mein Herz unglaublich schwer. Nach dem Mittagessen saß Baba im Garten und rief mich herüber zu sich. Er stand auf, nahm mich an die Hand, ging mit mir die Treppe hinunter zum Fluss. Er lächelte mich an und sagte: „Wenn du traurig bist, bin auch ich traurig, wenn du glücklich bist, bin auch ich glücklich. Be happy by the grace of Bhole Baba." Und dann geschah etwas Unglaubliches. Er löste seine Hand aus meiner, lief vor mir her, dabei hatte ich das Gefühl, dass alles was in dem Moment passierte, in Zeitlupe verlief. Seine Gestalt war jetzt 3-4 Meter vor mir, ich sah ihn aber zur gleichen Zeit doppelt noch mal 8 Meter vor mir laufen – alles flimmerte, um ihn herum war Licht. Seine Füße berührten den Erdboden nicht mehr, er schwebte darüber – die zwei Gestalten vereinigten sich in einer. Baba ließ das Taschentuch, das er hielt, zu Boden fallen, es wehte leise am Boden dahin. Ich befand mich in einem Zustand jenseits von Raum und Zeit und wusste ich würde niemals von ihm getrennt sein. Eine unglaubliche Freude durchdrang mich und die Trauer war wie weggeblasen. Er war allgegenwärtig. Er deutete auf das Taschentuch, ich solle es an mich nehmen. Lächelnd ging er mit Shastriji, der in der Zwischenzeit angekommen war, hinüber zu den Tempeln.

Anmerkung: Mein Schwager wünschte sich nichts sehnlicher, als seinen Intellekt ausschalten zu können und bedingungslos glauben zu können. Nach einer schweren Gehirnoperation verlor er sein Gedächtnis und starb kurze Zeit darauf. Lange vor seiner Pensionierung. Babaji hatte ihr davor noch acht Mal nach Haidakhan gerufen.

Abschied

Kharku Anand, Indien

Am 14. Februar 1984 um 9 Uhr 30 ging unser geliebter Meister in den Mahasamadhi ein. Om namah Shivay.

So viel hat er uns durch sein Dasein im Körper gegeben! Er lehrte uns Hingabe, er lehrte uns leben. Nun lehrt er uns Glauben. Und die Arbeit beginnt... Ich war einer der sieben, die bei ihm waren, als er von uns ging. Ich gab ihm sein letztes Bad, trug ihn zur Grabstelle, hüllte seinen Körper ein und half bei allen letzten Riten.

Babaji hat seinen Körper verlassen, doch uns hat er nicht verlassen, weder dich noch mich. Ich kann euch die Mischung von Freude und Trauer, Glückseligkeit und Schmerz nicht beschreiben, das Wunder des Glaubens, dass er tatsächlich der Wegweiser für alle ist. Bis jetzt haben sich seine Voraussagen erfüllt, und wenn dem weiter so ist, kommt jetzt die Kranti[84] und dann sein Wiederkommen in Herrlichkeit. Ich sage "in Herrlichkeit". Ich hoffe es...

Wir handelten sehr schnell, als wir seinen Körper zur Ruhe legten. Ich fühlte, wir hätten noch warten sollen.

Nun, da er von uns gegangen war, wurde es uns allen klar, wie oft er darauf hingewiesen hatte... Langsam sickerte die Nachricht durch. Und alle Gerüche, Bilder, Emotionen, die dieses Ereignis auslösten, begannen mich zu überfluten, als ich den Körper des Herrn zur Grabstätte trug. Viele, viele Menschen, Tausende waren so schnell nach Haidakhan gekommen... Die überwältigenden Gefühle und die Bewegung der Massen, mit der man fertig werden musste... Seit vier Tagen hatte ich weder geschlafen noch gegessen.

Jetzt erst beginnt unsere eigentliche Aufgabe. Wir, du, alle müssen wir jederzeit vorbereitet sein auf das Wiederkommen des Herrn. Er kommt und geht... Er war und ist immer, lebt, kommt und geht wie der Wind, erscheint, verschwindet, wechselt seinen Körper, wie wir unsere Kleider wechseln.. Er kam, nur mit einem Lendenschurz bekleidet und so verließ er uns auch.

Die letzten Opfergaben legten wir in vielen Schichten um ihn: Seidenstoffe, Ketten, Gewürze, Früchte und viele rituelle Gegenstände. Wir schmückten seinen Körper mit Blumen, übergossen ihn mit Duftölen, zelebrierten zum

---

[84] allumfassende Zerstörung, von der Babaji so oft sprach. Siehe „Prophezeiungen und Lehren" G. Reichel Verlag

letzten Mal die Lichtzeremonie. Dann gaben wir noch kiloweise Salz, Kokosnüsse, Süßigkeiten und schließlich Erde in das Grab.

Als ich sein Gesicht bedeckte, geschah mir etwas Merkwürdiges: mir wurde bewusst, dass er in Wirklichkeit gar nicht da gewesen war! Der Mensch, den ich gekannt hatte, war ein Murti [85] gewesen, das auch als solches verehrt worden war. Als ich aus dem Grab herauskletterte, konnte ich kaum sprechen, noch aufrecht stehen. Mich überkam ein Weinen und ein Schmerz mit einer solchen Heftigkeit, wie ich es noch nie zuvor erlebt hatte. Tag und Nacht hatte ich diesem göttlichen Ebenbild gedient, seine Erscheinung verehrt. Sie bedeutete für mich das Leben, ich hatte sie geliebt, mit ihr gespielt, für sie getanzt und ihr als dem Herrn gedient. All diese Trauer galt nie Babaji selbst, sondern nur seinem Körper. Überwältigend intensiv war dieses Erlebnis. Aus dem Nichts war er dieses Mal als Mensch erschienen und war wie ein Mensch von uns gegangen, ganz öffentlich, vor den Augen aller.

Nun beginnt die Beziehung liebender Hingabe an den Herrn, der sagte: "Euer innerer Impuls ist das Licht Gottes, er zeigt euch richtiges Handeln. Richtiges Handeln ist Arbeit, verrichtet als Dienst am Göttlichen. Wahre Religion ist Dienst an der Menschheit. Das wichtigste im Leben ist der Glaube."

---

[85] Götter-Statue

Teil II

Und heute?

Die göttlichen Spiele nehmen ihren Lauf....

Der Schlag eines Herzens

Diane Ferguson, Amerika

Dies ist meine persönliche Geschichte mit dem Einen, dem Einen ohne Anfang und Ende. Seiner Namen sind viele. Ich nenne ihn meinen Geliebten, denn das ist er für mich, der Shri Shri 1008 Haidakhanwale Baba, Shiva, Mahavatar Babaji.

Ich nenne ihn meinen Geliebten, denn unter all den existierenden Beziehungsvariationen verbindet man mit dem Status eines Geliebten die stärksten und außergewöhnlichsten Gefühle. Welch andere Beziehung kann sich solcher Tiefe rühmen? Liebende sehen nur sich, leben nur für die Momente der Gegenwart mit dem anderen und sind glücklich im Geben und Nehmen und Teilen miteinander.

Als ich mich dazu entschied, die höchste Liebe mit Gott wie die zu einem Geliebten - zu teilen, eröffnete sich mir die bezauberndste und süßeste Beziehung mit ihm, die existiert. In dieser Beziehung fand ich "madhurya", die als Süße beschrieben wird. Was ich mit ihm teile, wird ganz von selbst versüßt und verzaubert. Auf dieser Ebene vergisst man die ehrfurchtsgebührende Macht Gottes und wird zum liebesdürstenden Schüler, dessen Augen und Herz von Gott gefüllt sind. Das Schönste an dieser Beziehung ist, dass die Liebe nicht nur auf den Anbetenden begrenzt bleibt, Gott fühlt ebenfalls eine tiefe hingebungsvolle Liebe für seinen Verehrer.

Ohne dass ich jemals die physische Gegenwart Babajis erlebt habe, musste ich lernen, den Nektar seiner allgegenwärtigen Präsenz zu "erfühlen", seine Essenz intuitiv zu erfassen. Ich musste lernen, nach dem "Jetzt" zu greifen und zu spüren, wie seine Liebe in mein Herz drang und dort mit mir verschmolz. Ich traf auf einen Babaji, der so göttlich menschlich war und menschlich göttlich... wie die innewohnende Süße einer Essenz, wie der Duft einer Rose, deren Schönheit jenseits aller Worte liegt, dafür aber erfahren werden kann.

Jemand fragte mich: "Wie hast du die Beziehung zu Babaji als deinen Geliebten aufnehmen können?" Über diese Frage musste ich lange nachdenken, denn sie begann vor langer Zeit, auf so mystische Art, dass ich gar nicht darum wusste. Ich brauchte keine geistige oder physische Buße tun. Die Liebe für Babaji schlich sich still und leise in mein Herz, denn er war ein leicht zu liebendes Wesen. Dennoch war sein Eintritt in mein Leben alles andere als subtil!

Er kam eines Nachts in mein Leben, so als würden tausend Sonnen explodieren... Eine Freundin besuchte mich eines Tages. Sie war vollkommen aufgewühlt und erzählte mir, dass sie die ganze Nacht nach der Lektüre von Leonard Orr's Buch "Physische Unsterblichkeit" gewacht hätte. Sie enthüllte mir, dass Babaji Shiva, Rama, Krishna gewesen sei etc. und dass er jetzt physisch anzutreffen sei, und dass ich ihm schreiben könne! Ich war mehr als erstaunt. Ich war wie vor den Kopf geschlagen. Allein der Gedanke, dass nur etwas von der erstaunlichen Geschichte wahr sein könne, füllte mich mit Hoffnung und Aufregung. Bevor wir frühmorgens zur Arbeit gingen, hatten wir uns in einen Zustand wilder Aufregung gesteigert.

Erst nach Arbeitsschluss hatte ich Gelegenheit, das Buch zu lesen. Jedes weitere Kapitel wurde immer unglaublicher. Dann schaute ich die Fotos von Babaji an und schlug die Seite auf, in der er 1970 in tiefem Samadhi[86] sitzend, abgebildet ist. Ich war wie erstarrt, als hätte man mich meines Verstandes beraubt. Wie schön er war! Er sah aus wie ein Sioux-Krieger. Und plötzlich wurde ich in eine andere Raum-Zeit-Dimension gehoben. Die Zeit schien still zu stehen. Etwas tief in mir erkannte ihn wieder - aber aus einer alten Zeit. Von seinem Bildnis gefangen genommen, saß ich bewegungslos da. Mir war, als könne das Bildnis etwas in mir erwecken, etwas, was tief in meiner Seele verkapselt war. Dann quollen die Tränen hervor... Unkontrollierbar...Stein und Bein erweichend... herzerweichend. Dann folgte ein hysterisches Gelächter, gemischt mit salzigen Tränen... Ein Teil von mir verstand, der andere Teil fragte sich, ob ich verrückt geworden sei. Mein Ganzes schien von dieser Erfahrung unberührt. Ich verlor das Zeitgefühl, das Gefühl zu sein... zu existieren.

Die Erinnerung, dass er mein Geliebter vor Äonen der Zeit gewesen sei, stieg aus tiefsten Schichten meines Selbst empor. Welche Vertrautheit in seinen Zügen!

Endlich beruhigte ich mich. Vier Stunden saß ich reglos da, und unerklärliche Gefühle tiefer Liebe und ein überstarkes Verlangen, ihm zu begegnen durchfluteten mich.

An Schlaf war nicht zu denken. Ich wollte meditieren. Als ich schließlich doch zu Bett ging, wusste ich, dass ich niemals wieder die Gleiche sein würde. Das geschah im Jahre 1989 und ich wusste nicht, dass er bereits wieder die Erde verlassen hatte.

Es ist mit tiefer Liebe, Hingabe und Verehrung für Babaji, dass ich eine meiner schönsten Meditationserfahrungen mit Euch teilen möchte. Ich möch-

---

[86] Meditations-Trance

te diese Erfahrung weder werten noch analysieren, sondern berichten, was geschah. Dieser Bericht ist aus tiefer Liebe und Hingabe zu ihm entstanden.

Einheit mit Gott kann leider nur mit menschlichen Worten ausgedrückt werden, nur sie können auf unserer Ebene die Intensität der Liebe wiedergeben, die die Seele auf ihrer Suche nach Gott erfährt.

Ich verneige mich vor dir, meinem göttlichen Geliebten.....

*** *** ***

Dieser Tag war außergewöhnlich... Babaji saß in seiner unveränderlichen Gestalt in Lotus-Position in meinem Herzen. Die Reise begann...

Babaji erstieg einen Hügel. Viele seiner Schüler begleiteten ihn. Wir waren in Indien, in Haidakhan und Babaji beabsichtigte, den Kailash Berg zu erklimmen. Ich stand am Fuße des Hügels, in der Nähe des steinigen Gautami Ganga Flusses und betrachtete die Szene, wie sich die Menschen versammelten, um Babaji zu begleiten. Hier war es, wo ich ihn mir winken sah. Ich schaute umher, um sicher zu sein, dass er mich meine. Selbst aus der Entfernung konnte ich sehen, dass er lächelte. Nun winkte er mit Nachdruck: "Ja, dich meine ich!" Glücklich folgte ich mühelos dem steilen Bergpfad. An einem Punkt sah ich Babaji mir mit einem herzlichen Lächeln auf seinem wunderschönen Antlitz entgegenkommen. Beim Anblick seiner göttlichen Schönheit verschlug es mir den Atem. Seine Hand streckte sich nach mir aus, und als ich seine Hand ergriff, erwachte etwas Unglaubliches in meinem Bewusstsein... etwas von bodenloser Tiefe. Voller Staunen schaute ich ihn an. Mir war, als hätte ich eine andere Dimension betreten - eine andere Zeit - einen anderen Ort, wo nur er und ich existierten. Das Gefühl war so stark, dass ich mir bewusst wurde, seine Hand in meiner zu halten.

Diese Gedanken flogen in Sekundenschnelle vorbei, während Baba tief in mich hineinschaute. Eine außergewöhnliche Liebe strahlte aus seinen Augen, dass ich vollkommen überwältigt war.

Schnell drehte sich Babaji zu seinen anderen Schülern um und bedeutete ihnen, uns zu verlassen. Als sie sich zum Ashram auf den Weg machten, setzten wir unseren Aufstieg fort. Babaji hielt meine Hand und führte mich mühelos den ausgetreten Pfad entlang bis wir den Gipfel erreichten. Sein Arm glitt um meine Schulter und wir schauten auf Haidakhan. Es war ein atemberaubender Anblick, aber es war mehr als ein Panoramablick. Es war mein Geliebter, der mir zeigte, dass er mich zu Höhen führen könnte und würde - zu den unglaublichsten Höhen spiritueller Erfahrung und dass es der

Pfad war, auf dem er und ich zusammen wandelten, und dass er meine tragende Stütze sein würde.

Babaji las meine Gedanken und hielt meine Hand, als wir auf einen umgefallenen Baumstamm zuschritten. Ein leichtes Lächeln umspielte seine Lippen. Ich verneigte mich vor ihm und küsste seine Füße, als er sich niedergelassen hatte. Er hob mich auf, und die Liebe, die seine Augen ausstrahlten, war überwältigend. Mein Herz wollte schier vor Freude zerspringen, dass ich in seiner Gegenwart sein durfte.

Baba berührte zart mein Gesicht und drückte leicht meine Hand. Funken der Liebe sprühten aus seinen Augen als er sagte: "Ich werde den Himmel auf Erden für dich schaffen... ich werde den Himmel auf Erden für dich schaffen... für dich... meine Liebe! Ich war überwältigt, so überwältigt... und fühlte im wahrsten Sinne des Wortes, "etwas", das durch mich hindurchfuhr - es umhüllte meinen ganzen Körper - fast wie eine süße Gegenwart. Ich konnte nur Babajis Namen murmeln.

Babaji nahm mich in seine warmen Arme und wir wanderten schweigend Hand in Hand zu einer nahen Berghöhle. Alles in der Höhle war wundervoll - bekannt - und ich "erinnerte" mich.

Babaji saß vor mir auf einer wollenen Decke. Irgendwie war ich schüchtern und er lächelte, als er mein Gesicht in seine Hände nahm. Sein Antlitz war so nah... die Liebe in seinen Augen so zärtlich... und ich erschauerte, als seine Lippen die meinen berührten. Ich war vollkommen durcheinander, und mutwillig zwinkerte er mir aus seinen dunklen Augen zu.

Unversehens befanden wir uns in einem Palast. Er war riesig und hatte hohe Decken mit Skulpturen. Exquisite Gemälde hoher Wesen zierten die Wände, die goldig in einem zarten Glanz schimmerten. Babaji saß auf einem Teppich, ganz königlich in einem riesigen Gebiet. Er strahlte, trug goldfarbene Gewänder und einen goldfarbenen Turban.

Einer seiner großen Schüler setzte mich vor ihn und ich fragte mich, warum er nicht auf einem Thron Platz genommen hätte. Babaji las meine Gedanken und schien sich darüber zu amüsieren. Er wollte mich schockieren und entgegnete: "Weil ich nicht möchte, dass du zu mir aufschaust. Ich wünsche, dass du direkt in meine Augen blickst!"

Bei dieser Antwort zuckte ich zusammen. Babaji lachte und streckte seine Hände nach den meinen aus. Sie waren weich und zart, voller unergründlicher Zartheit. Gefangen von seinem Blick fühlte ich mich Eins mit ihm. Nichts außer ihm existierte, weder Zeit noch Raum, noch anderes...

Leicht berührte Babaji mein Gesicht.

"Ich bin Shiva."

"Das weiß ich, Baba..."

Er ließ mich durch einen Druck seiner Finger auf meinen Lippen verstummen. Seine Augen zwinkerten warm.

"Mir ist bekannt, dass du es weißt. Glaube es! Ich wiederhole es. Das ist alles. Damit du es weißt und glaubst. Nun... wisse ebenfalls dies: Ich liebe dich. Nichts kann sich zwischen uns stellen. Dies ist keine irdische Liebe... es ist eine transzendierende Liebe. Sie durchdringt den gesamten Raum, auf allen Ebenen, alle Sphären, für ewiglich. Es ist eine ewigwährende Liebe, Du, meine Kali[87], geboren aus dem Atem der Zeit. Sie ist nicht von dieser Welt, sondern von einer Welt, in der wahre, harmonische Liebe herrscht, wo es keine Verzerrung der Reinheit gibt, wo die Liebe freiwillig ohne Gegenleistung ist. Sie ist wie eine schillernde Energie, die alles liebt. Sie ist so zart wie Tau auf Blütenköpfen und dauerhafter als die Zeit. Verstehst du?" fragte Babaji mich nun in ernsterem, dennoch zärtlichem Ton.

Überwältigt, nickte ich. Zart berührten seine Hände mein Gesicht. "Du fragst, wie das möglich sei?" Dennoch ist es so. Es ist die Wahrheit, es ist real. Baba hat dich jede Sekunde in dieser Inkarnation geliebt, ebenso die anderen. Davor war..." Er umriss mit einer Handbewegung die Umgebung, "...all dies, wir waren. Es gibt nichts, das zufällig geschieht... Diese Liebe gab es immer. Sie ist in sich selbst vollkommen."

Babajis Augen waren wie glitzernde Stahlen. Ich fühlte die wahre Einmaligkeit seines Wesens und wusste ohne Zweifel, dass ich kein gewöhnliches Wesen liebte. Er war die Ganzheit. Er konnte nicht verbrennen oder sterben oder fortgeschickt werden. Er konnte nicht mit weiblicher List überlistet werden noch in irgendeiner Art und Weise zerstört werden. Er war reiner Geist und ich brauchte mich nicht vor seinem Fortgang zu fürchten. Ich brauchte mich nicht ängstigen, dass er mein Herz brach und mich ohne Unterstützung in dieser Dimension zurückließ. Er war reine Liebe, unzerstörbares Gefühl. Unzerstörbares Wesen, nicht beherrscht von Einflüssen dieser Welt. Unglaubliche Reinheit. Und trotz all meiner Unzulänglichkeiten wollte er mich! Wie unergründlich...

Babaji folgte meinen Gedanken. Noch immer meine Hände haltend fragte er: "Kannst du das nicht ertragen? Diese Perfektion in deinem Partner zu finden?"

Ich lachte. Und er stimmte darin ein.

"Baba?"

---

[87] Kali, indische Göttin. Kal-a männl. Gott der Zeit, i-weibl.

"Hmmm?"

Was muss ich tun, um heilig zu werden?"

Er lachte und drückte meine Hand. Ich schaute in seine alterslosen liebevollen Augen.

"Sei... meine Geliebte. Sei! Dieser Status ist "heilig" in sich selbst."
Er lächelte.

"Danke!"

"Nichts für ungut... Lass uns nun gehen!"

Lächelnd eilten wir, schnell wie der Wind, den Hügel hinunter.

Erfüllung

Pratima Huguies, Frankreich

Sich zu Füßen Babajis wiederzufinden ist ohne Zweifel eine große Gnade, aber auch die größte Herausforderung aller meiner Leben. Entblößt vor seinem Angesicht habe ich immer den Drang "Jetzt oder Nie" verspürt. Selbst in Zeiten größter Niedergeschlagenheit, wenn seine Prüfungen mein Ego zu Krümmeln zertraten, flüsterte mir eine Stimme zu, dass nur auf diesem Wege die Tür geöffnet werden könne.

Augenscheinlich kam ich durch den größten aller Zufälle nach Haidakhan. Im Januar 1989 bin ich mit dem Rucksack auf dem Rücken als nichtsahnende Touristin, die sich vague als "spirituell" bezeichnete, mit der Adresse des Ashrams in der Tasche - sie war mir eine Woche zuvor von einer Schülerin Babajis auf einem Massage-Lehrgang gegeben worden - in Haidakhan angekommen. Aber für mich war diese Adresse nur eine unter vielen. Ohne den Grund zu wissen, saß ich bereits zwei Tage nach meiner Ankunft in Delhi im Nachtbus auf der Fahrt nach Haldwani. Zwei Italiener, die nicht aufhörten, mir immer wieder zu sagen, dass "Babaji mich gerufen habe,... dass das immer so sei"... etc. begleiteten mich. Sie waren offensichtlich verrückt... Am frühen Morgen musste ich ihnen zu ihrem Meister, Shri Muniraji folgen, den ich kaum bei unserer kurzen Unterhaltung zur Kenntnis nahm. "Ich und ein Guru?" Ich brauchte niemanden, der mir half, Gott zu begegnen.

Ich war auf Besuch in Haidakhan. Für einen oder für zwei Tage. Doch daraus wurden sechs Monate. Natürlich gab es Zeiten, in denen ich meinen Rucksack auf die Schulter nahm und für kurze Zeit aus dem Ashram verschwand... doch dauerten diese Anwandlungen nicht lange. Nach ein paar Stunden war ich wieder da.

Zehn Tage nach meiner Ankunft in Haidakhan saß ich im Bus zur Khumba Mela[88], stopfte mir die Ohren zu, um nicht mehr das ohne Unterlass gesungene Mantra "Om namah Shivay" der Schüler hören zu müssen. Es schien mir, als sei ich da in eine verrückte Geschichte hineingeraten.

Ganz unmerklich erweckte Shri Muniraji meine Aufmerksamkeit. Es begann mit einem Traum, der fast so real war wie eine Vision, in dem er mir bestätigte, dass "Haidakhan mein Platz" sei. Als ich auf der Khumba Mela mitten im Getümmel der für mich so bedrückenden Menschenmenge ihn schüchtern als

---

[88] Religiöses Fest von großem Ausmass, das alle 12 Jahre an den heiligen Wassern des Ganges begangen wird.

Bestätigung meines Traumes darum bat, nach Haidakhan zurückkehren zu dürfen, gab er mir die niederschmetternde Antwort: "Anschließend... Wohin willst du gehen, wenn all die Menschen herkommen, um zu beten und den Namen Gottes zu singen? Geh in dein Zelt und meditiere". Ich verließ ihn voller Wut... bin aber trotzdem geblieben. Was hatte mich dazu gebracht, ihm zu gehorchen... mich, die sich bisher jeder Autorität wiedersetzte?

Dann lernte ich die Gebetskette zu benutzen, und bald ließ ich mich von der Kraft des Mantras einhüllen, das - getragen von Abermillionen inbrünstigen Gebeten dieser religiösen Zusammenkunft - mir bald Frieden, Rückhalt und Vertrauen gab. Ich ließ los..., ließ zu... und begann zu schreiben. Babaji sprach durch meine Worte und half mir meine Geschichte aufzuarbeiten, den roten Faden meiner vergangenen Leben zu erkennen, den Sinn meines jetzigen Lebens zu verstehen und offenbarte mir das Muster meiner Zukunft. Bis zu jenem Zeitpunkt war es mein Ziel gewesen, meine Seele zu seinem Lichte emporzuheben und es war nichts weiter als das Heranreifen eines in Erfüllung gehenden uralten Versprechens - zur Einheit mit Gott zurückzukehren, und dieses Versprechen reichte bis zum Ursprung der Trennung zurück, bis zur Entstehung der Welten. Und während dieser Zeit begann ich die Wohltat der schweigenden Gegenwart Shri Munirajis zu verspüren, seine unglaubliche Präsenz, die mich aufmerksam auf jedem meiner Schritte zur Einheit begleitete.

Eines Tages, als ich mich darüber wunderte, dass keines der Bücher über Babaji bisher auf französisch erschienen sei, sagte er mir mit einem breiten Lächeln: "Übersetze sie!" Ich brach in ein ungläubiges Lachen aus und hätte niemals für alles auf der Welt diese Möglichkeit in Betracht gezogen. Doch zehn Tage nach meiner Rückkehr nach Haidakhan begann ich mit der Übersetzung von "Babaji spricht: Prophezeiungen und Lehren"[89] unter dem heiligen Baum von Babaji, der sich mir, wenn mir ein Wort fehlte, durch den Wind in seinen Blättern zu manifestieren schien. Und seitdem hat sich alles gefügt, durch aufeinander folgende "Schocks", bei denen ich immer den Eindruck hatte, dass die Ereignisse mich einholten oder ich ihnen hinterherlaufen musste, um sie einzuholen oder den Rhythmus meines Karmas, der sich plötzlich beschleunigt zu haben schien und mich zwang, meine Widerstände, einen nach dem anderen aufzugeben.

Einen Monat später war ich zum ersten Mal allein mit Shri Muniraji. Er hat mir alle möglichen Fragen über mein Leben, meine Familie, meine Arbeit gestellt. Dann hat er mich fest bis auf den Grund meines Wesens angeschaut und gesagt: "Ich möchte ein Zentrum in Frankreich." Die Stärke, die von ihm ausging, hat mich vollkommen durcheinander gebracht. Unmöglich, sich zu

---

[89] Reichel Verlag

entziehen. Dennoch hat es Monate gedauert, bis ich diesen Auftrag ausführte. Und jetzt noch, zwei Jahre später, ist das eine Verpflichtung, die täglich neu eingegangen werden muss.

Als er mich dann nach den ersten sechs Monaten zurück nach Hause schickte, war ich innerlich zerrissen. Es war so anders als früher, als ich daran dachte abzureisen, als mich gar nichts mehr in Haidakhan hielt, und er mich zurückhielt. Erst als ich wieder daheim war - nach langen Monate der Einsamkeit - habe ich wirklich verstanden, welche Kraft in den Pujas steckte, welche "unsichtbaren Brücken" gebaut wurden, über die ich die Verbindung zum Höchsten fand. Meine einzige Verbindung zu Gott bestand aus meiner Hingabe und ich zwang mich, ihm jeden Morgen diesen Schmerz der größten Trennung zu Füßen zu legen. Gleichzeitig konnte ich während all dieser Monate kein Wort finden, um den anderen mein verändertes Leben zu erklären. Die Isolation ist manchmal die beste Prüfung und die Zeit, in der Gott sich im Herzen einen Ehrenplatz erschafft. Es geschieht indem man die flüchtigen Ablenkungen meidet und indem die Illusion der Anhaftung, die Babaji mir und anderen zeigte, zerstört. Ihm zu folgen erfordert ein vollkommenes Engagement. Nur durch dieses Aufgeben kann man den wahren Weg der Demut entdecken, der zur Ausübung seines Willen führt. Aber er hat mir auch bewiesen, dass, wenn man auch nur ein wenig von sich selbst gibt, er es uns tausendfach vergilt. "Der Meister zeigt uns den Weg, aber es ist des Schülers Aufgabe, sich in Bewegung zu setzen", sagte einmal Shastriji.

Ich hatte das Gefühl, dass sich, als ich Shri Muniraji begegnete und durch ihn meinen Meister aller Zeiten, alle weitere Suche erübrigt. Dennoch verbleibt viel zu tun. Jetzt und in Zukunft... und immer in Gedenken an sein großartiges Beispiel der unendlichen Liebe, der absoluten Nichtanhaftung und der göttlichen Intelligenz. Ich bitte Babaji darum, dass er uns würdig hält, unvoreingenommen die so stark benötigte Wandlung der aggressiven Energien, die auf der Erde herrschen, herbeizuführen und in Schwingungen der Liebe umzuwandeln. Möge er uns inspirieren, damit wir diesen Ort der Liebe, des Lichtes und des Friedens auf der Welt schaffen können. Schritt für Schritt.

Wie mein Meister mich rief

Bericht aus Deutschland

Etwa zwei Monate bevor Shri Muniraji im Frühjahr 1990 nach Deutschland kam, lernte ich einige neue Freunde kennen, die alle über Babaji Bescheid wussten und wussten, dass sein engster Schüler Shri Muniraji nach Deutschland kommt. So wurde ich auch nach Rieferath, zu seinem dortigen Aufenthalt, eingeladen. Mein Interesse war sofort wach, so dass ich Sri Muniraji begegnen wollte.

Dort angekommen, war auch gleich Zeit zur Andacht, zum Artisingen im Zelt. Obwohl mir die rhythmischen Gesänge mit den vielen Instrumenten ganz fremd vorkamen, konnte ich nur weinend dasitzen, meine Brust weitete sich immer mehr und war wie Licht und Feuer.

Als ich mich am zweiten Tag zum persönlichen Gespräch bei Shri Muniraji anstellte, hatte ich nur eine Frage im Herzen: "Werde ich in diesem Leben noch meinen Meister treffen?" Wegen der langen Schlange der Schüler, die darauf warteten, bei ihm vorgelassen zu werden, entschloss ich mich, auf mein Gespräch zu verzichten, da die langjährigen Schüler von Babaji es bestimmt nötiger hätten als ich. Aber die Frage ließ mich nicht los, und ich wurde traurig. Beim Abendarti am nächsten Tag hatte ich das dringende Bedürfnis, ganz zeitig hingehen zu müssen, um weiter vorn einen Platz zu bekommen. Nach etwa der Hälfte des Artis sah ich plötzlich Babaji, sein ganzer wunderschöner Kopf füllte das Zelt aus, und er blickte mich lange mit seinen tiefgründigen Augen an. Dann sprach er: "Dort sitzt dein Meister!" Ich schaute auf Shri Muniraji, der mich durchdringend anzusehen begann. Da ich die Befürchtung hatte, mir alles nur einzubilden, ging ich später zu Shri Muniraji und fragte, ob es wahr sei, was ich im großen Zelt wahrgenommen hatte, und er bestätigte es mir. Ich war glücklich jenseits aller Worte und zu Hause angekommen, zog ich mir mein schönstes Kleid an und feierte erst einmal "Hochzeit" mit Babaji.

Es dauerte nicht lange, bis Babaji mir nach einigen Wochen in einer sehr lebhaften Vision erschien und sagte: "Komm an Weihnachten nach Haidakhan", was ich auch tat. Shri Muniraji wies mich darauf hin, dass er mein Führer zu Babaji sei, aber Babaji der Meister aller Menschen ist, aller Meister.

Seit Babaji und Shri Muniraji in mein Leben traten, habe ich mich grundlegend verändert. Im täglichen Leben gehe ich durch viele Situationen, die ich früher kaum ohne die Hilfe von Babaji gemeistert hätte. In diesem einen Jahr habe ich viel Boden unter die Füße bekommen, im täglichen Leben wie im Spirituellen, wozu ich bei meinem früheren Lerntempo ein ganzes Leben gebraucht hätte. Manchmal überkommt mich das Gefühl, schon einhundert oder eintausend Jahre alt zu sein.

Ich danke für dieses große Geschenk und hoffe, dass wir alle mit viel Mut und Ruhe im Herzen und mit Vertrauen im Wissen um unsere Geborgenheit in Gott, in Babaji, unseren oft sehr schweren Weg gehen können. Er wird jedoch leichter, wenn wir erkennen, welch unendliche Gnade und Freude es ist, immer bewusster die Liebe, Wahrheit und Einfachheit leben zu dürfen und dadurch sich unserem wahres Selbst zu nähern.

****

"Lebt in Wahrheit, Einfachheit und Liebe.

Dient allen Lebewesen gleichermaßen.

Dienst an der Menschheit ist Gottesdienst.

Liebe und diene den Menschen

so wie du mich liebst und mir dienst.

Sei menschlich!"

Babaji

Literaturliste

Bambeck, R. Das Buch des Lebens – empfangen aus dem Göttlichen

Godmann, S., Am Quell der Wahrheit in Haidakhan. Erlebnisbericht

Gora Devi, Das Abenteuer einer Transformation, 12 Jahre bei Babaji

Gora Devi, Auf der Suche nach Wahrheit und Liebe

Gorakvhani/Babaji, Das geheime Wissen Guru Goraknaths

Lanphear, R. Der Kurs zum Selbst.
In Wahrheit Einfachheit u. Liebe von Babaji

Lanphear, R. Babaji – Erkenne dich und du bist gesund

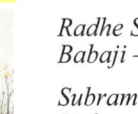

Reichel G., Babaji -Pforte zum Licht. Erlebnisbericht

Reichel G. (Hrsg.), Babaji. Unergründlich tief wie das Meer.
108 Kurzgeschichten

Radhe Shyam, Leben aus dem Sein.
Babaji – sein Leben und Wirken

Subramaniam V., Alles ist Eins.
Bisher unveröffentlichte Ausgabe.
Empfohlen von Ramana Maharshi

Wosien, M. G., Babadschi, Botschaft vom Himalaya

Wosien, M. G. (Hrsg.),
Ich bin Du. Botschaften des Meisters vom Himalaya

Wosien, M.G. (Hrsg.),
Babaji spricht: Prophezeiungen und Lehren

Bücher und Infos im Internet:

www.baba-haidakhan.de

www.reichel-verlag.de

www.bhole-baba-ashram.de

www.haidakhandisamaj.org